道路桥梁工程施工技术研究

朱春燕　王　辉　赵宝才　著

吉林科学技术出版社

图书在版编目（ＣＩＰ）数据

道路桥梁工程施工技术研究 ／ 朱春燕，王辉，赵宝
才著. -- 长春：吉林科学技术出版社，2022.9
　　ISBN 978-7-5578-9826-7

　　Ⅰ．①道… Ⅱ．①朱… ②王… ③赵… Ⅲ．①道路施
工－研究②桥梁施工－研究 Ⅳ．①U415②U445

　　中国版本图书馆 CIP 数据核字(2022)第 185373 号

道路桥梁工程施工技术研究

著　　朱春燕　王　辉　赵宝才
出 版 人　宛　霞
责任编辑　王丽新
封面设计　南昌德昭文化传媒有限公司
制　　版　南昌德昭文化传媒有限公司
幅面尺寸　185mm×260mm
开　　本　16
字　　数　300 千字
印　　张　14
印　　数　1-1500 册
版　　次　2022 年 9 月第 1 版
印　　次　2023 年 3 月第 1 次印刷

出　　版　吉林科学技术出版社
发　　行　吉林科学技术出版社
地　　址　长春市南关区福祉大路 5788 号出版大厦 A 座
邮　　编　130118
发行部电话/传真　0431—81629529　　81629530　　81629531
　　　　　　　　　　　81629532　　81629533　　81629534
储运部电话　0431-86059116
编辑部电话　0431-81629510
印　　刷　三河市嵩川印刷有限公司

书　　号　ISBN 978-7-5578-9826-7
定　　价　100.00 元

前言
Qian yan

随着我国道路桥梁建设的快速发展，对道路桥梁工程施工技术人才的需求更加迫切。工程施工技术是道路桥梁工程技术专业学生的基本技能，也是道路建设技术人员必须掌握的基本知识和能力。

本书结合国家教学改革精神，以道路桥梁工程技术专业"工学结合"的人才培养模式为基础思路编写而成，并根据专业培养目标和就业情况，紧跟时代发展，简化理论，突出实践，列举实例；增强内容的趣味性，图文结合，突出案例，创新形式；学习内容层层递进、环环相扣，达到由简到难的效果。本书在编写过程中力求将道路工程施工技术的概念通过简明的语言进行阐述，同时结合道路工程施工的特点组织有关章节的内容，能够给在相应岗位工作的工程施工及管理人员以帮助，给即将走上工作岗位的学生以指导和启迪。

本书立足当前基础设施建设迅速发展的前提，以工程实际案例为载体，强调行业需求为导向，能力培养为目标，培养基础知识扎实、实践能力突出的专业应用型创新人才。本书编写时主要突出以下特色：

（1）紧扣最新规范 —— 近年来，道路桥梁施工技术发展突飞猛进，部分技术标准和行业规范已有重编或修订，本书内容编写时均采用我国目前最新颁布和实施的国家及行业有关道路与桥梁施工技术的标准和规范，力求反映当前道路与桥梁施工的最新技术。

（2）体现区域特色 —— 本书体系结构新颖，涉及专业基本知识和应用技能的工程实践内容选取土木工程行业内的典型案例，操作方法、流程，突出其区域特色。

（3）强调工程实践 —— 编写过程着眼于理论知识与实际工程，充分考虑学生的学习目标和社会的实际需求，通过对基本知识点的典型案例，操作方法或施工流程进行分析，重点培养学生的实践认知能力和创新精神，提高学生运用必备道路与桥梁施工技术知识解决实际工程问题的能力。

（4）体例风格全新 —— 编写时通过"内容提要"和"能力要求"明确学生在学习后应达到的相关能力；"案例分析"部分的工程实例实现理论联系实际，引发学生的学习兴趣；"知识归纳"和"独立思考"在总结内容的同时，留给学生充分的学习空间。

第一章 道路简述

第一节 道路运输的内涵

一、现代交通运输系统

　　为满足社会生产与消费的需要，人们必须克服空间上的障碍，实现人和物的移动，为实现这种移动所提供得服务并进行的经济活动称为运输。交通运输是指劳动者使用运输工具和设备，实现人和物空间位移的有目的的生产活动。交通运输是经济发展的基本需要和先决条件，现代社会的生存基础和文明标志，社会经济的基础设施和重要纽带，现代工业的先驱和国民经济的先行部门，资源配置和宏观调控的重要工具，国土开发、城市和经济布局形成的重要因素，对促进社会分工、大工业发展和规模经济的形成，巩固国家的政治统一和加强国防建设，扩大国际经贸合作和人员往来发挥重要作用。

　　交通运输业是指国民经济中专门从事运送货物和旅客的社会生产部门，是一个独立的、特殊的物质部门，是发展国民经济、提高人民物质文化和生活水平的重要基础设施。交通运输具有物质生产的三个要素：①从事交通运输生产的劳动者；②线路、机场、码头、机车、车辆、船舶、通信、信号等劳动资料；③作为劳动对象的旅客或货物。在交通运输生产的三个要素中，劳动者和劳动资料可由运输部门控制，但劳动对象即运送的旅客和货物，运输部门只是提供服务而不能自由支配，所以运输业虽然是一个物质运输部门，但还具有服务的功能。服务功能决定了运输安全在各个运输方式的协调配合、合作分工的条件下，要能安全、舒适、快捷地满足运输需求，以适应国民经济和社会发展的需要。

交通运输系统是在社会生产发展到一定历史阶段产生的。18世纪蒸汽机的发明，使交通领域逐渐出现了列车、机动船、汽车、飞机和管道等新型运输工具。采用新型的运输工具，需要配套的工程技术设备和相应的科学组织管理，从而构成了新型的运输方式。

现代交通运输系统主要由铁路运输（railway transportation）、道路运输（road transportion）、航空运输（aerial transportation）、管道运输（pipeline transportation）和水路运输（shipment transportion）5种运输方式组成。这些运输方式的点、线、面交通运输组成国家综合运输系统。同时，由于各种运输方式的技术经济特征不同，各有其优势，不同运输方式都有其适宜的使用范围。

（一）铁路运输

铁路运输是一种陆上运输方式，以机车牵引列车在两条平行的铁轨上行走，广义的铁路运输尚包括磁悬浮列车、缆车，索道等非钢轮行进的方式，或称轨道运输。铁路运输是现代运输主要方式之一，也是构成陆上货物运输的两个基本运输方式之一。它在整个运输领域中占有重要的地位，并发挥着越来越重要的作用。铁路运输适合大宗笨重的中远程运输，要求准时到达的远程客货运输以及容易死亡，变质的活物、鲜货的中远程运输。铁路运输的特点主要有以下几个方面：

①铁路运输的经常性、连续性好。铁路运输几乎不受气候影响，一年四季可以不分昼夜地进行定期的、有规律的、准确的运转，在运输的实效性方面优势显著。

②铁路运输运行速度快。铁路运输每昼夜可达几百公里以上，一般普通列车的速度可达100 km/h左右，而高速铁路的速度则更快，远高于海上运输。

③运输能力大。铁路一列货物列车一般能运送3 000～5 000 t货物，能承担大量货物和人的运输，远远高于航空运输和汽车运输。

④铁路运输成本较低。铁路运输费用仅为汽车运输费用的十几分之一到几分之一，尤其是运距越长和运输量越大，单位成本越低。

⑤铁路运输安全可靠，风险远比海上运输小。

⑥初期投资大。铁路运输需要铺设轨道、建造桥梁和隧道，建路工程艰巨复杂；需要消耗大量钢材、木材；占用土地，其初期投资大大超过其他运输方式。

⑦无法实现"门对门"的运输，通常要依靠其他运输方式配合，才能完成运输任务，除非托运人和收货人均有铁路支线。

⑧铁路运输中的货损率较高，而且由于装卸次数多，货物损毁或丢失事故通常比其他运输方式多。

铁路在国民经济中的作用非常重要，责任重大。近年来，国内煤电油运的形势依然紧张。铁路不仅需要加强自身的建设、挖潜提效、多拉快跑，还要融入经济社会，在西部大开发、振兴东北老工业基地、促进中部崛起，推动区域协调发展中，发挥铁路在交通运输上的多种优势，为国民经济的平稳较快发展和构建社会主义和谐社会贡献力量。

（二）道路运输

道路运输，是一种在道路上进行运输活动的运输方式，是一种能实现"门到门"的最快捷的陆上运输方式。道路运输适合少量货物的短途运输、短途客运以及容易死亡、变质的活物、鲜货的短途运输。道路运输的特点主要有以下几个方面：

①机动灵活，适应性强。能适应各种地形条件，可在规定时间和地点分散和集中货物和旅客。

②可实现"门到门"直达运输。汽车体积较小，中途不需要换装，从而节省时间和费用，可以把旅客和货物从始发地门口直接运送到目的地门口，实现"门到门"直达运输。

③通达性好。道路运输能深入边远地区或山区，可直接与任何工矿企业区或居民点相连。

④运送速度较快，投资回收快。公路运输与铁、水、航运输方式相比，所需固定设施简单，车辆易于驾驶且购置费用较低，投资回收期短。

⑤投资少，社会效益高。同铁路、航空运输相比，公路运输投资较少、见效快，公路建设还能给沿线地区带来显著的社会效益和经济效益。

⑥运输量较小，运输成本偏高。在几种运输方式中，汽车运输是仅次于航空运输，成本第二高的运输方式。

⑦运行持续性差，安全性较低，污染环境较大。在几种运输方式中，道路运输的运距最短，因道路交通事故致死、致残的人员数量较高。同时，汽车尾气和车辆噪声也严重地威胁着人类的健康，是城市环境污染的最大污染源之一。

道路运输是国民经济的重要组成部分，对国民经济具有促进和制约作用。改革开放以来，我国道路建设得到了持续、快速、健康的发展，取得了举世瞩目的成就。多年来，国家和地方一直致力于道路管理体制的建设、完善，为最终建立科学合理的道路管理体制和强化道路的行业管理，积累了宝贵的经验，奠定了扎实的基础。目前，道路运输已成为世界各国广泛采用的一种主要运输方式。

（三）水路运输

水路运输是以船舶为主要运输工具，以港口或港站为运输基地，以水域包括海洋、河流和湖泊为运输活动范围的一种运输方式。水路运输具有悠久的历史，较适于担负大宗、低值、笨重和各种散装货物的中长距离运输，其中特别是海运，更适于承担各种外贸货物的进出口运输。水路运输的特点主要有以下几个方面：

①通航能力不受限制。水运主要利用江、河、湖泊和海洋的"天然航道"来进行。水上航道四通八达，通航能力几乎不受限制，而且投资省。

②运量大，成本低。水上运输可以利用天然的有利条件，实现大吨位、长距离的运输，运量大、成本低的特点非常适合大宗货物的运输。

③是开展国际贸易的主要方式，是发展经济和友好往来的主要交通工具。

④受自然条件的限制与影响大。受海洋与河流的地理分布及其地质、地貌、水文与气象等条件和因素的明显制约与影响。

⑤对综合运输的依赖性较大。河流与海洋的地理分布有相当大的局限性，水运航线无法在广大陆地上任意延伸。

水路运输是国民经济发展的润滑剂。水路运输按其航行的区域，大体上可划分为远洋运输、沿海运输和内河运输三种形式。远洋运输通常是指除沿海运输以外所有的海上运输，沿海运输是指利用船舶在我国沿海区域各地之间的运输，内河运输是指利用船舶、排筏和其他浮运工具，在江，河、湖泊、水库及人工水道上从事的运输。作为水路运输重要组成部分之一的内河运输，为国民经济的繁荣发展，特别是沿江、沿河等内陆省份经济的繁荣发展起到了重要作用。

（四）航空运输

航空运输又称飞机运输，它是在具有航空线路和飞机场的条件下，利用飞机作为运输工具进行货物运输的一种运输方式。近年来，采用航空运输的方式日趋普遍，航空货运量越来越大，航空运输的地位日益提高。航空运输适合贵重、急需但数量不大的货物，大城市和国际的快速客运及报刊、邮件运输等。航空运输的特点主要有以下几个方面：

①运行速度快。由于在空中较少受到目标条件的限制，因此航空线一般取两点间的最短距离。这样，航空运输能够实现两点间的高速、直达运输，尤其在远程直达上更体现其优势。

②破损率低、安全性高。航行支持设施，如地面通讯设施、航空导航系统、着陆系统以及保安监测设施的迅速改进与发展更提高了其安全性。且航空运输的地面操作流程环节比较严格，管理制度比较完善，这就使货物破损率很低，安全性较好。

③营运成本较高。航空运输通常不如其他运输方式普及，尤其是在不发达国家。

④节省包装等费用、加快资金周转。运输速度快，商品在途时间短、交货速度快，可降低商品的库存数量、减少仓储费、保险费和利息支出等。另外，货损和货差较少，包装可相应地简化，降低了包装费用和保险费用。产品流通速度加快，也加快了资金周转速度。

⑤基建周期短、投资少，不需要向地面交通线路建设那样投入大量的基建费用。

⑥受气候条件制约影响大。因出行条件要求高（保证安全），航空运输在一定程度上受到气候条件的限制，从而影响运输的准确性与正常性。

航空运输是一个对国民经济贡献极大的行业，航空运输对区域经济具有显著的推动作用。航空运输受益于改革开放，又反过来直接促进改革开放。GDP 对民航有拉动作用，即社会对民航运输的需求量不断上升，民航也为 GDP 的增长作出了贡献。随着我国工农业生产和整个国民经济的发展，民用航空运输对于国民经济活动的关系也越来越密切，正在日益发挥它的独特作用。民用航空运输根据自己的特点和分工，和其他运输方式相互配合，相互补充，密切衔接，共同努力，就能迅速、及时、质量良好地把货物从生产地运到消费地。

（五）管道运输

管道运输是一种以管道输送流体货物的一种方式，而货物通常是液体和气体，是统一运输网中干线运输的特殊组成部分。管道适合大宗流体货物运输，其特点主要有以下几个方面。

①运量大。管道运输可省去水运或陆运的中转环节，缩短运输周期，降低运输成本，提高运输效率。当前管道运输中管道的口径不断增大，运输能力大幅度提高；管道的运距迅速增加；运输物资由石油、天然气、化工产品等流体逐渐扩展到煤炭、矿石等非流体。

②建设投资相对较小，占地面积少，受地理条件限制少。管道建设的投资和施工周期均不到铁路的1/2。管道埋于地下，只有泵站、首末站占用一些土地，且占用土地少。管道可以从河流、湖泊、铁路、公路下部穿过，也可以翻越高山，横穿沙漠，一般不受地形与坡度的限制，可以缩短运输里程。

③由于管道埋于地下，受气候和环境的影响较小，可以长期稳定运行。

④可实现远程控制，自动化程度高。管道输送流体能源，主要依靠增压站提供压力能，设备运行比较简单，易于就地自动化和进行集中遥控。先进的管道增压站可做到无人值守，生产效率高。

⑤耗能少、成本低，效益好。管道运输是一种连续工程，运输系统不存在空载行程，运输效率高，理论分析和实践经验已证明，管道口径越大，运输距离越远，运输量越大，运输成本就越低，以运输石油为例，管道运输，水路运输，铁路运输的运输成本之比为1：1：1.7。

⑥沿线不产生噪声，泄漏污染少，有利于环境保护。据近10年西欧石油管道统计泄露污染仅为输送量的4%。

⑦灵活性差，专用性强。管道运输不如其他运输方式（如道路运输）灵活，不容随便扩展管线。管道运输常常要与铁路运输或道路运输，水路运输配合才能完成全程输送。运输对象受到限制，承运的货物比较单一。只适合运输诸如石油、天然气，化学品、碎煤浆等气体和液体货物。

随着石油、天然气工业的不断发展，管道运输在国民经济中地位也越来越重要，发展步伐不断加快。目前，是中国管道工业的黄金期，除得益于中国经济的持续快速发展和能源结构的改变，建设的中俄输气管线，内蒙古苏格里气田开发后将兴建的苏格里气田外输管线、土库曼斯坦和西西伯利亚至中国的输气管线等，不仅为中国，也为世界管道业提供了发展机遇。但长输管道在运行中存在的泄漏问题，既造成了资源的浪费，也对自然环境产生了污染，是一个急需解决的问题。

交通运输是现代经济社会正常运行的基础保障，经济社会实现现代化首先要求交通运输现代化。近年来，我国的铁路、公路、水运和民航等运输方式均得到较快的发展，而且随着交通运输事业市场化程度的不断提高，各种运输方式之间的市场竞争也已全面展开。综合以上五种交通运输方式，道路运输除运输成本高以外，具有其他运输方式不可比拟的优势，也是一种最活跃的运输方式，显示出广阔的发展前景。

二、道路的特点及道路运输的作用

（一）道路的特点

近百年来，汽车运输之所以能得以迅速发展，是和道路及其运输所具有的一系列特点分不开的。与其他交通运输相比，它具有以下属性及特征。

1. 道路的基本属性

道路建设与道路运输是物质生产，因而它必然具有物质生产的基本属性，即有生产资料、劳动手段和劳动力以及作为物质产品而存在的道路。同时，它又有其本身特有的基本属性。

①公益性——道路分布广、涉及面宽，能使全社会受益，同时也受到社会各方面的关注和支持。特别是近年来由于道路运输在促进社会商品经济发展方面发挥了巨大的作用，使道路受到社会的重视。

②商品性——道路建设是物质生产，道路是产品，必然具备商品的基本属性，它既具有商品价值，又具有使用价值。这一属性是目前发展商品化道路（亦称收费道路）的基本依据。

③超前性——道路的超前性主要是指道路的先行作用。道路是为国民经济和社会发展服务的，它作为国家连接工农业生产的链条和经济腾飞的跑道，其发展速度应高于其他部门的发展速度。这就是通常所说的"先行官"作用。

④储备性——道路运输是资金密集型和技术密集型的产业，属于国家基本建设项目，道路的建设不仅要满足其现行通行能力的要求，还要考虑今后一段时间内通行能力增长的要求，即要有一定的储备能力。这就要求建设之前，必须要有统一的规划，可行性论证，周密的经济和交通调查、加强交通预测以及精心设计等工作，以满足远景发展的需要。

2. 道路的经济特征

道路作为一种特殊的物质产品，它还具有一些经济特征，主要有：

①道路产品是固定在广阔地域上的线形建筑物，不能移动。这不同于一般的工业生产和建筑业。工业生产一般是生产设备固定，而道路产品从原材料到成品在生产过程中流动，而道路与此相反。建筑业虽然也是这样，但其产品分布在各点上，而不是线形工程。因此，道路建设的流动空间更大，工作地点更不固定，受社会和自然环境影响大，具有更强的专业性。

②道路的生产周期和使用周期长。通常一条上百公里的道路建成要花两三年的时间，高等级道路还更长，在实施过程中需耗用大量的人力、物力和财力。投入使用后一般使用年限为 10 ~ 20 年。在使用过程中还需进行经常性的养护、维修和管理工作。

③道路虽是物质产品，但不具有商品的形式。在商品经济中，一般的产品都采取商品交换形式，出售后进入消费。而道路建成后，不能作为商品出售，也不存在等价交换的买卖形式，只提供给社会使用。其投资费用以收费（使用道路的收费和养护管理费）和运输运营中收费形式来补偿。

④具有特殊的消费过程和消费方式。一般的商品生产与消费在时间和空间上都是分离的。即商品必须成型后，才能运送到市场进行交换和消费。而道路则可边建设、边使用，并在使用过程中边养护、维修与改造。生产与消费不可分割，在时间和空间上是重复的。道路在消费形式上，不是一次性，而是多次消费。这就对道路的质量提出了特别高的要求，以确保其多次重复性使用（消费）中车辆行驶的安全，快速，经济和舒适。

⑤道路是作为一个完整的系统，发挥其作用，为社会服务。一条道路由路线、路基、路面、桥涵等各部分组成完整的系统。而一个区域的道路网，则是由许多条道路组成一个有机的网络系统。而这个系统又成为交通运输系统中的一个子系统，这就要求各条道路的修建要统筹规划，相互协调，密切配合，从整体的角度为社会服务。

（二）道路运输在国民经济中的地位和作用

道路运输是交通运输系统的重要组成部分，是为国民经济、社会发展和人民生活服务的基础设施。社会经济的发展和交通运输的需求决定着道路运输的发展也影响和制约着社会经济和交通运输的发展水平。道路运输深入影响政治、经济、文化、教育、军事及人们的日常生活等各个方面。随着国家经济实力的发展和科学技术水平的不断提高，道路运输的地位越来越重要。

道路运输与国民经济的发展存在着相互促进、相互制约的对立统一的关系，道路运输在国民经济中的地位和作用主要表现在以下方面：

①道路运输是最便捷且唯一具有直达功能的运输方式。道路运输可以实现门到门的运输，自成运输体系，这种直达的运输作用是其他运输方式所不具备的。

②道路运输可以为其他运输方式集散、接运客货。道路运输灵活性、输入性的特点可将其他运输方式连接成网，充分发挥运输业在经济和社会发展中的重要作用。

③道路运输的通达深度广，覆盖面大。道路运输可以将地区、城乡、企业、不同用户之间的经济活动连接起来，为各个产业的生产活动提供服务。

④道路运输成为世界各国发展最快和主要的运输方式。道路运输的发达程度已成为衡量一个国家经济实力和现代化水平的重要标志。

第二节 道路的分类与标准

一、道路的分类及功能

道路是提供各种车辆（无轨）和行人等通行的工程设施。目前，我国道路分类由于各种道路管理机构不同，处于多样化的状态，按照用途道路大体上可分为公路、城市道路、专用道路（厂矿道路、林区道路）和乡村道路等。

（一）公路

公路：连接城市、乡村，主要供汽车行驶的具备一定技术条件和设施的道路。根据公路的作用和使用性质，又将公路划分为国家干线公路、省级干线公路、县级公路和乡级公路（简称为国道、省道、县道、乡道），以及专用公路。

①国道——在国家干线网中，具有全国性的政治、经济、国防意义，并经确定为国家级干线公路。

②省道——在省公路网中，具有全省性的政治、经济、国防意义，并经确定为省级干线的公路。

③县道——具有全县性的政治、经济意义，并经确定为县级的公路。

④乡道——指修建在乡村，农场，主要供行人及各种农业运输工具通行的道路。

（二）城市道路

城市道路：在城市范围内，供车辆及行人通行的具备一定技术条件和设施的道路；《城市道路工程设计规范》（CJJ37—2012）根据城镇道路在道路网中的地位，交通功能以及对沿线建筑物的服务功能等，分为四类：快速路、主干路、次干路、支路。

城市道路的功能除了把城市各部分联系起来为城市各种交通服务外，还起到形成城市结构布局的骨架；提供通风、采光；保持城市生活环境空间以及为防火、绿化提供场地的作用。

（三）专用道路

由工矿、农林等部门投资修建，主要供该部门使用的道路。

①厂矿道路——在工厂和矿山区，主要供各种厂矿车辆通行的，具备一定技术条件和设施的道路；在《厂矿道路设计规范》（GBJ 22—87）中分为厂内道路和厂外道路，厂外道路分为一、二、三、四级，厂内道路分为主干道、次干道、支道、车间引道和人行道。

②林区道路——林区道路是指修建在林区，主要供各种林业运输工具通行的道路。由于林区地形及运输木材的特征，其技术要求应按专门制定的林区道路工程技术标准执行。

（四）乡村道路

乡村道路是指修建在乡村，农场主要供行人及各种农业交通运输工具通行的道路。在目前"大力推进新农村建设"政策的推动下，乡村道路等基础设施的建设尚缺乏专门的依据。我国现阶段农村公路的建设基本都是按三，四级公路相关设计标准和规范进行设计的。因此，在我国道路设计中，乡村道路属于公路的范畴。

二、公路的分类与技术标准

（一）公路（技术）等级的划分

《公路工程技术标准》(JTG B01—2014)基于原功能概念，提出了公路的功能分类，公路按功能分为：主要干线公路、干线公路、主要集散公路、次要集散公路和支线公路五类，为不同层次的出行提供畅通直达、汇集疏散和接入服务的功能。

公路按使用任务、功能和适应的交通量分为高速公路、一级公路、二级公路、三级公路、四级公路五个技术等级。

①高速公路为专供汽车分向，分车道行驶并全部控制出入的多车道公路。高速公路应能适应将各种汽车折合成小客车的年平均日交通量宜在 15000 辆以上。

一级公路为供汽车分向、分车道行驶，可根据需要控制出入的多车道公路。

一级公路应能适应将各种汽车折合成小客车的年平均日交通量宜在 15 000 辆以上。一级公路是连接高速公路或是某些大城市的城乡结合部、开发区经济带及人烟稀少地区的干线公路。它实际上是有两种不同的任务和功能：一种是具有干线功能，部分控制出人；另一种是可以采用平交的距离不长的连接线等。一级公路强调必须分向、分车道行驶，《公路工程技术标准》（JTG BO1—2014）规定一级公路一般应设置中央分隔带。当受特殊条件限制时，必须设置分隔设施，不允许用画线代替。

③二级公路为供汽车行驶的双车道公路。

二级公路应能适应将各种汽车折合成小客车的年平均日交通量为 5 000 ~ 15 000 辆。

二级公路为中等以上城市的干线公路或者是通往大工矿区、港口的公路。

④三级公路为主要供汽车、非汽车交通混合行驶的双车道公路。三级公路应能适应将各种车辆折合成小客车的年平均日交通量为 2000 ~ ~ 6 000 辆。主要为沟通县、城镇之间的集散公路。

⑤四级公路为主要供汽车、非汽车交通混合行驶的双车道公路或单车道公路，一般为沟通乡、村等地的地方公路。

双车道四级公路能适应按各种车辆折合成小客车的年平均日交通量为 2000 辆以下；单车道四级公路能适应各种车辆折合成小客车的年平均日交通量为 400 辆以下。

高速公路和一级公路的设计交通量预测年限为 20 年；二、三级公路的设计交通量预测年限为 15 年；四级公路可根据实际情况确定。设计交通量预测的起算年应为该项目可行性研究报告中的计划通车年。设计交通量的预测应充分考虑走廊带范围内远期社会、经济的发展和综合运输体系的影响。

（二）公路（技术）等级的选用

①应根据路网规划、公路功能，并结合交通量，充分考虑项目所在地区的综合运输体系、远期发展等，经论证后确定。

②主要干线公路应选用高速公路，次要干线公路应选用二级及二级以上公路。

③主要集散公路宜选用一、二级公路，次要集散公路宜选用二、三级公路。

④支线公路宜选用三、四级公路。

⑤一条公路，可分段选用不同的公路等级或同一公路等级不同的设计车速、路基宽度，但不同的公路等级、设计车速、路基宽度间的衔接应协调，过渡应适宜。

（四）公路工程技术标准

1.技术标准的内涵

公路的技术标准是法定的技术准则，它是指公路线形和构造物的设计、施工在技术性能、几何尺寸、结构组成方面的具体规定和要求。它是在根据汽车行驶性能、数量、荷载等方面的要求和设计，施工及使用的经验基础上，经过调查研究和理论分析制定出来的。

公路技术标准主要指公路等级、路基宽度（车道数）、设计速度三个关键要素，三者相辅相成，又相互独立。

公路等级（高速、一级等）主要由公路在路网中的功能决定。大多数情况下，公路等级需更多地考虑政治、经济、社会等宏观因素，非单纯由技术因素确定。

路基宽度由交通需求决定。但从根本上讲，交通需求决定的是公路的车道数，而非整个路基宽度，路基宽度则以车道数为基础，即由基本的行车道宽度加安全的路缘带宽度、硬路肩宽度、中央分隔带宽度等组成。

设计速度由公路等级与地形条件决定。设计速度对于公路交通容量有一定的影响，但以提高速度去获得有限的交通容量的提高，尤其在地形复杂路段，属舍本求末之举。以此出发，可以再次理解，获取交通容量提高的根本途径是增加车道数，而非采用更高的设计速度。

2.技术标准的应用

运用《公路工程技术标准》（JTG B01——2014）要合理，确定指标要慎重，在可能的条件下尽量采用较高的指标。

标准指标的选择和运用应有针对性和灵活性。我国地域辽阔，各地条件迥异，不同地区公路乃至同一公路不同路段具有不同环境特征。为保护个性环境，需要灵活设计；为展现环境个性，需要精心创作。技术标准和设计规范是应用于全国范围的纲领性法规，它必须也只能具有一般性和普遍性的指导意义。在道路设计时，应在全面、系统地理解标准和规范的基础上，根据个性环境，灵活地运用标准规范中的各项指标。

标准规范中的指标有主次之分。主要指标，是指对安全、功能有重大影响的指标，如最小圆曲线半径，最大纵坡，视距等；次要指标，是指在满足安全的前提下，主要影响美学或舒适性的指标，如曲线间直线长度等。主要指标在设计中原则应予保证，对于次要指标，当对环境不构成影响时，可采用较高值，当对环境存在影响时，应采用较低值，当对环境和生态影响巨大时，为了保护环境，可突破使用。

三、城市道路的分类与技术分级

（一）城市道路的分类

根据道路在城市道路网中的地位、交通功能以及对沿线建筑物的服务功能，分为快速路、主干路、次干路、支路四类。

①快速路：为城市中大量、长距离、快速交通服务。快速路上的机动车道两侧不应设置非机动车道。快速路对向行车道之间应设置中间分隔带，其进出口应采用全控制或部分控制。快速路沿线两例不能设置吸引大量车流、人流的公共建筑物的进出口，对一般建筑物的进出口应加以控制，当进出口较多时宜在两侧另建辅道。

②主干路：为连接城市各主要分区的干路，以交通功能为主。主干路上的机动车与非机动车应分道行驶，非机动车交通量大时，宜采用机动车与非机动车分隔形式，如三幅路或四幅路。主干路一般不设立体交叉，而是采用扩宽交叉口引道的办法来提高通行能力。主干路两侧不应设置吸引大量车流、人流的公共建筑物出入口。

③次干路：与主干路结合组成城市道路网，起集散交通的作用，兼有服务功能。次干路是城市中数量较多的一般的交通性道路，配合主干路组成城市干道网，起联系各部分和集散交通的作用。次干路一般不设立体交叉，部分交叉口可以扩大，并加以渠化。次干路兼有服务功能，允许两侧布置吸引入流的公共建筑，但应设停车场。

④支路：为次干路与街坊的连接线，解决局部地区交通，以服务功能为主。支路是一个地区内（如居住区内）的道路，是地区通向干道的道路。支路可与平行于快速路的道路相接，但不得与快速路直接相接。支路需要与快速路交叉时应采用分离式立体交叉跨过或穿过快速路。

城市道路规划交通量达到饱和状态时的设计年限，《城市道路工程设计规范》CJJ 37—2012）（以下简称《城规》）规定：快速路、主干路应为20年；次干路应为15年；支路宜为10～15年。

（二）城市道路的红线规划

道路红线是指通过城市规划或道路系统专项规划确定的各等级城市道路的路幅边界控制线，及城市道路用地与其他用地的分界控制线。红线宽度为道路用地的规划范围，包括车行道、人行道、绿化带等在内的规划道路的总宽度，或称规划路幅。

城市道路的红线规划，是依据城市总体规划确定道路网的形式，道路的功能、走向和位置、一次修建还是分期逐步改造、新建道路还是旧路改造等因素而定。

城市道路红线规划的主要工作内容有：

1. 确定道路红线宽度

根据道路的功能与性质，考虑适当的横断面型式和定出机动车道、非机动车道、人行道、绿带等各组成部分的合理宽度，从而确定道路的总宽度，即红线宽度。红线宽度规划太窄不能满足日益发展的城市交通和其他各方面的要求，给以后改建带来困难；太宽，近期沿线建筑要从现在路边后退很多，会给近期建设带来困难。所以，确定红线宽度时应充分考虑"近远结合，以近为主"的原则。

2.确定道路红线位置

在城市总平面图基本方案的基础上，对于新建区道路，选择规划路中心的位置，并按拟定道路横断面宽度画出道路红线；对于旧区改建道路，如计划近期一次拓宽至规划宽度者，规划红线根据少拆迁原则以一侧拓宽为宜；属于长期控制，逐步形成的道路，定位时，可以按照现状中线不动，使两侧建筑平均后退。

3.确定交叉口型式

根据各交叉日的类型及具体条件和近。远期结合的要求，定出交叉口用地范围、具体位置和尺寸，定出路缘石半径以及安全视距等，并以红线方式绘于平面图上。

4.确定控制点的半径和标高

规划道路中线的转折点和各条道路的相交点，就是控制点。控制点平面位置可直接实地测量，标高则由竖向规划确定，也可以依据可靠的地形图计算其坐标和标高。

第三节　道路的基本组成

一、公路工程的基本组成

公路是一种线形工程结构物，它由线形和结构两大部分组成。

（一）线形组成

公路线形是指公路中线的空间几何形状和尺寸。这一空间线形投影到平、纵，横三个方面而分别绘制成反映其形状，位置和尺寸的图形，就是公路的平面图、纵断面图和横断面图。公路设计中，平、纵、横三方面是相互影响、相互制约、相互配合的，设计时应综合考虑，如图 1-1 所示。

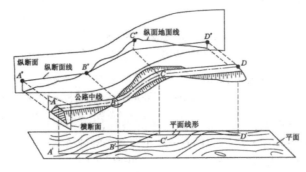

图 1-1　道路的平面，纵断面及横断面

公路路线的线形是指在空间的几何形状和尺寸，为研究方便，将之分解为平面，纵断面、横断面设计三个方面进行研究。平面线形由直线、圆曲线和缓和曲线等基本线形要素组成。纵面线形由直线（直坡段）及竖曲线等基本要素组成。公路线形设计时必须考虑技术经济和美学等的要求。

（二）结构组成

公路是交通运输结构物，它不仅承受荷载的作用，而且受自然条件的影响，其结构组成主要包括：路基路面工程、排水工程（桥涵、渗水路堤、过水路面等）、防护工程（挡土墙、护坡、护栏等）特殊构造物以及交通服务设施。

①路基——行车部分的基础，断面形状一般可有路堤、路堑、半填半挖三种路基形式。路基结构必须稳定、坚实并符合规定的尺寸，以承受汽车和自然因素的作用。

②路面——用坚硬材料铺筑于路基上供汽车直接行驶的地带，通常路面由基层及面层两部分组成。

路面按其适用品质、材料组成和结构强度可有高级、次高级、中级、低级之分。按其力学性质可分为柔性路面和刚性路面两大类。常用材料有沥青、水泥、碎（砾）石，砂、黏土等。

③桥涵——指公路跨越水域、沟谷和其他障碍物时修建的构造物。按照《公路工程技术标准》（JTG B01—2014）的规定，单孔跨径小于5 m或多孔跨径之和小于8 m称为"涵洞"，大于这一规定值称为桥梁。

④隧道——公路隧道通常是指建造在山岭、江河、海峡和城市地面下，供车辆通过的工程构造物。它是为公路从地层内部或水层通过而修建的结构物。当公路翻越高山或穿过深水层时，为了改善平、纵面线形和缩短路线长度，经过技术，经济比选，可开凿道。

⑤公路特殊结构物——在山区地形、地质复杂路段，可修建悬出路台，半山桥及防石廊等以保证道路连续和路基稳定的构造物。

⑥排水系统——为了防止地面水及地下水等自然水侵蚀，冲刷路基，确保路基稳定，需设置排水构造物，除上述桥涵外，还有边沟、截水沟、排水沟、跌水，急流槽、盲沟、渗井及渡槽等。这些排水构造物组成综合排水系统，以减轻或消除各种水对道路的侵害。

⑦防护工程——在陡峻山坡或沿河一侧的路基边坡修建的填石边坡、砌石边坡、挡土墙、护脚及护面墙等可加固路基边坡保证路基稳定的构造物。在易发生雪灾的路段可设置防雪栅、防雪棚等。在沙害路段设置控制风蚀过程的发生和改变沙粒搬运及堆积条件的设施。沿河路基可设置导流结构物，如顺水坝，格坝、丁坝及拦水坝等间接防护工程。

⑧交通工程及沿线设施——公路交通工程及沿线设施是保证公路功能、保证安全形势的配套设施，如照明设备、交通标志，护栏、中央分隔带、隔音墙、隔离墙、加油站、汽车停车场、休息设施及绿化和美化设施等。

二、城市道路工程的基本组成

城市道路将城市的主要组成部分如居民区、市中心、工业区、车站、码头及其他部分之间联系起来，形成完整的道路系统，通常其组成如下：

①机动车道和非机动车道。

②人行道：包括地下人行道及人行天桥。

③交叉口、步行广场、停车场、公共汽车站。

④交通安全设施：人行地道、人行天桥、照明设备、护栏、标志、标线等。

⑤排水系统：街沟、雨水口、窑井及雨水管等。

⑥沿街设施：照明灯柱、电杆、邮筒及给水栓等。

⑦地下各种管线：各种电缆、煤气管及给排水管道等。

⑧绿化带。

⑨大城市还有地下铁道、高架桥等。

道路工程的主体是路线、路基（包括排水系统及防护工程等）和路面三大部分。在道路设计中它们是相互联系、相互影响的。路线设计中要有经济合理的线形，还应充分考虑通过地区的自然与地貌等因素，以保证路基的稳定性。路基设计要求要有足够的强度和稳定性，以保证路面结构的整体强度和稳定性，保证行车安全和迅速。

第四节　道路工程基本建设程序

道路工程项目建设全过程分为道路规划、道路勘测设计，道路施工及道路养护四个环节。公路建设是基本建设项目，凡新建公路工程项目和改建的大中型公路工程项目，都必须按我国交通部颁布的《公路工程基本建设管理办法》规定的程序办理。程序要点如下：

①根据长远规划或建设项目建议书，进行可行性研究；

②根据可行性研究，编制计划任务书（也称设计计划任务书）；

③根据批准的计划任务书，进行现场勘测，编制初步设计文件和概算；

④根据批准的初步设计文件，编制施工图和施工图预算；

⑤列入年度基本建设计划；

⑥进行施工前的各项准备工作；

⑦编制实施性施工组织设计及开工报告，报上级主管部门审批；

⑧严格执行有关施工的规程和规定，坚持正常施工次序，做好施工记录，建立技术档案；

⑨编制竣工图表和工程决算，办理竣工验收。

以上程序，在符合审批制度的前提下，可根据具体情况进行合理的调整，小型项目可根据具体情况适当。

一、道路工程项目建议书与可行性研究

（一）道路工程项目建议书

项目建议书是基本建设前期工作的一项重要内容，是基本建设程序的重要组成部分，是进行项目决策和编制计划任务书的科学依据。道路工程项目建议书编制的目的是对待建工程的必要性、技术可行性、经济合理性、实施可能性等进行综合研究，推荐最佳方案，进行投资估算，并做出经济评价，为建设项目的决策和审批提供依据。

道路工程的项目建议书一般包括下列内容。

①概述——论述建设任务依据、历史发展背景、建设范围与主要内容，研究的主要结论。

②现状及问题——论述建设地区交通运输网的现状和存在的主要问题，拟建公路在区域运输网中的作用，原有公路的技术状况和不符合程度。

③发展预测——进行全面的交通调查和经济调查，论述该地区的经济特征，项目与经济发展的内在联系，预测交通运输量的发展情况。

④建设规模和标准——论述项目建设规模和采用的等级及其主要技术指标。

⑤建设条件和方案比选——调查建设项目所处地理位置的地形、地质、地震、气候、水文等自然条件和社会条件、主要建筑材料的来源及运输条件，进行方案的比选，仅对环境影响做出分析。

⑥投资估算与资金筹措——包括主要工程数量、公路建设用地及拆迁、单价拟定、投资估算和资金筹措等。

⑦工程建设实施计划——包括勘测设计和工程施工的计划和要求、工程管理人员和技术人员的培训等。

⑧经济评价——包括运输成本等经济参数的确定、建设项目直接经济效益分析、建设项目间接效益分析、建设项目费用估算等，对于贷款项目还需要进行项目的财务评价。

根据上述研究成果，通过综合分析评价，提出技术先进、投资少、效益好的最优建设方案。

（二）道路工程项目可行性研究

道路工程项目可行性研究是从"需要"和"可能"两个方面，运用可行性研究这一科学的、完整的工作方法体系，深入地、具体地研究一个道路建设项目建设的必要性、技术的可行性、经济的合理性、实施的可能性，选择项目实施的最佳方案，避免项目实施的盲目性，减少项目投资的风险性。这是建设项目投资决策前进行技术经济论证的一门综合性工作，是基本建设前期工作的重要环节。

在可行性研究阶段要回答的问题可归纳为五个方面，即说明五个"w"：

what——说明要干什么，提出建设项目的基本情况。

Why——说明为什么要投资建设这个项目，准备采用的工艺及其技术上的可能性，决定企业规模（道路的等级）经济上的盈利性（效益）。

where——说明项目建在何处，并说明当地的自然条件和社会条件。

When——说明项目何时开始投资，何时建成，何时回收投资，选择最佳时机。

who——说明项目的资金来源、工程建设与经营管理等事项由谁来承担。

道路工程项目可行性研究的作用包括五个方面：

①作为项目建设投资决策和编制设计任务书的依据。

②作为向银行申请贷款的依据。

③作为建设项目初步设计的基础。

④作为新技术、新设备的采用、研制计划的依据。

⑤作为公路建设项目后评价的参考与依据。

道路工程项目可行性研究分为两个阶段，即预可行性研究阶段和工程可行性研究阶段。

预可行性研究阶段要求通过实地踏勘和调查；重点研究必要性和建设时机；初步确定项目通道和走廊带；对项目规模、技术标准、建设资金，经济效益进行必要论证，是项目建议书的依据。

工程可行性研究阶段要求充分的调查研究，通过必要的测量和地质勘探，对可能的建议方案从技术，经济、安全、环境等方面综合比选论证。研究确定项目的起终点，提出推荐方案，确定建设规模，技术标准，估算项目投资，分析投资项目，编制报告。批准的工程可行性研究阶段是初步设计的依据。

预可行性研究阶段和工程可行性研究阶段在深度要求方面存在着一定的差异：

1. 方案比选

预可行性研究阶段——初步比选，确定通道或走廊带。

工程可行性研究阶段一进一步比选，有比较价值的方案，要求同深度比选技术，建设费用和经济效益；从技术、经济、安全、环境等方面综合比选论证。

2. 路线方案

预可行性研究阶段——1：50 000 或更大，特殊地形 1：10 000；

工程可行性研究阶段——1：10 000 或更大，特殊地形 1：2 000。

3. 手段

预可行性研究阶段——实地踏勘和调查。

工程可行性研究阶段——充分的调查，并通过必要的测量和地质勘察，对长大桥梁、隧道等控制性工程进行专项地质勘探和调查（遥感、物探、地质调绘等），地形地质复杂时进行必要的钻探。

4. 投资

工程可行性研究阶段的投资估算与初步设计概算之差应控制在投资估算的 10% 以内。预可行性研究报告的主要内容包括：概述、经济社会和交通运输发展现状及规划，交通量分析及预测，建设的必要性，建设条件、技术标准及建设方案、投资估算及资金筹措、经济评价、节能评价、社会评价、风险分析、问题与建议。

工程可行性研究报告的主要内容包括：概述、经济社会和交通运输发展现状及规划、交通量分析及预测、技术标准、建设方案，投资估算及资金筹措、经济评价，实施方案、土地利用评价、工程环境影响分析、节能评价、社会评价、风险分析、问题与建议。

道路工程项目可行性研究报告编制的步骤如下：

①组成可行性研究组。研究组包括以下人员：项目负责人，公路经济人员，交通工程人员、公路路线工程人员、桥隧工程人员，地质及水文人员、工程概预算人员等。

②拟定工作计划和进度表。编写外业调查勘测提纲和外业分工、可行性研究章节目录和执笔分工、报告编写统一格式等。

③外业踏勘和调查。

④调查资料的整理、计算与分析。

⑤主要问题研究，包括公路运输量、交通量预测和评价、工程规模与技术标准研究，路线和隧道方案，环境保护工作、工程量估算，投资估算与资金来源研究，经济评价，建设安排。

⑥编写报告文本及绘制附表、附图。

⑦出版、送审。

二、计划任务书

公路勘测设计工作是根据批准的计划任务书进行的。计划任务书应包括下述内容：建设的依据和意义；路线的建设规模和修建性质；路线的基本走向和主要控制点；工程技术等级和主要技术标准；勘测设计的阶段划分及各阶段完成的时间；建设期限，投资估算，需要钢、木、水泥的数量；施工力量的原则安排。

计划任务书经上级批准后，如对建设规模期限、技术等级标准及路线走向等重大问题有变更时，应报原批准机关审批同意。

三、道路勘测设计阶段划分

根据路线的设计和要求，道路勘测设计可分为一阶段勘测设计、二阶段勘测设计和三阶段勘测设计。

①一阶段设计 —— 直接根据批准的设计任务书的要求，一次作详细测量并编制施工图设计和工程预算。适用于技术简单、方案明确的小型公路工程。

②阶段设计 —— 为公路测设的主要程序，即通常一般公路所采用的测设程序。即按初步设计、施工图设计两个阶段进行。

初步设计主要任务：拟定设计原则；选定设计方案；计算主要工程数量；提出施工方案意见，编制设计概算并提供文字说明和图表资料。

施工图设计主要任务：进一步对审定的设计原则、设计方案，技术决定加以具体和深化，最终确定各项工程数量和尺寸，提出文字说明和满足施工需要的图表资料及施工组织计划并编制施工图预算。

③三阶段设计 -- 对于技术上复杂而又缺乏经验的建设项目或建设项目中的个别路段、特殊大桥、互通式立体交叉、隧道等，必要时，应采用三阶段设计。即分初步设计、

技术设计、施工图设计三个阶段进行。

初步设计是项目决策后，根据设计任务书要求所作的具体实施方案，应能满足项目投资包干、招标承包、材料、设备订货、土地征用和施工准备等要求。根据批准的设计任务书和收集的勘测设计资料编制初步设计文件，确定设计原则，技术标准、工程规模、工程数量、工程概算、材料数量等。其组成内容为：①设计说明书，包括设计依据及概述，设计技术准备，对道路工程设计的各个方案进行技术经济论证和提出推荐方案，存在问题和注意事项等；主要工程数量和主要材料数量表；③工程概算，说明编制概算所采用的定额，各项费率标准，材料价格、施工方法及施工费用的依据；④设计图纸，包括道路位置示意图、平面地形图（包括征地、拆迁线）纵断面图、横断面图，道路交叉、广场设计图，绿化、照明布置等。

技术设计。技术设计主要用于技术上相当复杂的道路工程。初步设计经审批后就可进行技术勘测，根据技术勘测资料做技术设计或施工图设计。技术设计是对初步设计中一些复杂工程内容，如道路和广场的竖向设计，难度较大的道路交叉，交通组织措施，全面性的综合排水设计，有关地上，地下管线平面和立面的综合协调等进行深一步较详细的技术设计。

施工图设计。施工图设计内容包括绘制道路平面、纵断面、横断面、平面交叉口、立体交叉、广场设计等的各部详细尺寸和标高；路面结构设计组成及厚度；排水设计；中小桥、涵洞、灌溉渠道连通管及其他附属构筑物的位置、标高、孔径、结构设计等施工详图和必要的施工说明，提出征地、房屋拆迁、迁移管线和障碍物等的数量，编制工程预算。当与初步设计有较大差异时，应修正初步设计和概算，报上级批准后实施。

四、设计文件编制

设计文件是公路勘测设计的最后成果，经审查批准后是公路施工等的依据。其组成，内容和要求随设计阶段而异。

根据《公路工程基本建设项目设计文件编制办法》规定，设计文件组成和内容如下：

（一）初步设计文件

由总说明书，总体设计、路线、路基路面、桥梁涵洞隧道、路线交叉、交通工程及沿线设施、环境保护与景观设计，其他工程、筑路材料、施工方案、设计概算共13篇和附件所组成。其表达形式有文字说明、设计图、表格三种。

（二）施工图设计文件

由总说明书，总体设计、路线、路基路面、桥梁涵洞、隧道、路线交叉，交通工程及沿线设施、环境保护与景观设计、其他工程、筑路材料、施工组织设计和施工图预算共13篇及附件组成。

第二章　道路桥梁工程

第一节　道路工程施工技术

一、道路的分类及其工程组成

道路工程是供各类无轨车辆和行人等通行的基础设施。道路是一种带状构筑物，它的中心线是一条空间曲线，它具有高差大、曲线多且占地狭长的特点。道路工程施工图的表现方法与其他工程图有所不同。道路工程施工图由平面图、纵断面图、横断面图及构造详图组成。

（一）道路的分类

道路作为一个总称，它可分为城市道路、公路、农村道路、专用道路。

1. 城市道路

城市道路是在城市范围内，联系各组成部分，并供车辆及行人通行的、具备一定技术条件和设施的道路。按在道路系统中的地位、交通功能与对沿线建筑物的服务功能来划分，城市道路可分为快速路、主干路、次干路与支路。

（1）快速路

是为较高车速的长距离交通而设置的重要道路。快速路对向车道之间应设中间带以分隔对向交通，当有自行车通行时，应加设两侧带。快速路与高速公路、快速路、主干路相交时，必须采用立体交叉；与交通量较小的次干路相交时，可采用平面交叉；与支路不能直接相交。在过路行人集中地点应设置过街人行天桥或地下通道。

（2）主干路

是城市道路网的骨架，为连接城市各主要分区的交通干路，以交通功能为主。自行车交通多时，宜采用机动车与非机动车分流形式，如三幅路或四幅路。

（3）次干路

是城市的交通干路，兼有服务功能。次干路配合主干路组成道路网，起广泛连接城市各部分与集散交通的作用。

（4）支路

是次干路与街巷路的连接线，解决局部地区交通，以服务功能为主。街巷内部道路，作为街巷建筑的公共设施组成部分，不列入等级道路以内。

2.公路

公路是指在城市以外，连接相邻市县、乡村、港口、厂矿和林区等，主要供汽车行驶，且具备一定技术条件和交通设施的道路。根据其功能、使用任务和远景交通量等综合因素可分为5个等级：高速公路、一级公路、二级公路、三级公路和四级公路。

（1）高速公路

为专供汽车分向、分车道行驶，并应全部控制出入的多车道公路，一般能适应将各种汽车折合成小客车的远景设计年限年平均昼夜交通量在 25 000 辆以上（四车道：25 000 ~ 55 000 辆；六车道：45 000 ~ 80 000 辆；八车道：60 000 ~ 100 000 辆）。

（2）一级公路

为供汽车分向、分车道行驶，并可根据需要部分控制出入及部分立体交叉的多车道公路，一般能适应将各种汽车折合成小客车的远景设计年限年平均昼夜交通量 15 000 ~ 55 000 辆（四车道：15 000 ~ 30 000 辆；六车道：25 000 ~ 55 000 辆）。

（3）二级公路

为供汽车行驶的双车道公路，一般能适应将各种汽车折合成小客车的远景设计年限年平均昼夜交通量 7 500 ~ 15 000 辆。

（4）三级公路

为主要供汽车行驶的双车道公路，一般能适应将各种汽车折合成小客车的远景设计年限年平均昼夜交通量 2 000 ~ 6 000 辆，为沟通县及县以上城市的一般干线公路。

（5）四级公路

为主要供汽车行驶的双车道或单车道公路，一般能适应将各种汽车折合成小客车的远景设计年限年平均昼夜交通量 2 000 辆（单车道 400 辆）以下，为沟通县、镇、乡的支线公路。

公路按其重要性和使用性质又可分为国家干线公路（国道）、省级干线公路（省道）、县级公路（县道）和乡级公路（乡道）。

3.农村道路

农村道路一般是指在农村中联系乡、村、居民点的主要道路，其交通性质、特点、技术标准要求等均与公路不同。

4.专用道路

专用道路包括厂矿道路和林区道路。厂矿道路是指修建在工厂、矿区内部以及厂矿到公路、城市道路、车站、港口衔接处的对外连接段，主要为工厂、矿山运输车辆通行的道路。林区道路是指修建在林区，主要供各种林业运输工具通行的道路。

（二）道路工程的组成

道路工程的基本组成部分包括：路床、路基、路面、桥梁、涵洞、隧道、防护与加固工程、排水设施、山区特殊构造物，城市道路还包括各种管线等，以及为保证汽车行驶的安全、畅通和舒适的各种附属工程，如公路交通安全设施、路用房屋、综合服务区（加油站、维修站、餐饮、宾馆等）及绿化栽植等。此外，还包括为防止路基填土或山坡土体坍塌而修筑的承受土体侧压力的挡土墙，以及为保持路基稳定和强度而修建的地表和地下路基排水设施，包括边沟、截水沟、排水沟、急流槽、渗沟、渗水井等。

二、道路工程施工的一般特点

新建、改造或扩建的道路工程，其施工都不同程度地呈现以下特点：

第一，道路工程是固定在土地上的构筑物，而施工生产是流动的，所以道路工程施工组织是复杂的，这是区别于工业生产的最根本的特点。由于道路工程的流动性，就需要把众多的劳力、施工机具、材料，在时间和空间上加以合理地组织，从而使它们在线性的施工现场按照科学的施工顺序流动，不致于互相妨碍而影响施工，这是施工组织的重要内容。

第二，道路工程施工规模大、周期长，施工组织工作十分艰巨。由于道路工程往往工程量较大，需要消耗大量的人力和物力，施工组织工作不仅要做好统筹部署，还要考虑各种不同工种之间的开竣工的衔接，只有这样，才能保证公路工程施工生产连续且有序地进行。

第三，道路工程施工是在室外进行的，受气候和自然条件的影响与制约，决定了公路施工组织工作的特殊性和不能全年连续均衡地进行施工生产。因此，在施工组织中，要对雨季、冬季和高温季节采取特殊的技术措施和施工方法，在高空和地下作业则要采取必要的防护措施，并尽可能连续而均衡地进行施工，注意避免气候、自然条件对施工生产所产生的不利影响，以确保工程质量和施工安全以及工期要求。

综上所述，道路工程施工的特点集中表现在施工条件复杂多变，给施工生产活动带来很大的困难，故要求针对道路工程的不同对象、不同的施工条件，从实际出发，充分做好准备工作，包括施工管理和组织计划工作。施工中实行流水作业，严格施工管理，健全岗位责任制，加强质量保证体系工作，每道工序都要严格把关，前一道工序未经验收不得进行下道工序，稳妥而科学地做好施工组织工作。

三、道路工程施工的基本程序

道路工程施工的基本程序是指施工单位从接受施工任务到工程竣工阶段必须遵守的工作程序。

（一）施工准备工作

施工准备工作是为拟建工程的施工建立必要的技术和物质条件，统筹安排施工力量和现场。施工准备工作也是施工企业搞好目标管理、推行技术经济承包的依据。

为了保证施工顺利进行，在施工准备阶段，建设主管部门应根据计划要求的建设进度指定一个企业或事业单位组织基建管理机构，办理登记及拆迁，做好施工沿线有关单位和部门的协调工作，抓紧配套工程项目的落实，组织施工范围内的技术资料、材料、设备的供应；勘测设计单位应按照技术资料供应协议，按时提供各种图纸资料，做好施工图纸的会审及发放工作；施工单位应组织机具、人员进场，进行施工测量，修筑便道及生产、生活等临时设施，组织材料、物资采购、加工、运输、供应、储备，做好施工图纸的接收工作，熟悉图纸的要求。

（二）组织施工

施工准备就绪后，施工单位向上一级单位提交开工申请，主管技术部门报监理工程师，由总监下达开工命令。施工单位要遵照施工程序和施工组织计划中所拟定的施工方法合理组织施工。施工过程中应严格按照设计要求和施工规范施工，确保工程质量，安全施工。推广应用新工艺、新技术，努力缩短工期，降低造价，同时应注意做好施工记录，建立技术档案。

组织施工应具备的文件有：①设计文件；②施工规范和技术操作规程；③各种定额；④施工图预算；⑤施工组织设计；⑥道路工程质量检验评定标准和施工验收规范。

（三）竣（交）工验收、交付使用

竣（交）工验收阶段主要工作是检查施工合同的执行情况，评价工程质量，对各参建单位工作进行初步评价。各合同段的设计、施工、监理等单位参加竣（交）工验收工作，由项目法人负责组织。公路工程竣（交）工验收工作一般按合同段进行，并应具备以下条件：合同约定的各项内容已全部完成；施工单位按《公路工程质量检验评定标准》及相关规定对工程质量自检合格；监理单位对工程质量评定合格；质量监督机构按"公路工程质量鉴定办法"对工程质量进行检测；竣工文件按要求完成，施工单位、监理单位完成本合同段的工作总结报告。

竣（交）工验收阶段主要工作是对工程质量、参建单位和建设项目进行综合评价，并对工程建设项目作出整体性综合评价。竣（交）工验收时成立竣工验收委员会，由交通运输主管部门、公路管理机构、质量监督机构、造价管理机构等单位代表组成。公路工程竣（交）工验收应具备以下条件：通车试运营2年以上；竣（交）工验收提出的工程质量缺陷等遗留问题已全部处理完毕，并经项目法人验收合格；工程预算编制完成，并经交通运输主管部门或其授权单位认定；档案、环保等单项验收合格；各参建单位完成工作总结报告；质量监督机构对工程质量检测鉴定合格，并形成工程质量鉴定报告。

四、道路工程施工准备工作

道路工程施工前施工单位的准备工作，是为了保证施工正常进行而必须做好的一项重要工作。它之所以重要，是因为道路施工是一项非常复杂的生产活动，需要处理一系列复杂的技术问题，耗用大量的物资，使用众多人力和动用机械设备资源，所遇到的问题也是多种多样的，因而，施工前准备工作考虑的影响因素越多，准备工作做得越充分，则施工越顺利。

施工企业在投标时应成立工程项目部，施工单位在获得工程任务并与建设单位签订工程施工承包合同后，应按照合同的要求着手进行施工准备工作。施工准备工作分为组织准备、技术准备、物资准备和施工现场准备等几个方面。

（一）组织准备工作

组织准备工作主要是建立和健全施工组织管理机构，制定施工管理制度，明确施工任务，确立施工应达到的目标。施工组织管理机构是为完成道路工程施工而设置的负责现场指挥、管理工作的组织机构，一般由项目经理部及下设各职能部门组成。建立严格的责任制，按计划将责任预先落实到有关部门甚至个人，同时明确各级技术负责人在施工准备工作中所负的责任，从而充分调动各部门和技术人员的积极性，使他们责任、权利相统一。建立完善的施工管理制度是公路施工管理的核心。施工管理制度包括施工计划管理制度、工程技术管理制度、工程成本管理制度、施工质量安全管理制度等。

（二）技术准备工作

技术准备工作，即通常所说的"内业"工作，它是工程顺利实施的基础和保证。技术准备工作的好坏，直接影响到工程的进度、质量和经济效益，因此必须高度重视。技术准备工作的内容主要包括熟悉设计文件、现场调查核对、设计交桩和技术交底及建立工地试验室。

1. 熟悉和审核图纸，深化施工组织设计

项目负责人组织有关人员对施工图纸和资料进行学习和自审，如有疑问，应做好统计，在业主召开的设计交底和图纸会审中提出，请上级部门给予解答。

施工组织设计是全面安排施工生产的技术经济文件，是指导施工的主要依据。施工组织设计是以一个建设施工项目为编制对象，用以规划整个拟建工程施工活动的技术经济文件。它是整个项目施工任务总的战略性部署安排，主要内容包括工程概况、施工布置与施工方案、施工总进度计划、施工准备工作及各项资源需要量计划、施工总平面图、主要技术组织措施及主要技术指标。

2. 设计交桩和技术交底

建设单位负责人召集设计、施工、监理、科研人员参加图纸会审会议。设计人员向施工方作图纸交底，讲清设计意图和对施工的主要要求，并对设计桩点进行复测交接。施工人员应对图纸和有关问题提出质询。最终由设计单位对图纸会审中提出的合理化建议，按程序进行变更设计或作补充设计。

3.建立工地试验室

工地试验室是为施工现场提供直接服务的试验室，主要任务是配合路基、路面、桥涵等工程施工，对工地使用的各种原材料、加工材料及结构性材料的物理力学性能，以及施工结构体的几何尺寸等进行检测。工地试验室的作用是通过各种材料试验，选用合适的材料及其性能参数，以保证工程结构物的强度和耐久性，并有利于掌握各种材料的施工质量指标，保证结构物的施工质量。工地试验室的试验检测人员必须是具有试验检测资质的检测机构的正式持证注册人员。

施工前的准备工作带有全局性，它是组织施工的第一步，没有这项工作，工程就不能顺利开工，更不能连续施工。没有准备的施工或准备不充分的施工，均会使以后施工难以顺利进行。

（三）物资准备工作

物资准备工作是指施工中必需的劳动手段和施工对象的准备。它是根据各种物资需要量计划，分别落实货源、组织运输和安排储备，以保证连续施工的需要。物资准备是各种材料与机具设备购置、采集、调配、运输和储存，临时便道及工程房屋的修建，供水、供电、必需生活设施等的安装及建设等工作。

在道路施工前，各种生产、生活需用的临时设施，如各种仓库、搅拌站、预制构件厂（站、场）、各种生产作业棚、办工用房、宿舍、食堂、文化设施等均应按施工组织需要的数量、标准、面积、位置等在施工前修建完毕。修建完毕各种生产、生活需用的临时设施后，应及时根据施工组织设计确定的材料、半成品、预制构件的数量、品种、规格以及施工机具设备，编制好物质供应计划，按计划订货和组织进货，按照施工平面图要求在指定地点堆存或入库；对砂子、碎石、钢材等材料应提前做各种试验，确定其是否满足设计要求；对各种标号混凝土提前做好其配比；对施工将用的施工机械和机具需用量进行计划，按计划进场安装、检修和试运转。

施工队应提早调整，健全和充实施工组织机构，进行特殊工种、稀缺工种的技术培训和持证上岗，提前预招临时工和合同工，落实具有相应资质的专业施工队伍和外包施工队伍。同时，根据地理位置、气候条件，夏、冬、雨期施工也应做些适当准备。

（四）施工现场准备工作

1.恢复定线测量

恢复定线测量的主要程序为：①检查工程原测设的所有永久性标桩；②复测；③将施工中所有的标桩进行加固保护，并对水准点、三角网点等设立易于识别的标志；④向监理工程师提供全部的测量标记资料；⑤完成全部恢复定线、施工测量设计和施工放样；⑥各合同段衔接处的测量应在监理工程师的统一协调下由相邻两合同段的承包人共同进行，将测量结果协调统一在允许的误差范围内。

2.建造临时设施

①工地临时房屋设施包括行政办公用房、宿舍、文化福利用房及作业棚等。其需

要量根据职工与家属的总人数和房屋指标来确定。②仓库用来存放施工所需要的各种物资器材，按物资的性质和存放量要求其形式可以是露天、敞棚、房屋或库房。仓库物资贮存量应根据施工条件通过计算确定。

3. 临时交通便道

在工地布设临时交通便道时应遵循下列原则：①临时交通道路以最短距离通往主体工程施工场所，并连接主干道路，使内外交通便利；②充分利用原有道路，对不满足使用要求的原有道路，应在充分利用的基础上对其进行改建，节约投资和施工准备时间；③在本工程的施工与现有的道路、桥涵发生冲突和干扰之处，承包人都要在本工程施工之前完成改道施工或修建临时道路；④利用现有的乡村道路作为临时道路，应将该乡村道路进行修整、加宽、加固及设置必要的交通标志，并经监理工程师验收合格后方可通行；⑤工程施工期间，应配备人员对临时道路进行养护，以保证临时道路的正常通行；⑥尽量避开洼地和河流，不建或少建临时桥梁。

4. 工地临时用电

施工现场用电，包括生产用电和生活用电。其中，生活用电主要是照明用电；生产用电包括各种生产设施用电、主体工程施工用电、其他临时设施用电。临时供电总用量按式（1-1）计算：

$$P = \eta \cdot \left(\frac{K_1 \sum P_1}{\cos\varphi} + K_2 \sum P_2 + K_3 \sum P_3 + K_4 \sum P_4 \right) \tag{1-1}$$

式中：P —— 供电设备总需要容量，kW；

η —— 用电不均衡系数，一般取 1.05 ~ 1.20；

K_1 —— 全部动力同时用电系数，视电动机台数而定；

P_1 —— 动力设备用电额定功率，kW；

$\cos\varphi$ —— 动力用电设备功率因数；

K_2 —— 电焊机同时用电系数，视台数而定；

P_2 —— 电焊机用电额定功率，kW；

K_3，K_4 —— 分别为室内与室外同时照明时室内与室外的用电系数；

P_3，P_4 —— 分别为室内与室外照明用电量，kW。

5. 工地临时用水

根据施工现场平面布置图中的临时用水、临时用电设计方案，做好施工现场的正常施工、生活和消防的临时用水管线铺设工作。

五、道路工程施工常用机械

（一）土石方机械

1. 推土机

推土机是一种多用途的自行式土方工程建设机械，它能铲挖并移运土壤。例如，在道路建设施工中，推土机可完成：路基基底的处理；路侧取土横向填筑高度不大于

2 m 的路堤；沿道路中心线铲挖移运土壤的路基挖填工程；傍山取土修筑半堤半堑的路基。推土机还可用于平整场地、局部碾压、给铲运机助铲和预松土、堆集松散材料、清除作业地段内障碍物，以及牵引各种拖式土方机械等作业。

推土机按行走装置不同分为履带式和轮胎式，按工作装置不同分为固定式铲刀（直铲）和回转式铲刀（斜铲），按操纵方式不同分为钢丝绳机械操纵和液压操纵等类型。对工程量较为集中的土石方工程一般采用液压操纵的履带式推土机。推土机适用的经济运距为 50 ～ 100 m，不宜超过 100 m。

2. 铲运机

铲运机是一种利用铲头在随机械一起行进中依次完成铲削、装载、运输和铺筑的铲土运输机械。它广泛用于公路、铁路、水利、港口及大规模的建筑等施工中的土方作业。铲运机按行走方式不同分为有牵引式（拖式）和自行式，按操纵方式不同分为机械传动、液压传动、电力传动和静压传动等类型。在施工作业时，铲运机作业的卸土有强制式、半强制式、自行式卸土三种。铲运机的特点是能独立完成铲土、运土、卸土、填筑、压实等工作。铲运机对行驶道路要求较低，常用于坡角在 20°以内的大面积场地平整，开挖大型基坑、沟槽，以及填筑路基等土方工程。

一般来说，铲运机可在 I ～ IV 类土中直接挖土、运土，适宜运距为 600 ～ 1 500 m，当运距为 200 ～ 350 m 时效率最高。铲运机的经济运距和行驶道路坡度是铲运机选型的重要依据。如果运距短、坡度大、路面松软，以选择拖式铲运机为宜；如果运距较长、坡度大，宜采用双发动机驱动的自行式铲运机比较经济；如果路面较平坦，则选用单发动机驱动的自行式铲运机较为经济。铲运机适用于中等运距（100 ～ 200 m）和道路坡度不大的条件下的大量土方转移工程。如果运距太短（100 m 以内），采用铲运机是不经济的。这时采用推土机或轮胎式自装自运较为适宜，运距特长（200 m 及 200 m 以上）则采用自卸汽车较为经济。

3. 单斗挖掘机

单斗挖掘机是一个刚性或挠性连续铲斗，以间歇重复式循环进行工作，是一种周期作业自行式土方机械。当场地起伏高差较大、土方运输距离超过 1 000 m，且工程量大而集中时，可采用单斗挖掘机挖土，配合自卸汽车运土，并在卸土区配备推土机平整土堆。

单斗挖掘机有内燃驱动、电力驱动、复合驱动的装置，挖斗有正铲挖掘机、反铲挖掘机、拉铲挖掘机、抓铲挖掘机等形式。正铲挖掘机的特点是"前进向上，强制切土"，能开挖停机面以上的 I ～ IV 级土，适用在地质较好、无地下水的地区工作。反铲挖掘机的特点是"后退向下，强制切土"，能开挖停机面以下的 I ～ III 级土，适宜开挖深度 4 m 以内的基坑，对地下水位较高处也适用。拉铲挖掘机的特点是"后退向下，自重切土"，能开挖停机面以下的 I ～ II 级土，适宜大型基坑及水下挖土。抓铲挖掘机的特点是"直上直下，自重切土"，特别适于水下挖土。

4. 装载机

装载机具有轮胎式及履格式的全回转式、半回转式和正回转式三种形式。它的优点是兼有推土机和挖掘机两者的工作能力，适应性强、作业效率高、操纵简便。

装载机常用于公路建设中的土石方铲运，以及推土、起重等多种作业，在运距不大或运距和道路坡度经常变化的情况下，如采用装载机与自卸车配合使用装运作业，会使工效下降，费用增高。在这种情况下，可单独采用装载机作为自铲运设备使用。

5.平地机

平地机是用装在机械中央的铲土刮刀进行土壤的切削、刮送和整平连续作业，并配有其他多种辅助作业装置的轮式土方施工机械。当配置推土铲、土耙、松土器、除雪犁、压路相等附属装置、作业机具时，平地机可进一步扩大使用范围，提高工作能力或完成特殊要求的作业。

平地机主要用于修筑路基路面横断面、路基边坡整理工程的刷坡作业，开挖边沟及路槽，平整场地等；还可用来在路基上拌和路面材料、摊铺材料，修整和养护土路基路面，推土，疏松土壤，清除杂物、石块和积雪等。

（二）压实机械

压路机一般分为光轮压路机、轮胎压路机和振动压路机三种。光轮压路机的自重可以在一定范围内调整以改变单位线压力，一般用于整理性压实工作，对于容重要求较低的黏性土、砂砾料、风化料、冲击砾质土较为适合。轮胎压路机具有弹性，在碾压时与土体同时变形，其碾压作用力主要取决于轮胎的内压力。接触面积与压实深度有着密切的关系，为了得到较大的接触面积，又增加压实深度，在轮胎允许范围内应尽可能增加轮胎碾的负荷。一般地，刚性碾轮由于受到土壤极限强度的限制，机重不能太大，而轮胎碾则没有这个缺点，所以轮胎碾适合于压实黏性土及非黏性土，如壤土、砂壤土、砂土、砂砾料等土质，同时对于路面施工也常常采用。振动压路机俗称振动碾，其主要优点有：一是单位面积压力大，可适当增加压实厚度，碾压遍数也可适当减少；二是结构重力小，外形尺寸小。其最大缺点就是振动及噪声大，易使机械手过度疲劳。

六、道路工程现场施工安排

道路施工是一项非常复杂的生产活动，它不仅需要有诸如进度计划、质量和成本等实际管理和劳动力、建设物资、工程机械、工程技术及财务资金等诸要素管理，而且要为完成施工目标和实现组织施工要素的生产事务服务，否则就难以充分地利用施工条件，发挥施工要素的作用，甚至无法进行正常的施工活动，实现施工目标。

（一）现场施工管理基本任务

现场施工管理的基本任务是根据生产管理的普遍规律和施工的特殊规律，以每一个具体工程和相应的施工现场为对象，正确地处理好施工过程中的劳动力、劳动对象和劳动手段的相互关系及其在空间布置上和时间安排上的各种矛盾，做到人尽其才、物尽其用，安全地完成施工任务。

（二）现场施工管理基本内容

现场施工管理包括以下基本内容：

①编制施工作业计划并组织实施，全面完成计划指标；②做好施工现场的平面布置，合理利用空间，创造良好的施工条件；③做好施工中的调度工作，及时协调施工工种和专业工种之间，以及总包与分包之间的关系，组织交叉施工；④做好施工过程中的作业准备，为连续施工创造条件；⑤保护施工环境，节约社会资源，建设优良工程；⑥科学合理地设置管理机构，保证现场管理全面协调运作；⑦认真填写施工日志、施工记录及施工影像资料，为交工验收和技术档案积累资料。

（三）道路施工组织管理内容

道路工程施工要多快好省地完成施工生产任务，必须有科学的施工组织，并合理地解决好一系列问题，其具体任务如下：①确定开工前必须完成的各项准备工作；②计算工程数量，合理部署施工力量，确定劳动力、机械台班、各种材料、构件等的需要量和供应方案；③确定施工方案，选择施工器具；④安排施工顺序，编制施工进度计划；⑤确定工地上的设备停放场、料场、仓库、办公室、预制场地等的平面布置。

此外，道路工程的施工总方案可以是多种多样的，应该依据道路工程具体特点、工期需求、劳动力数量及技术水平、机械设备能力、材料供应以及与构件生产、运输能力、地质、气候等自然条件及技术经济条件进行综合分析，进行方案比选，选择最理想的施工方案。

把上述各项问题加以综合考虑，并做出合理的决定，形成指导施工生产的技术经济文件——施工组织设计。施工组织设计本身是施工技术准备工作，是指导施工的准备工作，是全面布置施工生产活动、控制施工进度、进行劳动力和机械调配的基本依据，对是否能多、快、好、省地完成道路工程的施工生产任务起着决定性作用。

七、道路工程安全文明施工和环境保护

（一）安全施工措施

在建筑安装施工生产中，有近80%的生产安全事故都是由于职工自身的不安全行为造成的。从构成事故的三因素，即人、机械、环境的关系分析，"机械设备""环境"相对比较稳定，唯有"人"是最活跃的因素，而"人"又是操作机械设备、改变环境的主体，因而，紧紧抓住"人"这个变化因素，通过科学的管理，有效的培训和教育，正确的引导和宣传，以及合理、及时的班组安全活动，不断提高员工的安全素质，是做好安全生产管理工作的关键。

具体的安全保证措施有以下几点：

第一，建立健全项目安全生产保证体系，实施安全生产责任制，确保各专业项目负责人及技术负责人对劳动保护和安全生产的工作负责。工程项目经理部必须建立安全生产领导小组，各班组设安全员，各作业点应有安全监督岗，并将安全生产责任制

层层落实。

第二，组织工程项目施工的安全教育和技术培训考核，对管理人员和施工操作人员，按其各自的安全职责范围进行教育，并建立安全生产奖惩制度，认真落实。

第三，确保必需的安全投入。购置必备的劳动保护用品、安全设备及设施，确保完全满足安全生产的需要。另外，积极做好安全生产检查，发现事故隐患要及时整改。

第四，所有工程在开工前必须编制有安全技术的施工组织设计（包括施工用电组织设计）及技术复杂的专项方案，必须严格审核批准手续、程序。必须逐级进行安全技术交底，技术交底应有书面资料或有作业指导书（或操作细则）。技术交底针对性要强，并履行签字手续，保存资料。项目经理部安全员负责监督检查，严格按照安全技术交底的规定要求进行作业。

第五，施工现场应实施机械安全管理及安装验收制度。使用的施工机械、机具和电气设备，在安装前，应当按照规定的安全技术标准进行检测，经检测合格后方可安装，机械安装要按平面布置进行。在投入使用前，应按规定进行验收，并办好验收登记手续。经验收，确认机械状况良好，能安全运行的，才准投入使用。所有机械操作人员都必须经过培训合格后，持证上岗。机械操作人员要进行登记存档，按期复验。使用期间，应当指定专人负责维护、保养，保证机械设备的完好率和使用率以及安全运作。

第六，安全检查由项目经理或主管施工生产负责人主持，项目经理部有关人员参加。对查出的隐患，要建立登记、整改、验证、消项制度，要定人、定措施、定经费、定完成日期，在隐患没有消除前，必须采取可靠的防护措施，如有危及人身安全的紧急险情，应立即停止作业。

第七，施工现场临时用电要有施工组织设计或方案，应按《施工现场临时用电安全技术规范》（JGJ 46-2005）的要求进行设计、验收和检查。临时用电还要有安全技术交底及验收表，要有变更记录，健全安全用电管理制度和安全技术档案。临时用电应落实四项技术措施：①防止误触带电体的措施；②防止漏电措施；③实行安全电压措施；④采用三相五线制。所有接地和重复接地电阻值，经检验应符合规范要求。

此外，在做好工地内安全工作的同时应对沿线居民做好安全宣传工作，提高广大行人的安全意识，确保在整个施工过程中无安全事故发生。

（二）文明施工措施

文明施工能够展示施工单位的形象，体现施工队伍的素质。施工的文明性主要包括场容场貌、料具管理以及综合治理。

1. 场容场貌

施工现场进出口大门外应悬挂"六牌二图"，即工程概况牌、管理人员名单及监督电话牌、现场出入制度牌、安全生产牌、消防保卫牌、文明施工牌和现场平面布置图、建筑物效果图。工地设有施工总平面图及安全生产、消防保卫、环境保护、文明施工等制度牌，施工危险区域或夜间施工均有醒目的安全警示标志，各类标牌整齐、规范。施工现场应将工程项目名称，建设、监理及施工单位名称，工程开、竣工时间等内容标注在醒目位置。

2.料具管理

施工现场外临时存放的施工材料，须经有关部门批准，并应按规定办理临时占地手续。材料要码放整齐，符合要求，不得妨碍交通和影响市容，堆放散料时应进行围挡。料具和构配件应按施工平面布置图指定位置分类码放整齐。预制圆管、预制板等大型构件和大模板存放时，场地应平整夯实，有排水措施，码放应符合规定。施工现场的材料保管，应依据材料性能采取必要的防雨、防潮、防晒、防冻、防火、防爆、防损坏等措施。贵重物品、易燃、易爆和有毒物品应及时入库，专库专管，加设明显标志，并建立严格的领退料手续。

3.综合治理

首先，要加强职工的教育，应经常对参与施工过程的职工（包括新入场的工人）进行文明施工的教育。除对全体职工进行文明施工教育外，还应分工种进行文明施工教育以及根据施工进度区域对职工进行有针对性的文明施工教育。此外，要加强对职工宿舍卫生的管理，生活污水要及时处理，做到卫生区内无污水、无污物，不得出现废水乱流等现象。

（三）环境保护措施

依照国家、地方环境及相关法规，确定施工过程中要做的环境保护工作及具体的工作安排，使施工期的环境保护工作有序、有效进行，减少施工过程对周围环境造成的不利影响。环境保护的目标是：在工程施工期间，对废水、废气和固体废弃物进行全面控制，尽量减少这些污染排放所造成的影响，文明施工，保护农田和农作物。

施工中的环境污染问题，主要包括水污染、大气污染、噪音污染及固体废弃物污染等。针对这几种问题，有以下几种处理方法：

第一，在开工前完成工地排水和废水处理设施的建设，保证工地排水和废水处理设施在整个施工过程的有效性，做到现场无积水、排水不外溢、不堵塞、水质达标。

第二，对易产生粉尘、扬尘的作业面和装卸、运输过程，制定操作规程和洒水降尘制度，在旱季和大风天气适当洒水，保持湿度。合理组织施工，优化工地布局，使产生扬尘的作业、运输尽量避开敏感点和敏感时段（人群活动的时段），运输车辆应设有有效的封闭措施。易飞扬细颗粒散体物料尽量安排库内存放，堆土场、散装物料露天堆放场要压实、覆盖。此外，尽量使用清洁能源。

第三，施工中各种临时设施和场地，如堆料场、加工厂、轧石厂、沥青厂等距居民区不宜小于300 m，而且应设于居民区主要风向的下风处。使用机械设备的工艺操作，要尽量减少噪声、废气等污染，施工场地的噪声应遵守当地有关部门对施工场地的具体规定。

第四，回填土方时，减少回填土方的堆放时间和堆放量，堆土场周围加护墙或护板，保证回填土的质量，不将有毒有害物质和其他工地废料、垃圾用于回填。制订泥浆和废渣的处理方案，选择有资质的运输队伍，及时清运施工弃土和渣土，建立登记制度，防止中途倾倒事件的发生并做到运输途中不撒落。剩余料具、包装即时回收、清退。对可利用的废弃物尽量回收利用，各类垃圾及时清扫、清运，不随意倾倒，一般要求每班清扫，每日清运。施工现场无废弃砂浆和混凝土，运输道路和操作面落地料及时清用，砂浆、混凝土倒运采取防撒落措施。

第二节　桥梁工程施工技术

桥梁工程的建设一般需经过规划、勘察、设计和施工等阶段。施工阶段的主要任务是具体实现桥梁设计思想和设计的意图，将图纸上的内容变为实际的能够满足要求的工程结构物。

桥梁工程的施工主要包括桥梁的施工技术和施工组织。施工技术水平对桥梁的建设起着十分重要的作用，尤其是对于结构复杂、施工环境恶劣的桥梁，建设者的建设意图在实际的工程结构物中体现，很大程度上依赖于所采用的施工技术。桥梁工程施工技术的发展，为实现桥梁设计的意图，提供了丰富多样的手段，也为增大桥梁跨度、改进结构形式以及采用新材料，提供了必要的条件。因此，先进的施工技术，能够影响和促进桥梁设计水平的提高和发展。此外，采用先进合理的施工技术，对于降低工程造价、保证工程质量、加快施工进度和实现安全生产都是十分重要的。

桥梁施工包括桥梁下部结构施工和桥梁上部结构施工，下部结构主要包括桥墩、桥台和基础，桥墩分为实体墩、柱式墩和排架墩等，桥台可分为重力式桥台、轻型桥台、框架式桥台、组合式桥台、承拉桥台等，桥梁基础按构造和施工方法不同可分为明挖基础、桩基础、沉井基础、沉箱基础和管柱基础等。

一、桥梁的组成及分类

（一）桥梁的组成

桥梁由五个主要部件（桥跨结构、支座系统、桥墩、桥台、基础）和桥面构造（桥面铺装、排水防水系统、栏杆、伸缩缝和灯光照明）组成。

桥跨结构、支座系统和桥面构造是桥梁的上部结构，它是线路中断时跨越障碍的主要承重结构。上部结构的作用是满足车辆荷载、行人通行，并通过支座将荷载传递给墩台。墩台和基础是桥梁的下部结构，它的作用是支承上部结构，并将结构的荷载传给地基。

（二）桥梁的分类

桥梁的种类繁多，它们都是在长期的生产活动中通过反复实践和不断总结，逐步创造发展起来的。

1.按桥梁的受力体系分类

桥梁可根据拉、压和弯三种基本受力方式分为梁式桥、拱式桥、悬索桥和刚构桥四种基本体系。当有几种不同的结构体系组合在一起时，则组成组合体系桥梁。

（1）梁式桥

梁式桥是一种在竖向荷载作用下无水平反力的结构。由于外力的作用方向与承重结构的轴线接近垂直，故与同样跨径的其他结构体系相比，梁内产生的弯矩最大，通常用抗弯能力强的材料来建造，它结构简单，施工方便。梁式桥又可分为简支梁桥和连续梁桥。简支梁桥的跨越能力有限，当计算跨径小于 20 m 时，通常采用混凝土材料；当计算跨径较大时，需要采用预应力混凝土结构，但跨径一般不超过 40 m。悬臂梁桥和连续梁桥都是利用增加中间支承以减小跨中弯矩，更合理地分配内力，加大跨越能力。

（2）拱式桥

拱式桥的主要承重结构是拱圈或拱肋。其特点是结构在竖向荷载作用下，两拱脚处不仅产生竖向反力，还产生水平反力，由于水平推力的作用使得拱截面的弯矩和剪力大大地减小。设计合理的拱轴主要承受压力，拱截面内弯矩和剪力均较小，因此可充分利用石料或混凝土等抗压能力强的材料。拱式桥是推力结构，其墩台、基础必须承受强大的拱脚推力。因此拱式桥对地基要求很高，适建于地质和地基条件良好的桥址。拱式桥不仅跨越能力强，而且外形酷似彩虹卧波，造型十分美观。

（3）悬索桥

悬索桥又称吊桥。传统的吊桥均使用悬挂在两边塔架上强大的缆索作为主要的承重结构。悬索桥由主塔、缆索、锚碇结构及吊杆、加劲梁等组成。在竖向荷载作用下，通过吊杆使缆索承受很大的拉力，通常就需要在两岸桥台的后方修筑巨大的锚碇结构。吊桥也是具有水平反力的结构。现代的吊桥上，广泛采用高强度的钢丝编制的钢缆，以充分发挥其优异的抗拉性能。因此，结构自重较轻、建筑高度较小的悬索桥能够建造出比其他任何桥型都要大的跨度。

（4）刚构桥

刚构桥的主要承重结构是梁与立柱刚性连接的结构体系。刚构桥的特点是在竖向荷载作用下，柱脚处不仅产生竖向反力，同时产生水平反力和弯矩，使其基础承受较大推力。刚构桥跨中的建筑高度可以做得较小。

（5）组合体系桥

由几种不同体系的结构组合而成的桥梁称为组合体系桥。常见的有：斜拉桥和梁、拱组合体系桥。

2.桥梁的其他分类

除上述按受力特点将桥分成不同的结构体系外，人们还习惯按桥梁的用途、大小规模和建桥材料等其他方面来进行分类：①按桥梁全长和跨径的不同，分为特大桥、大桥、中桥和小桥。②按桥梁主要承重结构所用的材料划分，有圬工桥（包括砖、石、混凝土等）、钢筋混凝土桥、预应力钢筋混凝土桥、钢桥和木桥等。木材易腐且资源有限，因此除少数临时性桥外，一般不宜采用。目前，我国在公路上使用最广泛的是圬工桥、钢筋混凝土桥、预应力钢筋混凝土桥。③按桥梁上部结构的行车道位置，分为上承式桥、下承式桥和中承式桥。桥面布置在主要承重结构之上者称为上承式桥，桥面布置在承重结构之下的称为下承式桥，桥面布置在桥跨结构高度中间的称为中承式桥。④按桥梁用途来划分，分为公路桥、铁路桥、公路铁路两用桥、农桥、人行桥、运水桥及其他专用桥梁。

二、桥梁工程施工的一般特点

（一）流动性与地域性

桥梁工程施工生产不同于一般的工业生产，由于建造地点的不同，其施工是在不同的地区，或同一地区的不同场地进行的，因此其生产在地区与地区之间、场地之间流动。桥梁工程施工受地区条件的影响，其结构、造型、材料和施工方案等方面均有所不同，具有一定的地域性。

（二）固定性与单一性

具体到某一座桥梁工程施工，经过统一规划后，根据其使用功能，在选定的地点上单独设计、单独施工，不可更改，建设地点具有固定性。即使是提倡使用标准设计和通用构件，但受桥梁工程所在地区的自然、经济和技术条件的限制，其结构、建筑材料、施工方法和施工组织等也可因地制宜加以修改，以适应不同地区和不同桥型的需要，从而使桥梁工程的施工具有单一性。

（三）周期性与重复性

桥梁工程施工受混凝土龄期、同部位分节施工等影响，需按部就班地开展，如梁板预制、钢筋绑扎、模板安装固定、混凝土浇筑、顶推循环施工等，从而使桥梁工程施工具有周期性和重复性。

（四）露天性与高空性

桥梁工程地点的固定性和体形庞大的特征决定了其施工具有露天作业和高空作业多的特点。随着社会经济发展和现代化交通运输的需要，各种大型桥梁的施工任务越来越多，使得桥梁工程高空作业的特点日益明显。

（五）施工周期长与占用流动资金多

桥梁体形庞大，其建造必然要消耗大量的人力、物力和财力，同时施工过程还要受到工艺流程和生产程序的制约，使各专业和各工种间必须按照合理的施工顺序进行配合与衔接。而建造地点的固定性，使得施工活动的空间具有一定的局限性，从而导致桥梁施工具有生产周期长、占用流动资金大的特点。

（六）施工生产组织协作的复杂性

桥梁工程施工涉及工程力学、地基基础、工程地质、水文水力学、土力学、工程材料、工程机械设备、施工组织管理等学科的专业知识，施工涉及面较广，需要在不同时期、不同地点上组织多专业、多工种的综合作业。此外，它还涉及不同种类的专业施工队伍，以及规划与征用土地、勘察设计、"五通一平"、科研试验、质量监督、交通运输、电水热供应、劳务等社会各领域的外部协作配合，使得桥梁工程施工生产的组织协作关系错综复杂。

三、桥梁工程施工的基本程序

桥梁工程主体施工大致可分为桥梁下部结构和桥梁上部结构两部分。桥梁下部结构工程（基础、墩台）大多采用就地浇筑施工，桥梁上部结构根据桥位的地形地貌特点、墩台高低、梁孔多少等选择桥位现浇法或预制梁场集中预制的运架方案。桥梁工程施工的精细度及要求高，施工组织应科学合理，管理应精细严格。

四、桥梁工程施工准备工作

施工单位承接桥涵施工任务后，必须组织有关人员对设计文件、图纸及其他有关资料进行了解和研究，并进行现场勘察与核对，必要时进行补充调查。其内容包括：气候条件，气象资料，河流水文，地形地貌，河床地质，当地材料，可利用的现有建筑物，劳动力情况，工业加工能力，交通运输条件，施工场地的水，电源以及生活物资供应，农田耕作的要求等。

（一）施工单位在编制施工组织设计前

应组织有关人员对设计文件、图纸、资料进行研究和现场核对，必要时进行补充调查。研究设计文件、图纸、资料时，应首先查明是否齐全、清楚，图纸本身及相互之间有无矛盾和错误。如发现图纸和资料存在欠缺、错误、矛盾等情况，应向建设单位提出，予以补全、更正。较复杂的中桥、大桥和特大桥，可要求建设单位进行设计交底，施工单位可提出修改意见供建设单位考虑。

（二）在勘察现场及审阅图纸后

应请建设单位主持，请建设主管部门、监理单位、设计单位设计人员进行设计交底。交底后施工单位将发现的问题提出，请设计单位解答，会议纪要由建设单位于会后以正式文件分发给设计、施工及其他单位。

在施工单位内部应贯彻层层交底制度，施工技术部分应由技术负责人进行书面交底。交底内容应包括结构特点、施工季节特点、施工步骤、操作方法、质量要求、安全要求和各项有关的规程、技术措施，并结合设计意图，向各级人员及操作人员交代清楚。

（三）根据工程规模，编制施工组织设计或施工方案

施工组织设计具体应该包括下列内容：

1. 工程特点

应叙述工程结构情况与特点及工程地点的水文、地质、气候、地形等特殊情况，

以及与工程有关的其他情况。

2.主要施工方法

根据工程特点，简要叙述本工程主要部位的施工方法和保证工程质量、施工安全、节约以及推广新工艺、新技术、新结构、新材料等的施工方法。

3.施工现场总平面布置图及施工图纸

包括水、电、路和各加工厂与存料场的布置、面积，以及与场外的交通联系。

4.施工进度计划

主要项目施工网络计划、施工物资供应计划及半成品供应计划、施工机具与劳动力计划。

5.施工预算

科研项目及内容。

6.对施工中间的障碍应作详细调查

提出处理方法与时间，对旧建筑物的处理方法，如需爆破时，则应提前做准备，并报请有关单位批准，按计划施行。

7.在河道中施工时

应划定足够的施工水域和拟定过往船只通行的措施，报请航道部门批准。对河床情况除去探测外，还应向附近人员了解河道内有无特殊障碍，以便制订施工计划。在陆地施工时应充分考虑交通组织问题，应与铁道、公路及交通管理部门联系，并办理有关手续。

五、桥梁工程施工常备式结构与主要机具设备

（一）桥梁施工常备式结构

1.钢管脚手架（支架）

根据钢管的连接、组合方式不同而产生了多种不同类型的脚手架，主要有扣件式、碗扣式、门式脚手架等。扣件式钢管脚手架的特点是装拆方便，搭设灵活，能适应结构平面、立面的变化。

2.拼装式常备模板

拼装式钢模、木模和钢木结合模板的构造都基本相同，均由底模、侧模和端模三部分组成。整体式模板是预制工厂的常备结构，常用于桥梁预制工厂的一些标准定型构件的生产。目前，组合式钢制定型模板在桥梁工程施工中也有使用。

组合式定型钢模板具有通用性强、可灵活组装、装拆方便、强度高、刚度大、尺寸精度高、接缝严密、表面光洁、适于组合拼装成大块、实现机械化施工、周转次数多（50次以上）、节约木材、降低成本等优点。

3.万能杆件

万能杆件是用角钢制成的可拼成节间距为2 m×2 m的桁架杆件。万能杆件通用性强，各杆件均为标准件，装拆、运输方便，利用率高，可拼装成多种形式，也可作为墩台、索塔施工脚手架。万能杆件的构件一般有杆件、连接板、缀板三大部分。

4. 贝雷（贝雷梁）

贝雷是一种由桁架拼装而成的钢桁架结构。贝雷常拼成导梁作为承载移动支架，再配置部分起重设备与移动机具来实现架梁。贝雷主要构件有：桁架、加强弦杆、横梁、桁架销、螺栓、支撑构件等。

（二）桥梁施工常用的起重机具设备

1. 扒杆

扒杆是一种简单的起重吊装工具，一般都是由施工单位根据工程的需要自行设计和加工制作的。扒杆可以用来升降重物、移动和架设桥梁等。常用的扒杆种类有独脚扒杆、人字扒杆、摇臂扒杆和悬臂扒杆。

2. 龙门架

龙门架是一种最常用的垂直起吊设备。在龙门架顶横梁上设行车时，可横向运输重物、构件；在龙门架两腿下设有缘滚轮并置于铁轨上时，可在轨道上纵向运输；在两脚下设能转向的滚轮时，则可进行任何方向的水平运输。

3. 浮吊

浮吊船是在通航河流上建桥的重要工作船。常用的浮吊有铁驳轮船浮吊和用木船、型钢及人字扒杆等拼成的简易浮吊。我国承建的孟加拉国吉大港帕德玛大桥主桥建造工程中，浮吊船的最大起重重量可达 1000 t。通常简易浮吊可以利用两只民用木船组拼成门船，用木料加固底舱，舱面上安装型钢组成的底板构架，上铺木板，其上安装人字扒杆制成。起重动力可使用双筒电动卷扬机一台，安装在门船后部中线上。制作人字扒杆的材料可用钢管或圆木，并用两根钢丝绳分别固定在民船尾端两舷旁钢构件上。吊物平面位置的变动由门船移动来调节，另外还需配备电动卷扬机绞车、钢丝绳、锚链、铁锚作为移动及固定船位用。

4. 缆索起重机

缆索起重机是利用承载缆索上行走的起重小车进行吊运作业的起重机具。缆索起重机以柔性钢索作为大跨距架空承载构件，具有垂直运输和水平运输功能，用于较大空间范围内。

5. 架桥机

目前在我国使用的架桥机类型很多，其构造和性能也各不相同，最常用的有单梁式架桥机和双梁式架桥机两种类型。

单梁式架桥机的特点是：机械化程度较高，本身设有自动行驶的动力装置，能架桥、铺轨两用，轴重小，能自动行驶上桥对位，使用操作较安全、方便；机臂能做水平摆动，并可在隧道口架梁；能吊铺桥上 25 m 长的轨排及上渣工作；除端门架和支柱需拆卸外，其余基本上不需要解体运输，因此，整机组装和拆卸均较简单，而且不需要其他超重机械辅助。

双梁式架桥机的特点是：架桥机吊梁桁车可直接由运梁平车上起吊梁，不需换装；架梁时，因吊梁桁车可横向移动，因此，每片梁均能一次就位，而不需要人工在墩台上移梁；机臂能做水平转动；可在隧道口和隧道内架桥；机臂前后两端均能架梁，架

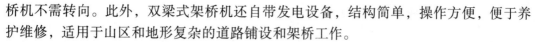

桥机不需转向。此外，双梁式架桥机还自带发电设备，结构简单，操作方便，便于养护维修，适用于山区和地形复杂的道路铺设和架桥工作。

6.汽车起重机

汽车起重机是装在普通汽车底盘或特制汽车底盘上的一种起重机，其行驶驾驶室与起重操纵室分开设置。这种起重机的优点是机动性好，转移迅速。缺点是工作时须支腿，不能负荷行驶，也不适合在松软或泥泞的场地上工作。汽车起重机的底盘性能等同于同样整车总重的载重汽车，符合公路车辆的技术要求，因而可在各类公路上通行无阻。此种起重机一般备有上、下车两个操纵室，作业时必须伸出支腿保持稳定。起重量的范围很大，为 8 ~ 1000 t，底盘的车轴数，可为 2 ~ 10 根，是使用广泛的起重机类型之一。

六、桥梁工程施工现场安排

施工现场的施工安排工作，主要是为工程的施工创造有利的施工条件和物资保证。其具体内容如下：

（一）施工测量控制网的复测和加密

按照设计单位提供的桥位总平面图及测量控制网中给定的基线桩、水准基桩和保护桩等资料，在施工现场进行三角控制网的复测。并根据桥梁的精度要求和施工方案，补充加密施工所需要的各种标桩，建立满足施工要求的工程测量控制网。

（二）"五通一平"

"五通一平"是指工程中为了合理有序施工进行的前期准备工作，一般包括通水、通电、通路、通信、通排水、平整土地。一般基本要求是"三通一平"（通水、通电、通路、平整土地）。为满足采用蒸汽养生和寒冷冰冻地区取暖的需要，还要考虑做好供热工作。

（三）建造临时设施

按照施工总平面图的布置，建造各种生产、办公、生活居住和储存等临时房屋，以及施工便道、便桥、码头、混凝土搅拌站和构件预制场等大型临时设施。由于临时设施的项目繁多，内容庞杂，因此建造时应精打细算，做好规划，合理地确定项目、数量和进度等。要因地制宜，降低造价，使之尽量标准化和通用化，以便于拆迁和重复利用。

（四）安装调试施工机具

按照施工机具需要量计划，组织施工机具的进场，并根据施工总平面图的布置将施工机具安置在规定的地点。对所有施工机具都必须在施工之前进行检查和试运转。

（五） 原材料进场及验收

为了确保进入施工现场的材料符合规范要求，确保工程质量，应从原材料的采购进行控制，选择合格的供应商，保证所有同工程质量有关的物资采购时能满足规定的要求，做到比质比价，质量第一。进场材料由项目物资部、质保部联合按批次验收；原材料进场时必须资料齐全；钢筋、水泥等必须经复验合格。

项目部组织验收合格后，须报监理和甲方验收，通过后方可使用。未经检验和试验的材料，未经批准紧急放行的材料，经检验和试验不合格的材料，无标识或标识不清楚的材料，过期失效、变质受潮、破损和对质量有怀疑的材料等不得使用。当材料需要代用时，应先办理代用手续，经设计单位或监理单位同意认可后才能使用。

（六） 原材料的试验和储存堆放

按照材料的需要量计划，应及时提供材料试验如钢材的机械性能试验，预应力材料的力学性能试验，水泥、砂石等原材料的试验，以及混凝土的配合比试验等申请计划。材料的进场要及时组织，进场后应按规定的地点和指定的方式进行储存和堆放。

（七） 做好夏、冬、雨季施工安排

按照施工组织设计的要求，落实夏、冬、雨季的临时设施和技术措施，做好施工安排。

（八） 落实消防和保安措施

建立消防和保安等组织机构，制定有关的规章制度，布置安排好消防、保安等措施。

七、桥梁工程安全文明施工和环境保护

（一） 安全施工措施

桥梁工程施工常采用高处作业，由于高处作业危险性大，伴随着高处作业易发生坠落事故，因此必须认真采取防护措施，做好防护工作和应急措施。

桥梁工程施工中的安全基本规定：①高桥、大跨、深水、结构复杂的大型桥梁施工，应对施工安全做专项调查研究，并制定相应的安全技术措施。单项工程（包括辅助结构、临时工程）开工前，应根据规定的安全操作细则向施工人员进行安全技术交底。②桥梁施工前，应对施工现场、机具设备及安全防护措施等进行全面检查，确认符合安全要求后方可施工。③手持式电动工具，应按《手持式电动工具的管理、使用、检查和维修安全技术规程》（GB/T 3787—2006）的规定，根据手持式电动工具的类别和作业场所的安全要求，加设漏电保护器。④桥梁施工中，采用多层作业或桥下通车、行人等立体施工时，应得到交通管理和市政部门的同意，并布设安全网。⑤对于通航江河上的桥涵工程，施工前应与当地港航监督部门联系，制定有关通航、作业安全等要求。⑥桥梁施工受气候环境因素影响很大。因此，应注意天气预报风力级别，高处露天作业及缆索吊装、大型构建等在起重吊装时，应根据作业高度和现场风力大小对作业的

影响程度，制定适于施工的风力标准。遇有六级（含六级）以上大风时，上述施工应停止作业。

（二）文明施工措施

同道路工程施工相同，文明施工能够展示施工单位的形象，体现施工队伍素质，文明施工不仅可以体现当代建设者及建设单位的责任感，还能够提高施工质量，保证工程建设有序进行，具体规定同道路施工文明性的规定。

（三）环境保护措施

1.水土保持措施

（1）桥梁施工水土保持措施

基础施工，特别是钻孔过程中会有大量的泥浆水排放，为防止污染水源，破坏环境，钻孔过程中的泥浆水应该先集中在泥浆池沉淀，符合要求后排放到工地的排水系统，严禁乱流乱淌。

（2）弃渣（土）场水土保持措施

弃渣场选址应依据设计文件规划或与地方有关部门协商，并结合当地土地利用规划。一般选择在坡度较缓、易于形成坡度开发山坡荒地处，避开大面积汇水地带的滞留谷地。弃渣前先将地表熟土集中存放，砌筑片石挡渣墙，墙身设泄水孔，渣底预埋透水管道。必须先挡后弃，工程结束后对弃渣场进行平整，地面做必要的防护，将存放的熟土回填弃渣场顶部，植草复垦。

（3）防止水污染措施

施工及生活废水的排放遵循清污分流、雨污分流的原则，各种施工废油、废液集中储积，集中处理，严禁乱流乱淌，防止污染水源，破坏环境。

（4）地表植被的保护

合理规划施工便道、施工场地，固定行车路线、便道宽度，限制施工人员的活动范围，尽量少扰动地表、少破坏地表植被。

（5）维护生态平衡，避免人为恶化环境措施

加强生态环境保护的宣传工作，使全体参建员工充分认识环境保护的重要性和必要性，加强环保意识，制订详细的环境保护措施，建立严格的检查制度，避免人为恶化环境。保护好桥址沿线的植被、水环境、大气环境、自然生态环境、土壤结构、自然保护区、野生动植物，维护生态平衡系统。

2.生态环境保护措施

（1）临时工程环境保护

便道、混凝土搅拌站及办公生活区的设置要合理、紧凑，严禁随意搭建，尽量减少对植被的损坏，不占用乡村道路。搅拌站等高噪音生产设施尽可能远离居民区或采取限时作业措施。施工场地周围预先开挖排水沟，做到排水畅通，场内不得积水、积污，应充分考虑其对原地面排水的影响，以免阻挡地表径流的排泄，影响当地居民的生产、生活。

（2）植被保护

施工期间加强对施工人员保护自然资源及野生动植物的教育，限制施工人员和车辆的活动范围。施工便道选线和办公生活区、大型临时设施场地选址尽量少占或绕避林地、耕地，保护原有植被。对合同规定的施工界限外的植物尽力维护，工程完工后及时进行现场清理，复垦或绿化。

（3）施工中的环保措施

注意夜间施工的噪音影响，尽量采用低噪音施工设备。不能使用不符合尾气排放标准的机械设备。做好当地水系、植被的保护工作，在施工时对路基边坡及时进行防护与植被绿化，施工车辆不得越界行驶，以免碾坏植被、庄稼、乡村道路等。施工便道、工棚及作业场地的布置，尽量维护自然面貌，少占荒地，少开挖，以保护自然植被。

（4）竣工后环境恢复措施

工程完工后，将临时设施全部拆除，当地可以利用的，通过当地政府或环保部门的同意，协议转让。施工场地认真清理并收集施工垃圾运至指定的位置处理或就地掩埋。工程完工后，临时租用的土地立即复耕归还。工程竣工的同时，严格按照环保及生态环境保护的要求，对临时设施、施工工点、取弃土场及其他施工区域范围做好环保及生态环境的恢复工作。

第三章 路基路面养护与管理

第一节 公路技术状况指数

公路技术状况采用公路技术状况指数 MQI（Maintenance Quality Indication）和相应分项指标表示，MQI 和相应分项指标的值域为 0 ～ 100。

公路技术状况分为优、良、中、次、差 5 个等级。

公路技术状况评价包括路面（PQD、路基（SCI）、桥隧构造物（BCI）和沿线设施（TCI）4 个部分内容，通常以 1 000 m 的路段长度为基本评定单元。

公路技术状况指数 MQI 按下式计算：

$$MQI = w_{PQI}PQI + w_{SCI}SCI + w_{BCI}BCI + w_{TCI}TCI \qquad (3-1)$$

式中：w_{PQI} —— PQI 在 MQI 中的权重，取值为 0.70；

w_{SCI} —— SCI 在 MQI 中的权重，取值为 0.08；

w_{BCI} —— BCI 在 MQI 中的权重，取值为 0.12；

w_{TCI} —— TCI 在 MQI 中的权重，取值为 0.10。

其中，路面使用性能（PQI）包括：路面损坏（PCI）、路面平整度（RQI）、路面车辙（RDI）、抗滑性能（SRI）、结构强度（PSSI）5 个指标。

路面使用性能指数 PQI 按下式计算：

$$PQI = w_{PCI}PCI + w_{ROI}RQI + w_{RDI}RDI + w_{SRI}SRI \qquad (3-2)$$

式中：w_{PCI} —— PQI 在 PQI 中的权重；

w_{ROI} —— PQI 在 PQI 中的权重；

w_{RDI} —— RDI 在 PQI 中的权重;

w_{SRI} —— SRI 在 PQI 中的权重。

一、路面损坏

路面损坏用路面损坏状况指数（PCI）表示，按下式计算：

$$PCI = 100 - a_0 DR^{a_1}$$

$$DR = 100 \times \frac{\sum_{i=1}^{i_0} w_i A_i}{A} \qquad (3\text{-}3)$$

式中：DR —— 路面破损率，为各种损坏的折合损坏面积之和与路面调查面积之百分比，%；

A_i —— 第 i 类路面损坏的面积，m^2；

A —— 调查的路面面积（调查长度与有效路面宽度之积），m^2；

w_i —— 第 i 类路面损坏的权重；

a_0 —— 沥青路面采用 15.00，水泥混凝土路面采用 10.66，砂石路面采用 10.10；

a_1 —— 沥青路面采用 0.412，水泥混凝土路面采用 0.461，砂石路面采用 0.487；

i —— 考虑损坏程度（轻、中、重）的第 i 项路面损坏类型；

i_0 —— 包含损坏程度（轻、中、重）的损坏类型总数，沥青路面取 21，水泥混凝土路面取 20，砂石路面取 6。

二、路面行驶质量

路面平整度用路面行驶质量指数（RQI）表示，用下式计算：

$$RQI = \frac{100}{1 + a_0 e^{a_1 IRI}} \qquad (3\text{-}4)$$

式中：IRI —— 国际平整度指数，m/km。

a_0 —— 高速公路和一级公路采用 0.026，其他等级公路采用 0.0185；

a_1 —— 高速公路和一级公路采用 0.65，其他等级公路采用 0.58。

三、路面车辙

路面车辙用路面车辙深度指数（RDI）评价，按下式计算：

$$RDI = \begin{cases} 100 - a_0 RD & (RD_n\ RD_a) \\ 60 - a_1 (RD - RD_a) & (RD_a < RD_n\ RD_b) \\ 0 & (RD > RD_b) \end{cases} \qquad (3\text{-}5)$$

式中：RD —— 车辙深度，mm；

RD_a —— 车辙深度参数，采用 20 mm；

RD_b —— 车辙深度限值，采用 35 mm；

a_0 —— 模型参数，采用 2.0；

a_1 —— 模型参数，采用 4.0。

四、路面抗滑性能

路面抗滑性能用路面抗滑性能指数评价，按下式计算：

$$SRI = \frac{100 - SRI_{\min}}{1 + a_0 e^{a_1 SFC}} + SRI_{\min} \qquad (3-6)$$

式中：SFC —— 横向力系数（Side-way Force Coefficient）；

$SRI_{\min}$ —— 标定参数，采用 35.0；

a_0 —— 模型参数，采用 28.6；

a_1 —— 模型参数，采用 -0.105。

五、路面结构强度

路面结构强度采用路面结构强度系数（$PSSI$）作为评价指标，按下式计算：

$$PSSI = \frac{100}{1 + a_0 e^{a_1 SSI}}$$

$$SSI = \frac{l_d}{l_0} \qquad (3-7)$$

式中：SSI —— 路面结构强度系数（Structure Strength Coefficient），为路面设计弯沉与实测代表弯沉之比；

l_d —— 路面设计弯沉，mm；

l_0 —— 实测代表弯沉，mm；

a_0 —— 模型参数，采用 15.71；

a_1 —— 模型参数，采用 -5.19。

第二节　路基技术状况评定与养护

一、路基技术状况评定

路基是公路的基本组成部分，路基和路面一起，共同承受行车荷载与自然因素的作用。路基是路面的基础，可为路面结构长期承受汽车荷载提供重要的保证。路基的强度与稳定性将直接影响路面的使用性能，路面的损坏通常又和路基的排水不畅、路基构筑物的损坏有关。因此，有必要对路基工程工作性能进行评价，从而为路基养护工作提供决策依据。

在《公路技术状况评定标准》（JTG H20—2007）中，将路基的损坏分为八类：路肩边沟不洁、路肩损坏、边坡坍塌、水毁冲沟、路基构造物损坏、路缘石缺损、路基沉降、排水系统淤塞。对各类损坏进行了严重程度的划分并赋予不同的权重。

路基技术状况采用路基技术状况指数（SCI）进行评价，按下式计算：

$$SCI = \sum_{i=1}^{8} w_i \left(100 - GD_{iSCI}\right) \tag{3-8}$$

式中：GD_{iSCI}——第 i 类路基损坏的总扣分（Global Deduction），最高分值为100；

w_i——第 i 类路基损坏的权重；

i——路基损坏类型。

公路部门进行路基调查后，计算路基技术状况指数，可对路基使用状态进行评价，并建立相应的路基养护对策。

二、路基养护

为保证路基的坚实稳定，必须及时对路基进行养护、维修与改善。公路路基养护应符合如下要求：①通过日常巡查，发现病害及时处治，保持良好稳定的技术状况；②路肩无病害，边坡稳定；③排水设施无淤塞、无损坏，排水畅通；④挡土墙等附属设施良好；⑤加强不良地质中期边坡崩塌、滑坡、泥石流等灾（病）害的巡查、防治、抢修工作。具体包括如下内容：

（一）路肩与边坡

公路路肩应保持平整、坚实，横坡适顺，排水顺畅。土路肩或草皮路肩的横坡应略大于路面横坡，硬路肩与路面同坡。硬路肩产生病害应参照同类型路面病害处治。

土路肩可种植草皮或利用天然草加固路肩，草皮或天然草应定期修剪，草高不宜超过 150 mm。

路基边坡应保持平顺、坚实，遇有缺口、坍塌、高边坡碎落、侧滑等病害，应分别针对具体情况采取各种相应的加固整修措施。

边坡稳定是保持路基稳定的必要条件，为使边坡状况尽可能与周围环境相协调，应优先采取植物防护坡面技术，也可采用液压喷播、客土喷播、岩质坡面喷混植生技术。对于土质边坡，河滩、河岸、常年受水淹和风浪侵袭的路堤边坡，以及经常有浮石坠落或土块坍落的路堑高边坡，可采取抛石防护、石笼防护、浆砌或干砌块（片）石护坡，或挡土墙防护，也可采用喷混凝土、设置碎落台等措施。

（二）排水设施

路基排水设施应保持排水畅通。如有冲刷、堵塞和损坏，应及时疏通、修复或加固。路基排水设施断面尺寸和纵坡应符合原设计标准规定。

对暗沟、渗沟等隐蔽性排水设施，应加强检查，防止淤塞，如有淤塞，应及时修理、疏通。

原有排水设施不能满足使用要求时，应适时增设和完善。新增排水设施时，其设计、施工应符合现行《公路路基设计规范》（JTG D30）和《公路路基施工技术规范》（JTG F10）的有关规定。

（三）挡土墙

对挡土墙应加强检查，发现病害应查明原因，并观察其发展趋势，采取相应的修复、加固等措施，损坏严重时，可考虑全部或部分拆除重建。

应保持挡土墙的泄水孔畅通，定期检查和维修，清理伸缩缝、沉降缝，使其正常发挥作用。

重建或增建挡土墙，应根据公路所在地区地形及水文地质等条件合理选择挡土墙类型，并应符合现行《公路路基设计规范》（JTG D30）和《公路路基施工技术规范》（JTG F10）有关规定。

当挡土墙发生倾斜、局部鼓出、滑动或下沉等病害时，可采取下列方法进行加固：①锚固法：适用于水泥混凝土或钢筋混凝土挡土墙，采用直径大于 25 mm 的高强螺纹钢筋做锚杆，采用水泥砂浆固定锚杆。②套墙加固法：在原挡土墙外侧加宽基础、加厚墙体，应注意新旧基础、墙体的结合。③增建支撑墙加固法：在挡土墙外侧每隔一段间距增建支撑墙。

第三节　路面技术状况评定

路面结构在汽车和自然因素的反复作用下，其使用性能会发生改变，由此路面结构逐渐出现破坏，并最终导致其不能满足使用性能的要求。

在路面使用过程中，必须采取相应的养护、补强和改建措施，使路面的使用性能得到部分恢复，甚至提高。

为了了解和掌握路面使用性能的变化情况，以便及时采取各种养护和改建措施，延缓其衰变或恢复其性能，必须定期对路面的使用性能进行评定。路面使用性能包括功能、结构和安全3个方面。

路面功能是路面为道路使用者提供的舒适程度。路面结构是指路面的物理状况，包括路面损坏状况和结构承载能力。路面安全是指路面的抗滑能力。功能和安全方面的使用性能是道路使用者所关心的内容，道路管理部门则更注重结构方面的使用性能。路面使用性能的3个方面既有区别又有一定的联系。

一、面破损状况

路面结构的损坏状况，反映了路面结构在行车和自然因素作用下保持完整性或完好的程度。新建或改建的路面，都需采取日常养护措施进行保养，以延缓路面损坏的出现；而在路面结构出现损坏后，应及时采取相应的维修措施以减缓损坏的发展速度；当路面损坏状况恶化到一定限度后，便需采取改建或重建措施以恢复或提高其结构完好程度。因而，路面结构损坏的发生和发展同路面养护和改建工作密切相关。

路面结构出现损坏，会在不同程度上影响路面的平整度。因而，可以通过平整度指标在一定程度上反映路面的损坏状况。然而，平整度的好坏还同路面施工质量等因素有关，并且主要反映道路使用者的要求和利益。因此，路面结构损坏状况是道路管理部门所关注的，据以鉴别需进行养护和改建的路段和选择宜采取的措施。

路面结构的损坏状况，需从3个方面进行描述：①损坏类型；②损坏严重程度；③出现损坏的范围或密度。综合这3个方面，才能对路面结构的损坏状况作出全面的估计。

（一）损坏类型

促使路面出现损坏的原因是多方面的（荷载、环境、施工、养护等），因为结构损坏所表现出的形态和特征也是多种多样的。各种损坏对路面结构完好程度和路面使用性能有不同程度的影响，需相应采取不同的养护或改建对策。因此，进行路面结构损坏状况调查前，要依据损坏的形态、特征和肇因对损坏进行分类，并对每一类损坏规定明确的定义。

公路常遇到的主要损坏类型，可按损坏模式和影响程度的不同而分为四大类：①裂缝或断裂类——路面结构的整体性因裂缝或断裂而受到破坏；②永久变形类——路面结构虽仍保持整体性，但形状在各种因素的作用下产生较大的变化；③表面损坏类——路面表层部分出现的局部缺陷，如材料的散失或磨损等；④接缝损坏类——水泥混凝土接缝及其邻近范围出现的局部损坏。

（二）损坏分级

各种路面损坏都有产生和加剧的过程，在这一过程中，处于不同阶段的损坏，对于路面使用性能有不同程度的影响。例如，裂缝初现时，缝隙细微，边缘处材料完整，因而对行车舒适性的影响极小，裂缝间也尚有较高的传荷能力；而发展到后期，缝隙变得很宽，边缘处严重碎裂，行车出现较大颠簸，裂缝间已几乎无传荷能力。因此，为了区别同一种损坏对路面使用性能的不同影响程度，对各种损坏需按其影响的严重程度划分为几个等级（一般2～3个等级）。

对于断裂或裂缝类损坏，分级时主要考虑对结构整体性影响的程度，可采用缝隙宽度、边缘碎裂程度、裂缝发展情况等指标表征。对于变形类损坏，主要考虑对行车舒适性的影响程度，可采用平整度作为指标进行分级。对于表面损坏类，往往可以不分级。具体指标和分级标准，可根据各地区的特点和其他考虑经过调查分析后确定。损坏严重程度分级的调查，往往通过目测进行。为了使不同调查人员得到准确的判别，对分级的标准要有明确的定义和规定。

各种损坏出现的范围，对于沥青路面和砂石路面，通常按面积、长度或条数量测，除以被调察子路段的面积或长度后，以损坏密度计。而对于水泥混凝土路面，则调查出现该种损坏的板块数，以损坏板块数占该子路段总板块数的百分率计。

（三）损坏调查

损坏调查通常由调查小组沿线通过目测进行。调查人员鉴别调查路段上出现的损坏类型和严重程度并丈量损坏范围后，记录在调查表格上。同一个调查路段上如出现多种损坏或多种严重程度，应分别计量和记录。

目测调查很费时，如果调查的目的不是确定养护对策和编制养护计划，则可采用抽样调查的方法，不必对整个路网的每一延米的各种损坏都进行调查。通常，可采取每千米抽取其中100 m长的路段代表该千米的方法，但每次调查都要在同一路段上进行，以减少调查结果的变异性和保证各次调查结果的可比性。

（四）损坏状况评价

每个路段的路面可能出现各种不同类型、严重程度和范围的损坏。为了使各路段的损坏状况或程度可以进行定量比较，需采用一项综合评价指标，把这3个方面的状况和影响综合起来。通常采用的是扣分法。选择一项损坏状况度量指标，以百分制或十分制计量。对于不同的损坏类型、严重程度和范围规定不同的扣分值，按路段的损坏状况累计其扣分值后，以剩余的数值表征或评价路面结构的完好程度。

二、路面行驶质量

路面的基本功能是为车辆提供快速、安全、舒适和经济的行驶表面。路面行驶质量反映路面满足这一基本功能的能力。

路面行驶质量的好坏，同路面表面的平整度特性、车辆悬挂系统的振动特性、人对振动的反应或接受能力三方面因素有关。从路面状况的角度，影响路面行驶质量的主要因素是路面平整度。

路面平整度可定义为路面表面诱使行驶车辆出现振动的高程变化。路面不平整所引起的车辆振动，会对车辆磨损、燃油消耗、行驶舒适、行车速度、路面损坏和交通安全等多方面产生直接影响。因此，采用平整度是度量路面行驶质量的一项性能指标。

（一）平整度测定方法

有多种路面平整度测定方法和仪器。它们可划分为两大类型：①断面类平整度测定；②反应类平整度测定。

1.断面类平整度测定

断面类平整度测定是直接沿行驶车辆的轮迹量测路面表面的高程，得到路表纵断面，通过数学分析后采用综合统计量作为其平整度指标。属于这一类的方法，主要有：

（1）水准测量

采用水准仪和水准尺沿轮迹测路面表面的高程，由此得到精确的路表纵断面。这是一种测定结果较稳定的简便方法，但测量速度很慢，很费工。

（2）梁式断面仪

用3 m长的梁（或直尺）连续量测轮迹处路表同梁底的高程差，由此得到路表纵断面。这种方法较水准测量的测定速度要快些。

（3）惯性断面仪

在测试车车身上安置竖向加速度计，以测定行驶车辆的竖向位置变化。车身同路表面之间的距离，利用激光、超声等传感器进行测定。两方面测定结果叠加后，便可得到路表面纵断面。

断面类平整度测定方法的主要优点是可直接得到轮迹带路表面的实际断面，依据它可以对路面平整度的特性进行分析。而其主要缺点是，对于前两种方法来说，测定速度太慢，不宜用于大范围的平整度数据采集；对于惯性断面仪来说，仪器精密度高，操作和维修技术要求高，因而其广泛应用受到了限制。

2.反应类平整度测定

反应类平整度测定系统是在主车或拖车上安装由传感器和显示器组成的仪器。可以传感和累积车辆以一定速度驶经不平路表面时悬挂系统的竖向位移量。显示器记下的测定值，通常是一个计数数值，每计一个数相当于一定的悬挂系位移量。

反应类平整度测定系统的优点是价格低廉、操作简便，可用于大范围内的路面平整度快速测定。然而，由于这类测定系统是对路面平整度的一个间接度量，其测定结果同测试车辆的动态反应状况有关，也即随测试车辆机械系统的振动特性和车辆行驶的速度而变化。因而，它存在3项主要缺点：①时间稳定性差——同一台仪器在不同时期测定的结果，会因车辆振动特性随时间的变化而不一致；②转换性差——不同部门测定的结果，由于所用测试车辆振动特性的差异而难以进行对比；③不能给出路表的纵断面。

为克服上述第一项缺点，需经常对测定仪器进行标定。标定路段的平整度采用断面类平整度测定方法测定。测定仪器在标定路段上的测定结果与标准结果建立回归关系，即为标定曲线。利用此曲线，可将不同时期的测定结果进行转换。

为克服上述第二项缺点，需寻找一个通用的平整度指标，以便把不同仪器或不同部门定的结果，统一转换成以这个通用指标表示的平整度值。这样，它们就能够进行相互比较。

（二）国际平整度指数

反应类平整度仪测定的结果，通常以车辆行驶一段距离后的累积计数值表示（∑计数/km）。如果把每一种反应类平整度仪的计数以相应的悬挂系竖向位移量表示，则测定结果可表示为 m/km，它反映了单位行驶距离内悬挂系的累积竖向行程。这是一个类似于坡度的单位，称作平均调整坡（ARS）。

以 ARS 作为指标表示测定结果时，不同反应类平整度仪测定之间可以建立良好的相关关系，但这种关系只能在测定速度相同的条件下才能成立，因而，必须按速度分别建立回归方程。

国际平整度指数（IRI）是一项标准化的平整度指标。它同反应类平整度测定系统类似，但是采用数学模型模拟 1/4 车（即单轮，类似于拖车）以规定速度（80 km/h）行驶在路面上，分析具有特定特征参数的悬挂系在行驶距离内由于动态反应而产生的累积竖向位移量。分析结果也以 m/km 表示。因而，这一指标与反应类仪器的 ARS 相似，称作参照平均调整坡（RARS30）。

上述分析过程已编成电算程序。在量测到路表纵断面的高程资料后，便可利用此程序计算该段路面平整度的国际平整度指数 IRI 值。对标定路段的平整度，按上述方法用国际平整度指数表征，而后同反应类平整度仪的测定结果建立标定曲线，则使用此类标定曲线便可克服反应类平整度仪转换性差的缺点。

（三）行驶质量评价

如前面所述，路面行驶质量同路表面的不平整度、车辆的动态响应和人的感受能力三方面因素有关。因而，不同的乘客乘坐同一辆车行驶在同一个路段上，由于各人对行驶舒适性的要求和对颠簸的接受能力不同，对该路段的行驶质量会作出不同的评价。

由于评价带有个人主观性，为了避免随意性，于是提出了主客观相结合的评价方法。一方面邀请具有不同代表性的乘客，分别按各人的主观意见进行评分，而后汇总大家的评价，以平均评分值代表众人的评价。另一方面对各评价路段进行平整度量测。通过回归分析建立主观评分同客观量测结果的相关关系。由此建立的评价模型，便可用来对路面行驶质量进行较统一的评价。

对行驶质量的评价可以采用 5 分或 10 分评分制。评分小组的成员应能涵盖对行驶舒适性有不同反应的各类人员（不同职业、年龄、社会经济和文化背景等）。所选择的评分路段，其平整度和路面类型应能涵盖可能遇到的范围和情况。

评分时所乘坐的车辆，应选择其振动特性具有代表性的试验车。整个评分过程中，采用相同的试验车和行驶速度。整理各评分路段的主观评分和客观量测结果后，通过回归分析可建立线性或非线性的评价模型，利用评价模型可以对路面行驶质量的好坏作出相对的评价。然而，还需要建立行驶质量的标准，以衡量该评价对使用性能最低要求的满足程度。

行驶质量标准的制定，一方面依赖于乘客对行驶舒适性的要求，另一方面在很大程度上受经济因素的制约。标准定得过高，会使路网内许多路段的路面需采取改建措施，从而提高所需的投资额。

三、路面抗滑性能

路面抗滑性能是指车辆轮胎受到制动时沿路表面滑移所产生的抗滑力。通常，抗滑性能被看作路面的表面特性，并定义为：

$$f = \frac{F}{W} \qquad (3\text{-}9)$$

式中：f —— 摩阻系数；

F —— 作用于路表面的摩阻力；

W —— 直于路表面的荷载。

然而，笼统地说路面具有某一摩阻系数值是不确切的。应该对轮胎在路面上的滑移条件给予规定。不同的条件和测定方法，可以得到不相同的摩阻系数值。因此，需规定标准的测定方法和条件。

（一）测定方法

1.路面纵向摩擦系数测定仪

这种仪器是在牵引车不停且快速行驶下进行测定的，结构与功能如图 3-1 所示。

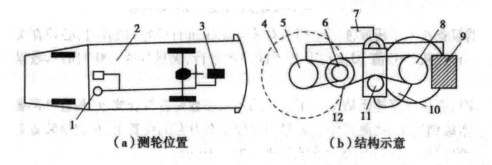

（a）测轮位置　　　　　　　　（b）结构示意

图 3-1　纵向摩擦系数测定仪结构功能图

1—操纵盘；2—车底；3—测轮；4—汽车后轮；5—汽车后轴；6 —变速轮；

7—液压操纵；8—测轮齿；9—压重；10—传力管；11—换速拉杆；12—齿轮

根据物体摩擦的概念，在测轮降至路面的一刹那，路面摩擦力就对测轮产生了物理作用。此时，与测轮连接的传感器对测轮的滑滚计力，那么此时的滑滚平均摩擦系数，即为在该测速与温度下的摩擦系数值。路面摩擦力越大，则相应的摩擦系数越大，反之，摩擦系数越小。路面摩擦系数用下式表示：

$$f_{\text{vm}} = \frac{F_{\text{m}}}{P} \qquad (3\text{-}10)$$

式中：f_{vm} —— 路面纵向摩擦系数，以小数计。因为测速可以控制，因此在公式中未介入速度因子；

F_m —— 在一定测速与温度下传感器对测轮的纵向拉力，即单位摩擦力，kN 或 MPa；

P —— 测轮对路面的单位压力，kN 或 MPa。

快速摩擦系数测定仪所测的路面摩擦系数呈锯齿线分布。快速摩擦系数测定时的测速影响测轮接触路面面积。测轮随测速（牵引车速度）的加大，轮胎在路面上的印迹逐渐变小。测速为 0 km/h 时，印迹为 100%；当测速为 60 km/h 时，印迹只达到零速时的 64%，测速达到 120 km/h 时，印迹只有零速时的 4%。因此，在快速测轮中必须注意，一种测速对应一种印迹，不能互用。实际上，这种互用的状态均由电脑自身控制。由于测轮正压力为单位面积的压重，摩擦力也为单位面积的力，因此，最终触地面积互相抵消，计算的摩擦系数在路面的一定范围内应该是一个常数。

2.路面横向摩擦系数测定车

前面讲的是纵向摩擦系数的测定，即测量小轮与道路纵线平行。但从安全的角度看，国内外也在探求路面横向摩擦系数值的测定。横向摩擦系数测定仪的结构与纵向摩擦系数测定仪相类似，只要将测量小轮改为与纵向成20°角就成为横向摩擦系数测定车。

按照仪器设备技术手册或使用说明书对测定系统进行标定，检查时，必须在关闭发动机的情况下进行。标定按 SFC 值10，20，30 等不同档次进行，满量程为100 时的示数误差不得超过 ±2。

测试前应检查横向摩擦系数测定车系统的各项参数是否符合要求、检查外部警告标志是否正常，并将贮水罐储满水；将测试轮安装紧固且保持在升起的位置上；将记录装置处于正常使用状态；安装足够的打印纸；打开记录系统预热不少于10 min。

根据需要确定采用连续测定或断续测定的方式、每千米测定的长度。选择并设定"计算区间"，即输出一个测定数据的长度。标准的计算区间为 20 m，根据要求也可选择为 5 m 或 10 m。根据要求设定为单轮测试或双轮测试。输入所需的说明性预设数据，如测试日期、路段编号、里程桩号等。然后发动车辆驶向测试地段。

在测试路段起点前约 500 m 处停住，开机预热不少于 10 min。降下测试轮，打开水阀检查水流情况是否正常及水流是否符合需要，检查仪表各项指数是否正常，然后升起测试轮，将车辆驶向测试路段，提前 100 ～ 200 m 降下测试轮。测定车的车速可根据公路等级的需要选择，除特殊情况外，标准车速为 50 km/h，测试过程中必须保持匀速。进入测试段后，按开始键开始测试。在显示器上监视测试运行变化情况，检查速度、距离有无反常波动，当需要标明特征（如桥位、路面变化等）时，操作功能键插入到数据流中，整千米里程桩也应作相应的记录。

测定的摩擦系数数据存储在磁盘或磁带中，摩擦系数测定车 SCR1 m 系统配有专门数据程序软件，可计算和打印出每一个计算区间的摩擦系数值、行程距离、行驶速度、统计个数、平均值及标准差，同时还可打印出摩擦系数的变化图。可根据要求，将摩擦系数在 0 ～ 100 范围内分成若干区间，作出各区间的路段长度占总测试里程百分比的统计表。

3.制动距离法

以一定速度在潮湿路面上行驶的 4 轮小客车或轻化车，当 4 个车轮被制动时，车辆减速滑移到停止的距离，可用以表征非稳态的抗滑性能，以制动距离数 SDN 表示：

$$SDN = \frac{v^2}{225L_s} \tag{3-11}$$

式中：v —— 刹车开始作用时车辆的速度，km/h；

L_s —— 滑移到停车的距离，m。

测试路段应为材料组成均匀、磨耗均匀和龄期相同的平直路段。测试前和每次测定之间，先洒水润湿路表面到完全饱和。制动速度以 64.4 km/h 为标准速度。也可采用其他速度，但不宜低于 32 km/h。

4.锁轮拖车法

装有标准试验轮胎的单轮拖车由汽车拖拉，以要求的测定速度在洒水润湿的路面上行驶。抱锁测试轮，通过测定牵引力确定在载重和速度不变的状态拖拉测试轮时作用在轮胎和路面间的摩阻力。以滑移指数 SN 表征路面的抗滑性能：

$$SN = F/W \times 100 \tag{3-12}$$

式中：F —— 作用在试验轮胎上的摩阻力，N；

W —— 作用在轮上的垂直荷载，N。

轮上的载重为 4 826 N，标准测试速度为 64.4 km/h。牵引力由力传感器量测，速度由第五轮仪量测。

5.偏转轮拖车法

拖车上安装有两只标准试验轮胎，它们对车辆行驶方向偏转一定的角度（7.5° ~ 20°）。汽车拖拉以一定速度在潮湿路面上行驶时，试验轮胎受到侧向摩阻力的作用。记下此侧向摩阻力，除以作用在试验轮上的载重，可得到以侧向力系数 SFC 表征的路面抗滑性能：

$$SFC = \frac{F_s}{W} \tag{3-13}$$

式中：F_s —— 用在试验轮胎上的侧向摩阻力，N；

W —— 作用在轮胎上的垂直荷载，N。

锁轮拖车法和偏转轮拖车法都具有测定时不影响路上交通，可连续并快速进行的优点。

6.可携式摆式仪法

可携式摆式仪是一种主要在室内量测路面材料表面摩阻特性的仪器，也可用于野外量测局部路面范围的抗滑性能。

摆式仪的摆锤底面装一橡胶滑块，当摆锤从一定高度自由下摆时，滑动面同试验表面接触。由于两者间的摩擦而损耗部分能量，使摆锤只能回摆到一定高度。表面摩阻力越大，回摆高度越小。通过量测回摆高度，可以评定表面的摩阻力。回摆高度直接从仪器上读得，以抗滑值 BPN 表示。

（二）抗滑性能评价

影响路面抗滑性能的因素有路面表面特性（细构造和粗构造）、路面潮湿程度和行车速度。

路表面的细构造是指集料表面的粗糙度，它随车轮的反复磨耗作用而逐渐被磨光。通常采用石料磨光值（PSV）表征其抗磨光的性能细构造在低速（30 ~ 50 km/h 以下）时对路表抗滑性能起决定作用，而高速时起主要作用的是粗构造。粗构造是由路表外露集料间形成的构造，其功能是使车轮下的路表水迅速排除，以避免形成水膜，它由构造深度来表征其性能。

路表面应具有的最低抗滑性能，视道路状况、测定方法和行车速度等条件而定。各国根据对交通事故率的调查和分析，以及同路面实测抗滑性能间建立的对应关系，制定有关抗滑指标的规定。有的国家除了规定抗滑性能的最低标准外，还对石料磨光值和构造深度的最低标准作出了规定。

四、路面结构承载能力

路面结构承载能力，是指路面在达到预定的损坏状况之前还能承受的行车荷载作用次数，或者还能使用的年数。

路面结构的承载能力同损坏状况有着内在联系。在使用过程中，路面的承载能力逐渐下降，与此同时损坏逐步发展。承载能力低的路面结构，其损坏的发展速度很快；承载能力接近于临界状态时，路面的损坏达到严重状态，此时必须采取改建措施（设置加铺层等）以恢复或提高其承载能力。

路面结构承载能力的测定，可分为破损类和无破损类两种。前者从路面各结构层内钻取试样，试验确定其各项计算参数，通过同设计标准相比较，估算其结构承载能力。无破损类测定则通过路表的无破损弯沉测定，估算路面的结构承载能力。

（一）弯沉测定

路表面在荷载作用下的弯沉量，可以反映路面结构的承载能力。路面的结构破坏可能是由于过量的竖向变形所造成，也可能是由于某一结构层的断裂破坏所造成。对于前者，采用最大弯沉值表征结构承载能力较合适；对于后者，则采用路表弯沉盆的曲率半径表征其承载能力更为合适。因而，理想的弯沉测定应包含最大弯沉值和弯沉盆两方面。

1. 静态弯沉仪

静力弯沉仪是量测缓慢加载时路表的最大弯沉值。这一阶段使用的弯沉量测仪器主要有：贝克曼梁弯沉仪（Benkelman Beam）、承载板试验加载量测系统（Bearing Plate）、路面曲率仪（Curviameter）及拉克鲁瓦弯沉仪（Lacroix）。1953 年，WASHO 道路试验中首次采用贝克曼梁，标志着这一阶段的开始。它利用装有砂石的卡车为加载工具，测量车辆缓慢移动后路表的回弹弯沉。由于结构简单，使用方便，且在 WASHO 试验路上获得了近 6 万个弯沉数据，形成了一套比较完整的测试方法，所以这一简单的梁式装置在世界各国公路界得到了广泛的应用。自动弯沉仪（如拉克鲁瓦弯沉仪）是在贝克曼梁基础上发展起来的静力弯沉设备，其特点是实现了自动加载、自动读数，测试速度有了较大提高。

梁式弯沉仪的主要缺点有：①支点会产生变形；②加载车另一个后轮和前面的轮组的影响；③精度差，整个过程基本上均由人工操作，精度得不到保证，只能在广泛的经验修正的基础上用于路面承载能力评定；④不能模拟正常行车荷载，只能得到车辆缓慢移动所产生的最大回弹弯沉，与实际情况有差异；⑤测速慢，对交通干扰大，不适于大范围的路网普查及长期观测。

由于影响承载能力的变量众多，可以预料各测点的弯沉值会有较大的变异。因而，通常采用统计方法对每一路段的弯沉值进行统计处理，以路段的代表弯沉值表征该路段的承载能力。

路段的代表弯沉值 l_0 可按下式确定：

$$l_0 = \left(\overline{l_0} + \lambda\sigma\right)K_1K_2K_3 \qquad (3\text{-}14)$$

式中：$\overline{l_0}$ —— 路段各测点弯沉的平均值，即：

$$\overline{l_0} = \sum_{i=1}^{n} l_i / n \qquad (3\text{-}15)$$

式中：σ —— 该路段弯沉测定标准偏差，即：

$$\sigma = \sqrt{\frac{\sum_{i=1}^{n}\left(l_i - \overline{l_0}\right)^2}{n-1}} \qquad (3\text{-}16)$$

式中：λ —— 控制保证率的系数，保证率为 50% 时，$\lambda = 0$；保证率为 90% 时，$\lambda = 1.282$；保证率为 95% 时，$\lambda = 1.64$；保证率为 97.7% 时，$\lambda = 2.00$；

n —— 该路段的测点数；

K_1 —— 季节影响系数；

K_2 —— 湿度影响系数；

K_3 —— 温度影响系数。

沥青面层的劲度随温度而变，路基的模量随湿度而变。因而，弯沉测定结果同测定时路面结构的温度和湿度状况有关。通常以 20℃ 作为沥青路面的标准测定温度，以最不利潮湿或春融季节作为测定时期。对于在其他环境条件下测定的结果，应作温度和湿度修正。

2. 稳态动力弯沉仪

稳态动力弯沉仪是以一定的方式给路面施加正弦振动荷载，由分布于路表的一组传感器获取此稳态荷载作用下的弯沉盆信息，以分析路面的动态刚度。这类弯沉仪主要有 Dynaflect、Road Rater 及 Vibrator 等，它们都是先靠自重对路表施加较大的静力预压，然后通过内置偏心振子对路面施加稳态动力荷载，与静力荷载叠加后共同作用于路面，记录路面在稳态振动下的动态弯沉盆。

这类弯沉仪的主要优点是：不需要固定的参考点，而是使用惯性基准点；测速及精度均显著提高。同时，稳态动力弯沉仪的缺点也比较明显：①为避免偏心振子跳离路面，需要预加较大的静载，周期性动载幅值小于静载的1/2，改变了路面的应力状态；②施加的荷载水平较低，不能代表实际行车荷载的作用；③荷载的频率特性与行车荷载的冲击作用差异较大。因此，稳态动力弯沉仪不能很好地模拟实际行车荷载对路面的作用，且一种型号的弯沉仪施加荷载幅值和周期都是固定的。

3. 脉冲动力弯沉仪

脉冲动力弯沉仪是指FWD，即英语"Falling Weight Deflectormeter"的缩写，意为落锤式弯沉仪，其原理是通过落锤对路面施加冲击荷载，荷载时程和动态弯沉盆均由相应的传感器测定，荷载大小由落锤质量和起落高度控制。20世纪60年代，法国首先提出冲击式动力弯沉仪的初步设想，70年代后期丹麦和瑞典首先研制成FWD。20世纪80年代以后，美国、英国和日本等相继引进和仿制了这种弯沉仪。目前市场上主要有3种型号的FWD：Dynatest（丹麦）、KUAB（瑞典）和Phoenix（丹麦）。

研究表明，FWD的冲击荷载与时速60～80 km的车辆对路面产生的荷载相似，可以较好地模拟行车荷载作用，并且测速快、精度高，因此自20世纪80年代初以来，FWD在国际上得到日益广泛的应用，至今已有50多个国家和地区引进了FWD。美国联邦公路局经过对比分析，确认FWD是较理想的路面承载能力评定设备，并选为实施SHRP计划中路面强度评定部分的重要设备；壳牌石油公司也已正式将FWD的应用纳入壳牌路面设计手册。美国早在1994年就有80%的州拥有至少一台FWD，我国目前也有数十台FWD在各地使用，并且用户数还在不断地增加。

（二） 结构承载能力评价

不同路面结构具有不同的路表弯沉值，因此不能单独从最大弯沉值大小来判断路面结构的剩余寿命。同时，路面结构的承载能力会在使用过程中逐渐下降，反映在弯沉值变化上，则为路段的代表弯沉值随时间（轴载作用次数）的增加而逐渐增长。随着弯沉值的增长，路面逐渐出现车辙变形和裂缝等损坏。定义某种程度的损坏作为临界状态，相应于这种损坏状况的路面弯沉值，即为路面结构的极限承载能力。为此，要判断现有路面结构的承载能力（剩余寿命），除了由测定得到代表弯沉值外，还必须知道路面结构类型、路面损坏状况以及到调查测定时路面已承受的标准轴载作用次数。利用由动态弯沉测定得到的弯沉曲线，可以分别计算确定各结构层的弹性模量值。而后，由钻配合孔得到的结构层厚度数据，便可利用有关路面结构设计图表或公式计算确定路面结构的承载能力。

利用沥青路面的弯沉值同标准轴载累计作用次数和路面损坏临界状态间的关系曲线，可按路段的代表弯沉值和路面已承受的标准轴载累计作用次数，确定现有路面结构的剩余寿命。

现行规范采用强度系数SSI作为评价指标，SSI=路面容许弯沉值/路面代表弯沉值。

第四节　沥青路面施工技术

一、沥青路面施工概述

（一）沥青路面的特点

沥青路面是用沥青材料做结合料粘结矿料修筑面层与各类基层和垫层所组成的路面结构。

由于沥青路面使用沥青结合料，因而增强了矿料之间的粘结力，提高了混合料的强度和稳定性，使路面的使用质量和耐久性都得到提高。与水泥混凝土路面相比，沥青路面具有表面平整、无接缝、行车舒适、耐磨、振动小、噪声小、施工期短、养护维修简便、适宜于分期修建等优点，因而获得越来越广泛的应用。

（二）沥青路面的类型

1. 按强度构成原理分

按强度构成原理可将沥青路面分为密实类和嵌挤类两大类。

密实类沥青路面要求矿料的级配按最大密实原则设计，其强度和稳定性主要取决于混合料的黏聚力和内摩阻力。密实级配类沥青路面又分为连续级配型沥青混凝土和连续级配型特粗式、粗粒式沥青稳定碎石及间断级配型沥青玛蹄脂碎石等。

嵌挤类沥青路面要求采用颗粒尺寸较为统一的矿料，路面的强度和稳定性主要依靠集料颗粒之间相互嵌挤所产生的内摩阻力，而黏聚力则起着次要的作用。按嵌挤原则修筑的沥青路面，其热稳定性较好，但因空隙率较大、易渗水，因而耐久性较差。嵌挤类沥青路面分为开级配、半开级配沥青路面等类型；开级配沥青路面又分为间断级配排水式沥青磨耗层和排水式沥青碎石基层；另有半开级配沥青碎石路面。

2. 按施工工艺分

按施工工艺的不同，沥青路面可以分为层铺法、路拌法（冷拌法）和厂拌法（热拌法）三类。

层铺法是用分层洒布沥青，分层铺撒矿料和碾压的方法修筑，其主要优点是工艺和设备简便、工效较高、施工进度快、造价较低；其缺点是路面成型期较长，需要经过炎热季节行车碾压之后路面方能成型。用这种方法修筑的沥青路面有沥青表面处治、封层和沥青贯入式等。

路拌法（冷拌法）是在路上用机械将矿料和沥青材料就地拌合、摊铺和碾压密实而成的沥青面层此类面层有路拌（冷拌）沥青碎（砾）石、乳化沥青碎（砾）石和路拌沥青稳定土。路拌沥青面层通过就地拌合，沥青材料在矿料中分布比层铺法均匀，可以缩短路面的成型期。但因所用的矿料为冷料，需使用黏稠度较低的沥青材料，故混合料的强度较低。

厂拌法（热拌法）是将规定级配比的矿料和沥青材料在工厂用专用设备加热拌合，然后送到工地摊铺碾压而成的沥青路面。矿料中细颗粒含量少，不含或含少量矿粉，混合料为开级配；若矿料中含有矿粉，混合料按密实级配配制的。厂拌法按混合料铺筑时温度的不同，又可分为热拌热铺和热拌冷铺两种，热拌热铺是混合料在专用设备加热拌合后立即趁热运到路上摊铺压实。如果混合料加热拌合后储存一段时间再在常温下运到路上摊铺压实，即为热拌冷铺。厂拌法使用较黏稠的沥青材料，且矿料经过精选，因而混合料质量高，使用寿命长，但修建费用也较高。

3. 根据沥青路面的技术特性分

根据沥青路面的技术特性，沥青面层可分为沥青混凝土、沥青玛蹄脂碎石、热拌沥青碎石、乳化沥青碎石混合料、沥青贯入式、沥青表面处治等类型。

沥青表面处治路面是指用沥青和集料按层铺法或拌合法铺筑而成的厚度不超过 3 cm 的沥青路面。沥青表面处治的厚度一般为 1.5 ~ 3.0 cm。层铺法可分为单层、双层、三层。单层表处厚度为 1.0 ~ 1.5 cm；双层表处厚度为 1.5 ~ 2.5 cm；三层表处厚度为 2.5 ~ 3.0 cm。沥青表面处治适用于三级、四级公路的面层、旧沥青面层上加铺罩面或抗滑层、磨耗层等。

沥青贯入式路面是指用沥青贯入碎（砾）石做面层的路面。沥青贯入式路面的厚度一般为 4 ~ 8 cm。当沥青贯入式的上部加铺拌合的沥青混合料时，也称为上拌下贯，此时拌合层的厚度宜为 3 ~ 4cm，其总厚度为 7 ~ 10 cm。沥青贯入式碎石路面适用于做三级及三级以下公路的沥青面层。

乳化沥青碎石混合料适用于做三级、四级公路的沥青面层、二级公路养护罩面以及各级公路的调平层。国外也用作柔性基层。

沥青碎石路面是指用沥青碎石做面层的路面，沥青碎石的配合比设计应根据实践经验和马歇尔实验的结果，并通过施工前的试拌和试铺确定。沥青碎石有时也用作连接层。

沥青混凝土路面是指用沥青混凝土做面层的路面，其面层可由单层或双层或三层沥青混合料组成，各层混合料的组成设计应根据其层厚和层位、气温和降雨量等气候条件、交通量和交通组成等因素确定，以满足对沥青面层使用功能的要求。沥青混凝土常用作高等级公路的面层。

沥青玛蹄脂碎石路面是指用沥青玛蹄脂碎石混合料做面层或抗滑层的路面。沥青玛蹄脂碎石混合料（简称 SMA）是以间断级配为骨架，用改性沥青、矿粉及木质纤维素组成的沥青玛蹄脂为结合料，经拌合、摊铺、压实而形成的一种构造深度较大的抗滑面层。其具有抗滑耐磨、孔隙率小、抗疲劳、高温抗车辙、低温抗开裂的优点，是一种全面提高密级配沥青混凝土使用质量的新材料，适用于高速公路、一级公路和其他重要公路的表面层。

采用不同的施工工艺和材料可以修筑成不同类型的沥青路面，因此，必须根据路面的使用要求和施工的具体条件，按照技术经济原则来综合考虑，选定最适当的路面类型。

选择沥青路面的类型，一方面要根据任务要求（道路的等级、交通量、使用年限、修建费用等）和工程特点（施工季节、施工期限、基层状况等）选定；另一方面还应考虑材料供应情况、施工机具、劳力和施工技术条件等因素。

（三）沥青路面对基层的要求

第一，基层、底基层应具有足够的强度和稳定性，在冰冻地区还应具有一定的抗冻性。有铺装路面下的半刚性基层应具有较小的收缩（温缩及干缩）变形和较强的抗冲刷能力。半刚性材料基层、底基层的配合比设计，应根据重型击实标准制件，混合料 7 d 龄期的无侧限抗压强度试验确定。

第二，基层、底基层结构设计应贯彻就地取材的原则，认真做好当地材料的调查，根据不同公路等级、交通量对基层、底基层的技术要求，选择技术可靠、经济合理的基层、底基层结构。

第三，一般公路的基层宽度每侧宜比面层宽出 25 cm，底基层每侧宜比基层宽 15 cm。在多雨地区，透水性好的粒料底基层，宜铺至路基全宽，以利于排水。高速公路、一级公路的基层宽度应按路面边缘构造的规定执行。

第四，新建沥青路面的基层按结构组合设计要求。选用沥青稳定碎石、沥青贯入式、级配碎石、级配砂砾等柔性基层；水泥稳定土或粒料、石灰与粉煤灰稳定土或粒料的半刚性基层；碾压式水泥混凝土、贫混凝土等刚性基层；以及上部使用柔性基层，下部使用半刚性基层的混合式基层。半刚性基层作为沥青路面的基层与沥青层宜在同一年内施工，以减少路面开裂。

第五，旧沥青路面做基层时，应根据旧路面质量，确定对原有路面修补、铁刨、加铺罩面层。旧沥青路面的整平应按高程控制铺筑，分层整平的一层最大厚度不宜超过 100 mm；以旧的水泥混凝土路面做基层加铺沥青面层时，应根据旧路面质量，确定处治工艺，确认能满足基层要求后，方能加铺沥青层。

二、道路沥青路面施工方法

（一）沥青路面对原材料的要求

沥青路面使用的各种材料运至现场后必须取样进行质量检验，经评定合格后方可使用，不得以供应商提供的检测报告或商检报告代替现场检测。沥青路面集料的选择必须经过认真的料源调查，确定料源应尽可能就地取材。质量符合使用要求，石料开采必须注意环境保护，防止破坏生态平衡。集料粒径规格以方孔筛为准。不同料源、品种、规格的集料不得混杂堆放。

1.对沥青材料的要求

沥青路面所用的沥青材料有石油沥青、煤沥青、液体石油沥青、沥青乳液和改性沥青等。各类沥青路面所用沥青材料的标号，应根据路面的类型、施工条件、地区气候条件、施工季节和矿料性质与尺寸等因素而定。

（1）道路石油沥青

沥青路面采用的沥青标号，宜按照公路等级、气候条件、交通条件、路面类型及在结构层中的层位及受力特点、施工方法等，结合当地的使用经验，经技术论证后确定。

对夏季温度高、高温持续时间长、重载交通、山区及丘陵区上坡路段、服务区、停车场等行车速度慢的路段，尤其是汽车荷载剪应力大的层次，宜采用稠度大、60℃黏度大的沥青，也可提高高温气候地区的温度水平选用沥青等级；对冬季寒冷的地区或交通量小的公路、旅游公路宜选用稠度小、低温延度大的沥青；对温度日温差、年温差大的地区宜注意选用针入度指数大的沥青。当高温要求与低温要求发生矛盾时应优先考虑满足高温性能的要求。当缺乏所需标号的沥青时，可采用不同标号掺配的调和沥青，其掺配比例由试验决定。

沥青路面的气候分区：选择沥青结合料等级、沥青混合料配合比设计和检验应适应公路环境条件的需要，能承受高温、低温、雨（雪）水的考验。沥青路面的气候条件按规范要求的气候分区，以适应地区具体气候条件的需要。

（2）乳化沥青

乳化沥青适用于沥青表面处治路面、沥青贯入式路面、冷拌沥青混合料路面，修补裂缝，喷洒透层、粘层与封层等。

乳化沥青的质量应符合有关的规定。在高温条件下宜采用黏度较大的乳化沥青，寒冷条件下宜使用黏度较小的乳化沥青。

乳化沥青类型根据集料品种及使用条件选择。阳离子乳化沥青可适用于各种集料品种，阴离子乳化沥青适用于碱性石料。乳化沥青的破乳速度、黏度宜根据用途与施工方法选择。

（3）液体石油沥青

液体石油沥青适用于透层、粘层及拌制冷拌沥青混合料。根据使用目的与场所，可选用快凝、中凝、慢凝的液体石油沥青，其质量应符合有关的规定。液体石油沥青宜采用针入度较大的石油沥青，使用前按先加热沥青后加稀释剂的顺序，掺配煤油或轻柴油，经适当的搅拌、稀释制成。掺配比例根据使用要求由试验确定。液体石油沥青在制作、储存、使用的全过程中必须通风良好，并有专人。责，确保安全。基质沥青的加热温度严禁超过140液体沥青的储存温度不得高于50℃。

（4）煤沥青

道路用煤沥青的标号根据气候条件、施工温度、使用目的选用，其质量应符合有关规定。道路用煤沥青适用于下列情况：①各种等级公路的各种基层上的透层，宜采用T-1或T-2级，其他等级不符合喷洒要求时可适当稀释使用；②三级及三级以下的公路铺筑表面处治或贯入式沥青路面，宜采用T-5、T-6或T-7级；③与道路石油沥、乳化沥青混合使用，以改善渗透性。

道路用煤沥青严禁用于热拌热铺的沥青混合料，用于其他用途时的储存温度宜为70℃～90℃，且不得长时间储存。

（5）改性沥青

改性沥青可单独或复合采用高分子聚合物、天然沥青及其他改性材料制作常见的聚合物改性剂有 SBS（Ⅰ类）适用于北方气候温差较大的地区、SBR（Ⅱ类）适用于南方地区、EVA、PE（Ⅲ类）应用较广泛，当使用其他聚合物及复合改性沥青时，可通过试验研究制订相应的技术要求。

供应商在提供改性沥青的质量报告时应提供基质沥青的质量检验报告或沥青样品。天然沥青可以单独与石油沥青混合使用或与其他改性沥青混熔后使用。天然沥青的质量要求宜根据其品种参照相关标准和成功的经验执行。

用作改性剂的 SBR 胶乳中的固体物含量不宜少于 45%，使用中严禁长时间暴晒或遭冰冻。改性沥青的剂量以改性剂占改性沥青总量的百分数计算，胶乳改性沥青的剂量应以扣除水以后的固体物含量计算。

改性沥青宜在固定式工厂或在现场设厂集中制作，也可在拌合厂现场边制造边使用，改性沥青的加工温度不宜超过 180 胶乳类改性剂和制成颗粒的改性剂可直接投入拌合缸中生产改性沥青混合料。用溶剂法生产改性沥青母体时，挥发性溶剂回收后的残留量不得超过 5%。

现场制造的改性沥青宜随配随用，需做短时间保存，或运送到附近的工地使用前必须搅拌均匀，在不发生离析的状态下使用。改性沥青制作设备必须设有随机采集样品的取样口，采集的试样宜立即在现场灌模。工厂制作的成品改性沥青到达施工现场后存储在改性沥青罐中，改性沥青罐中必须加设搅拌设备并进行搅拌，使用前改性沥青必须搅拌均匀。在施工过程中应定期取样检验产品质量，发现离析等质量不符合要求的改性沥青不得使用。

2. 对粗集料的要求

当单一规格集料的质量指标达不到表中要求，而按照集料配合比计算的质量指标符合要求时，工程上允许使用。对受热易变质的集料，宜采用经拌合机烘干后的集料进行检验。

采石场在生产过程中必须彻底清除覆盖层及泥土夹层。生产碎石用的原石不得含有土块、杂物，集料成品不得堆放在泥土地上。除 SMA、OGFC 路面外，允许在硬质粗集料中掺加部分较小粒径的磨光值达不到要求的粗集料，其最大掺加比例由磨光值试验确定。当使用不符合要求的粗集料时，宜掺加消石灰、水泥或用饱和石灰水处理后使用，必要时可同时在沥青中掺加耐热、耐水、长期性能好的抗剥落剂，也可采用改性沥青，使沥青混合料的水稳定性检验达到要求。掺加外加剂的剂量由沥青混合料的水稳定性检验确定。破碎砾石应采用粒径大于 50 mm、含泥量不大于 1% 的砾石轧制，破碎砾石的破碎面应符合有关规定的要求。筛选砾石仅适用于三级及三级以下公路的沥青表面处治路面。经过破碎且存放期超过 6 个月以上的钢渣可作为粗集料使用。

3. 对细集料的要求

沥青路面的细集料包括天然砂、机制砂、石屑。细集料必须由具有生产许可证的采石场、采砂场生产。细集料应洁净、干燥、无风化、无杂质，并有适当的颗粒级配。细集料的洁净程度，天然砂以小于 0.075 mm 含量的百分数表示，石屑和机制砂以砂当量（适用于 0 ~ 4.75 mm）或亚甲蓝值（适用于 0 ~ 2.36 mm 或 0 ~ 0.15 mm）表示。

天然砂可采用河砂或海砂，通常宜采用粗、中砂，其规格应符合有关的规定。砂的含泥量超过规定时应水洗后使用，海砂中的贝壳类材料必须筛除。开采天然砂必须取得当地政府主管部门的许可，并符合水利及环境保护的要求。热拌密级配沥青混合料中天然砂的用量通常不宜超过集料总量的 20%，SMA 和 OGFC 混合料不宜使用天然砂。石屑是采石场破碎石料时通过 4.75 mm 或 2.36 mm 的筛下部分，其规格应符合有关规定的要求。采石场在生产石屑的过程中应具备抽吸设备，高速公路和一级公路的沥青混合料，宜将 S14 与 S16 组合使用，S15 可在沥青稳定碎石基层或其他等级公路中使用。机制砂宜采用专用的制砂机制造，并选用优质石料生产，其级配应符合 S16 的要求。

4. 对填料的要求

沥青混合料的矿粉必须采用石灰岩或岩浆岩中的强基性岩石等憎水性石料经磨细得到的矿粉，原石料中的泥土杂质应除净。矿粉应干燥、洁净，能自由地从矿粉仓流出。

拌合机的粉尘可作为矿粉的一部分回收使用。但每盘用量不得超过填料总量的 25%，掺有粉尘填料的塑性指数不得大于 4%。粉煤灰作为填料使用时，用量不得超过填料总量的 50%，粉煤灰的烧失量应小于 12%，与矿粉混合后的塑性指数应小于 4%，其余质量要求与矿粉相同。高速公路、一级公路的沥青面层不宜采用粉煤灰做填料。

5. 纤维稳定剂的要求

在沥青混合料中掺加的纤维稳定剂宜选用木质素纤维、矿物纤维等。

纤维应在 250℃ 的干拌温度下不变质、不发脆，使用纤维必须符合环保要求，不危害身体健康纤维必须在混合料拌合过程中能充分分散均匀。矿物纤维宜采用玄武岩等矿石制造，易影响环境及造成人体伤害的石棉纤维不宜直接使用。纤维应存放在室内或有棚盖的地方，松散纤维在运输及使用过程中应避免受潮，不结团。纤维稳定剂的掺加比例以沥青混合料总量的质量百分率计算，通常情况下用于 SMA 路面的木质素纤维不宜低于 0.3%，矿物纤维不宜低于 0.4%，必要时可适当增加纤维用量。纤维掺加量的允许误差宜不超过 ±5%。

（二）透层、粘层施工

1. 透层施工

透层是为使沥青面层与非沥青材料基层结合良好，在基层上喷洒液体石油沥青、乳化沥青、煤沥青而形成的透入基层表面一定深度的薄层。

沥青路面各类基层都必须喷洒透层油，沥青层必须在透层油完全渗入基层后方可铺筑。基层上设置下封层时，透层油不宜省略。气温低于 10℃ 或大风天气，即将降雨时不得喷洒透层油。根据基层类型选择渗透性好的液体沥青、乳化沥青、煤沥青做透层油，喷洒后通过钻孔或挖掘确认透层油渗入基层的深度宜不小于 5 mm（无机结合料稳定集料基层）和 10 mm（无结合料基层），并能与基层连接成为一体。透层油的质量应符合规范的要求。

透层用液体沥青的黏度通过调节煤油或轻柴油等稀释剂的品种和掺量经试验确定。

用于半刚性基层的透层油宜紧接在基层碾压成型后表面稍变干燥，但尚未硬化的情况下喷洒。在无结合料粒料基层上洒布透层油时，宜在铺筑沥青层前 1～2 d 洒布。

透层油宜采用沥青洒布车一次喷洒均匀，使用的喷嘴宜根据透层油的种类和黏度选择并保证均匀喷洒，沥青洒布车喷洒不均匀时宜改用手工沥青洒布机喷洒。洒布应符合要求。喷洒透层油前应清扫路面，遮挡防护路缘石及人工构造物避免污染，透层油必须洒均匀，有花白遗漏应人工补洒，喷洒过量的立即撒布石屑或砂吸油，必要时做适当碾压。

2. 粘层施工

粘层是为加强路面沥青层与沥青层之间、沥青层与水泥混凝土路面之间的粘结而洒布的沥青材料薄层。

符合下列情况之一时，必须喷洒粘层油：①双层式或三层式热拌热铺沥青混合料路面的沥青层之间。②水泥混凝土路面、沥青稳定碎石基层或旧沥青路面层上加铺沥青层。③路缘石、雨水口、检查井等构造物与新铺沥青混合料接触的侧面。

粘层油宜采用快裂或中裂乳化沥青、改性乳化沥青，也可采用快、中凝液体石油沥青，其规格和质量应符合规范的要求，所使用的基质沥青标号宜与主层沥青混合料相同。粘层油品种和用量，应根据下卧层的类型通过试洒确定。当粘层油上铺筑薄层大空隙排水路面时，粘层油的用量宜增加到 $0.6 \sim 1.0 \, \text{L/m}^2$。在沥青层之间兼做封层而喷洒的粘层油宜采用改性沥青或改性乳化沥青，其用量宜不少于 $1.0 \, \text{L/m}^2$。

粘层油宜采用沥青洒布车喷洒，并选择适宜的喷嘴，洒布速度和喷洒量保持稳定。当采用机动或手摇的手工沥青洒布机喷洒时，必须由熟练的技术工人操作，均匀洒布。气温低于 $10 \, ^\circ\text{C}$ 时不得喷洒粘层油，寒冷季节施工不得不喷洒时可以分两次喷洒。路面潮湿时不得喷洒粘层油，用水洗刷后需待表面干燥后喷洒。喷洒的粘层油必须成均匀雾状，在路面全宽度内均匀分布成一薄层，不得有洒花漏空或呈条状，也不得有堆积。喷洒不足的要补洒，喷洒过量处应予刮除。喷洒粘层油后，严禁运料车外的其他车辆和行人通过。粘层油宜在当天洒布，待乳化沥青破乳、水分蒸发完成，或稀释沥青中的稀释剂基本挥发完成后，紧跟着铺筑沥青层，确保粘层不受污染。

（三）热拌沥青混合料路面（厂拌法）施工

1. 热拌沥青混合料路面的类型

热拌沥青混合料（HMA）适用于各种等级公路的沥青路面。其种类按集料公称最大粒径、矿料级配、空隙率划分。

各层沥青混合料应满足所在层位的功能性要求，便于施工，不容易离析。各层应连续施工并连成为一个整体。当发现混合料结构组合及级配类型的设计不合理时，应进行修改、调整，以确保沥青路面的使用性能。沥青面层集料的最大粒径宜从上至下逐渐增大，并应与压实层厚度相匹配。对热拌热铺密级配沥青混合料，沥青层一层的压实厚度不宜小于集料公称最大粒径的 $2.5 \sim 3$ 倍，对 SMA 和 OGFC 等嵌挤型混合料不宜小于公称最大粒径的 $2 \sim 2.5$ 倍，以减少离析，便于压实。

2. 施工准备

铺筑沥青层前，应检查基层或下卧沥青层的质量，不符合要求的不得铺筑沥青面层。旧沥青路面或下卧层已被污染时，必须清洗或经铁刨处理后方可铺筑沥青混合料。石油沥青加工及沥青混合料施工温度应根据沥青标号及黏度、气候条件、铺装层的厚度确定。

3. 沥青混合料的拌制

沥青混合料必须在沥青拌合厂（场、站）采用拌合机械拌制。拌合厂的设置必须符合国家有关环境保护、消防、安全等规定。拌合厂与工地现场距离应充分考虑交通堵塞的可能，确保混合料的温度下降不超过要求，且不致因颠簸造成混合料离析。拌合厂应具有完备的排水设施。各种集料必须分隔储存，细集料场应设防雨顶棚，料场及场内道路应做硬化处理，严禁泥土污染集料。

沥青混合料可采用间歇式拌合机或连续式拌合机拌制。高速公路和一级公路宜采用间歇式拌合机拌合。连续式拌合机使用的集料必须稳定不变。

集料与沥青混合料取样应符合现行试验规程的要求。从沥青混合料运料车上取样时，必须在设置取样台分几处采集一定深度下的样品。集料进场宜在料堆顶部平台卸料，经推土机推平后，铲运机从底部按顺序竖直装料，减小集料离析。

拌合机的矿粉仓应配备振动装置以防止矿粉起拱。添加消石灰、水泥等外掺剂时，宜增加粉料仓，也可由专用管线和螺旋升送器直接加入拌合锅，若与矿粉混合使用时应注意二者因密度不同发生离析。拌合机必须有二级除尘装置，经一级除尘部分可直接回收使用，二级除尘部分可进入回收粉仓使用（或废弃）。对因除尘造成的粉料损失应补充等量的新矿粉。

沥青混合料拌合时间根据具体情况经试拌确定，以沥青均匀裹覆集料为度间歇式拌合机每盘的生产周期不宜少于 45 s（其中干拌时间不少于 5 ~ 10 s）。

生产添加纤维的沥青混合料时，纤维必须在混合料中充分分散，拌合均匀。拌合机应配备同步添加投料装置，松散的絮状纤维可在喷入沥青的同时或稍后采用风送设备喷入拌合锅，拌合时间宜延长 5 s 以上。颗粒纤维可在粗集料投入的同时自动加入，经 5 ~ 10 s 的干拌后，再投入矿粉，工程量很小时，也可分装成塑料小包或由人工量取直接投入拌合锅。使用改性沥青时应随时检查沥青泵、管道、计量器是否被堵，堵塞时应及时清洗。

沥青混合料出厂时应逐车检测沥青混合料的质量和温度，记录出厂时间，签发运料单。

4. 沥青混合料的运输

热拌沥青混合料宜采用较大吨位的运料车运输，但不得超载运输或急刹车、急弯掉头，使透层、封层造成损伤。运料车的运力应稍有富余，施工过程中摊铺机前方应有运料车等候。对高速公路、一级公路，宜待等候的运料车多于 5 辆后开始摊铺。

运料车每次使用前后必须清扫干净，在车厢板上涂一薄层防止沥青粘结的隔离剂或防粘剂，但不得有余液积聚在车厢底部。从拌合机向运料车上装料时，应多次挪动汽车位置，平衡装料，以减少混合料离析。运料车运输混合料宜用苫布覆盖保温、防雨、防污染：运料车进入摊铺现场时，轮胎上不得沾有泥土等可能污染路面的脏物，否则宜设水池待洗净轮胎后进入工程现场。沥青混合料在摊铺地点凭运料单接收，若混合料不符合施工温度要求，或已经结成团块、已遭雨淋的不得铺筑。

摊铺过程中运料车应在摊铺机前 100～300 mm 处停住，空挡等候，由摊铺机推动前进开始缓缓卸料，避免撞击摊铺机。在有条件时，运料车可将混合料卸入转运车经二次拌合后向摊铺机连续均匀地供料。运料车每次卸料必须倒净，尤其是对改性沥青或 SMA 混合料，如有剩余，应及时清除，防止产生硬结。SMA 及 OGFC 混合料在运输、等候过程中，如发现有沥青结合料沿车厢板滴漏，应采取措施予以避免。

5. 沥青混合料的摊铺

热拌沥青混合料应采用沥青摊铺机摊铺，在喷洒有粘层油的路面上铺筑改性沥青混合料或 SMA 时，宜使用履带式摊铺机。摊铺机的受料斗应涂刷薄层隔离剂或防粘结剂。

铺筑高速公路、一级公路沥青混合料时，一台摊铺机的铺筑宽度不宜超过 6 m（双车道）和 7.5 m（3 车道以上），通常宜采用两台或更多台数的摊铺机前后错开 10～20 m，呈梯队方式同步摊铺，两幅之间应有 30～60 mm 宽度的搭接，并躲开车道轮迹带，上下层的搭接位置宜错开 200 mm 以上。

摊铺机开工前应提前 0.5～1 h 预热熨平板不低于 100℃。铺筑过程中应选择熨平板的振捣或夯锤压实装置，具有适宜的振动频率和振幅，以提高路面的初始压实度，熨平板加宽连接应仔细调节至摊铺的混合料没有明显的离析痕迹。摊铺机必须缓慢、均匀、连续不间断地摊铺，不得随意变换速度或中途停顿，以提高平整度，减少混合料的离析。摊铺速度宜控制在 2～6 m/min 范围内，对改性沥青混合料及 SMA 混合料宜放慢至 1～3 m/min。当发现混合料出现明显的离析、波浪、裂缝、拖痕时，应分析原因予以消除。

沥青混合料的松铺系数应根据混合料类型由试铺试压确定。摊铺过程中应随时检查摊铺层厚度及路拱、横坡，并按规定的方法由使用的混合料总量与面积校验平均厚度。摊铺机的螺旋布料器应相应于摊铺速度调整到保持一个稳定的速度均衡地转动，两侧应保持有不少于送料器 2/3 高度的混合料，以减少在摊铺过程中混合料的离析。

用机械摊铺的混合料，不宜用人工反复修整。当不得不由人工作局部找补或更换混合料时，需仔细进行，特别严重的缺陷应整层铲除。在路面狭窄部分、平曲线半径过小的匝道或加宽部分，以及小规模工程不能采用摊铺机铺筑时可用人工摊铺混合料。人工摊铺沥青混合料应符合下列要求：①半幅施工时，路中一侧宜事先设置挡板。②沥青混合料宜卸在铁板上，摊铺时应扣锹布料，不得扬锹远甩。铁锹等工具宜沾防粘结剂或加热使用。③边摊铺边用刮板整平，刮平时应轻重一致，控制次数，严防集料离析。④摊铺不得中途停顿，并加快碾压。如因故不能及时碾压时，应立即停止摊铺，并对已卸下的沥青混合料覆盖苫布保温。⑤低温施工时，每次卸下的混合料应覆盖苫布保温。

在雨期铺筑沥青路面时，应加强与气象台（站）的联系，已摊铺的沥青层因遇雨未行压实的应予铲除。

6. 沥青路面的压实及成型

压实成型的沥青路面应符合压实度及平整度的要求。

沥青混凝土的压实层最大厚度不宜大于 100 mm，沥青稳定碎石混合料的压实层厚度不宜大于120 mm，但当采用大功率压路机且经试验证明能达到压实度时，允许增大到150 mm。沥青路面施工应配备足够数量的压路机，选择合理的压路机组合方式及初压、复压、终压（包括成型）的碾压步骤，以达到最佳碾压效果。高速公路铺筑双车道沥青路面的压路机数量不宜少于5台，施工气温低、风大、碾压层薄时，压路机数量应适当增加。压路机的碾压路线及碾压方向不应突然改变而导致混合料推移。碾压区的长度应大体稳定，两端的折返位置应随摊铺机前进而推进，横向不得在相同的断面上。

7. 接缝施工

沥青路面的施工必须接缝紧密、连接平顺，不得产生明显的接缝离析。上、下层的纵缝应错开150 mm（热接缝）或300～400 mm（冷接缝）以上。相邻两幅及上、下层的横向接缝均应错位1 m以上。接缝施工应用3 m直尺检查，确保平整度符合要求。

纵向接缝部位的施工应符合下列要求：①摊铺时采用梯队作业的纵缝应采用热接缝，将已铺部分留下100～200 mm宽暂不碾压，作为后续部分的基准面，然后进行跨缝碾压以消除缝迹。②当半幅施工或因特殊原因而产生纵向冷接缝时，宜加设挡板或加设切刀切齐，也可在混合料尚未完全冷却前用镐刨除边缘留下毛槎的方式，但不宜在冷却后采用切割机做纵向切缝，加铺另半幅前应涂洒少量沥青，重叠在已铺层上50～100 mm处，再铲走铺在前半幅上面的混合料，碾压时由边向中碾压留下100～150 mm，再跨缝挤紧压实。或者先在已压实路面上行走碾压新铺层150 mm左右，然后压实新铺部分。

8. 开放交通及其他

热拌沥青混合料路面应待摊铺层完全自然冷却，混合料表面温度低于50℃后，可开放交通需要提早开放交通时，可洒水冷却，降低混合料温度。

沥青路面雨期施工应符合下列要求：①注意气象预报，加强工地现场、沥青拌合厂及气象台站之间的联系，控制施工长度，各项工序紧密衔接。②运料车和工地应备有防雨设施，并做好基层及路肩排水。

铺筑好的沥青层应严格控制交通，做好保护，保持整洁，不得造成污染，严禁在沥青层上堆放施工产生的土或杂物，严禁在已铺沥青层上制作水泥砂浆。

（四）沥青表面处治与封层（层铺法）施工

1. 沥青表面处治

沥青表面处治面层是用沥青和矿料按层铺法修筑的厚度不大于3 cm的一种薄层。

沥青表面处治适用于三级及三级以下公路的沥青面层。各种封层适用于加铺薄层罩面、磨耗层、水泥混凝土路面上的应力缓冲层、各种防水和密水层、预防性养护罩面层。沥青表面处治与封层宜选择在干燥和较热的季节施工，并在最高温度低于15℃时期之前半个月及雨季前结束。

在清扫干净的碎(砾)石路面上铺筑沥青表面处治时，应喷洒透层油。在旧沥青路面、水泥混凝土路面、块石路面上铺筑沥青表面处治路面时，可在第一层沥青用量中增加10%～20%，不再另洒透层油或粘层油。

层铺法沥青表面处治路面宜采用沥青洒布车及集料撒布机联合作业。沥青洒布车喷洒沥青时应保持稳定速度和喷洒量，并保持整个洒布宽度喷洒均匀。小规模工程可采用机动或手摇的手工沥青洒布机洒布沥青。沥青表面处治施工应确保各工序紧密衔接，每个作业段长度应根据施工能力确定，并在当天完成。人工撒布集料时应等距离划分段落备料。

三层式沥青表面处治的施工工艺应按下列步骤进行：

第一，清扫基层，洒布第一层沥青。沥青的撒布温度根据气温及沥青标号选择，石油沥青宜为130℃～170℃，煤沥青宜为80℃～120℃，乳化沥青在常温下洒布，加温洒布的乳液温度不得超过60℃，前后两车喷洒的接槎处用铁板或建筑纸铺1～1.5 m，使搭接良好。分几幅浇洒时，纵向搭接宽度宜为100～150 mm。洒布第二、三层沥青的搭接缝应错开。

第二，洒布主层沥青后应立即用集料撒布机或人工洒布第一层主集料。撒布集料后应及时扫匀，达到全面覆盖、厚度一致、集料不重叠，也不露出沥青的要求。局部有缺料时适当找补，积料过多的将多余集料扫出。两幅搭接处，第一幅洒布沥青应暂留100～150 mm宽度不撒布石料，待第二幅一起撒布。

第三，撒布主集料后，不必等全段撒布完，立即用6～8 t钢筒双轮压路机从路边向路中心碾压3～4遍，每次轮迹重叠约300 mm。碾压速度开始不宜超过2 km/h，以后可适当增大。

第四，第二、三层的施工方法和要求应与第一层相同，但可以采用8 t以上的压路机碾压。

双层式或单层式沥青表面处治浇洒沥青及撒布集料的次数相应减少，其施工程序和要求参照进行。

除乳化沥青表面处治应待破乳、水分蒸发并基本成型后方可通车外，沥青表面处治在碾压结束后即可开放交通，并通过开放交通补充压实，成型稳定。在通车初期应设专人指挥交通或设置障碍物控制行车，限制行车速度不超过20 km/h，严禁畜力车及铁轮车行驶，使路面全部宽度均匀压实。

沥青表面处治应注意初期养护。当发现有泛油时，应在泛油处补撒与最后一层石料规格相同的嵌缝料并扫匀，过多的浮料应扫出路外。

2.封层施工

封层是为封闭表面空隙、防止水分侵入而在沥青面层或基层上铺筑的有一定厚度的沥青混合料薄层。铺筑在沥青面层表面的称为上封层；铺筑在沥青面层下面、基层表面的称为下封层。

（1）上封层

根据情况可选择乳化沥青稀浆封层、微表处、改性沥青集料封层、薄层磨耗层或其他适宜的材料。铺设上封层的下卧层必须彻底清扫干净，对车辙、坑槽、裂缝进行处理或挖补。上封层的类型根据使用目的、路面的破损程度选用。

（2）下封层

多雨潮湿地区的高速公路、一级公路的沥青面层空隙率较大，有严重渗水可能，或铺筑基层不能及时铺筑沥青面层而需通行车辆时，宜在喷洒透层油后铺筑下封层。下封层宜采用层铺法表面处治或稀浆封层法施工。稀浆封层可采用乳化沥青或改性乳化沥青做结合料。下封层的厚度不宜小于 6 mm，且做到完全密水。以层铺法沥青表面处治铺筑下封层时，通常采用单层式，矿料用量宜为 5 ~ 8 m³/1 000 m²，沥青用量可采用要求范围的中高限。

3. 稀浆封层与微表处

稀浆封层是用适当配比的石屑或砂、填料（水泥、石灰、粉煤灰、石粉等）与乳化沥青、外掺剂和水，按一定比例拌合而成的流动状态的沥青混合料，将其均匀摊铺在路面上形成的沥青封层。

微表处是采用适当级配的石屑或砂、填料（水泥、石灰、粉煤灰、石粉等）与聚合物改性乳化沥青、外掺剂和水，按一定比例拌合而成的流动状态的沥青混合料，将其均匀摊铺在路面土形成的沥青封层。

微表处主要用于高速公路及一级公路的预防性养护以及填补轻度车辙，也适用于新建公路的抗滑磨耗层。稀浆封层一般用于二级及二级以下公路的预防性养护，也适用于新建公路的下封层。

稀浆封层和微表处必须使用专用的摊铺机进行摊铺。单层微表处适用于旧路面车辙深度不大于 15 mm 的情况；超过 15 mm 的必须分两层铺筑，或先用 V 形车辙摊铺箱摊铺；深度大于 40 mm 时，不适宜微表处处理。

微表处必须采用改性乳化沥青，稀浆封层可采用普通乳化沥青或改性乳化沥青，其品种和质量应分别符合要求。稀浆封层和微表处应选择坚硬、粗糙、耐磨、洁净的集料。各项性能应符合要求。其中，微表处用通过 4.75 mm 筛的合成矿料的砂当量不得低于 65%，稀浆封层用通过 4.75 mm 筛的合成矿料的砂当量不得低于 50%。当用于抗滑表层时，还应符合有关磨光值的要求。细集料宜采用碱性石料生产的机制砂或洁净的石屑。对集料中的超粒径颗粒必须筛除。

稀浆封层和微表处施工前，应彻底清除原路面的泥土、杂物，修补坑槽、凹陷、较宽的裂缝宜清理灌缝。在水泥混凝土路面上铺筑微表处时宜洒布粘层油，过于光滑的表面需拉毛处理。稀浆封层和微表处的最低施工温度不得低于 10℃，严禁在雨天施工，摊铺后尚未成型混合料遇雨时应予铲除。稀浆封层和微表处两幅纵缝搭接的宽度不宜超过 80 mm，横向接缝宜做成对接缝，分两层摊铺时，第一层摊铺后至少应开放交通 24 h 后方可进行第二层摊铺。

稀浆封层和微表处铺筑后的表面不得有超粒径料拖拉的严重划痕，横向接缝和纵向接缝处不得出现余料堆积或缺料现象，用 3 m 直尺测量接缝处的不平整度不得大于 6 mm。对微表处不得有横向波浪和深度超过 6 mm 的纵向条纹。经养生和初期交通碾压稳定的稀浆封层和微表处，在行车作用下应不飞散且完全密水。

（五）沥青贯入式路面（层铺法）施工

沥青贯入式路面是在初步压实的碎石上，分层浇洒沥青、撒布嵌缝料，经压实而成的路面结构层。

沥青贯入式路面适用于三级及三级以下公路，也可作为沥青路面的连接层或基层。沥青贯入式路面的厚度宜为 4 ~ 8 cm，但乳化沥青的厚度不宜超过 5 cm。当贯入层上部加铺拌合的沥青混合料面层成为上拌下贯式路面时，拌合层的厚度宜不小于 1.5 cm。

沥青贯入式路面的最上层应撒布封层料或加铺拌合层。沥青贯入层作为连接层使用时，可不撒表面封层料。沥青贯入式路面宜选择在干燥和较热的季节施工，并宜在日最高温度降低至 15℃ 以前半个月结束，使贯入式结构层通过开放交通碾压成型。

沥青贯入式路面的集料应选择有棱角、嵌挤性好的坚硬石料。当使用破碎砾石时，其破碎面应符合要求。沥青贯入层主层集料中大于粒径范围中值的数量不宜少于 50%。表面不加铺拌合层的贯入式路面在施工结束后，每 1 000 m² 宜另备 2 ~ 3 m³ 与最后一层嵌缝料规格相同的细集料等，供初期养护使用。

（六）冷拌沥青混合料路面（路拌法）施工

冷拌沥青混合料适用于三级及三级以下的公路的沥青面层、二级公路的罩面层施工，以及各级公路沥青路面的基层、连接层或整平层。冷拌改性沥青混合料可用于沥青路面的坑槽冷补。

冷拌沥青混合料宜采用乳化沥青或液体沥青拌制，也可采用改性乳化沥青，各种结合料类型及规格应符合要求。冷拌沥青混合料宜采用密级配沥青混合料，当采用半开级配的冷拌沥青碎石混合料路面时应铺筑上封层。

乳化沥青碎石混合料的乳液用量应根据当地实践经验以及交通量、气候、集料情况、沥青标号、施工机械等条件确定，也可按热拌沥青混合料的沥青用量折算，实际的沥青残留物数量可较同规格热拌沥青混合料的沥青用量减少 10% ~ 20%。

冷拌沥青混合料宜采用拌合厂机械拌合及沥青摊铺机摊铺的方式。缺乏厂拌条件时也可采用现场路拌及人工摊铺方式。冷拌沥青混合料施工应注意防止混合料离析。当采用阳离子乳化沥青拌合时，宜先用水使集料湿润，若湿润后仍难于与乳液拌合均匀时，应改用破乳速度更慢的乳液，或用 1% ~ 3% 浓度的氯化钙水溶液代替水润湿集料表面。混合料适宜的拌和时间应根据实际情况调节并通过试拌确定，矿料中加进乳液后的机械拌合时间不宜超过 30 s，人工拌合时间不宜超过 60 s。已拌好的混合料应立即运至现场进行摊铺，并在乳液破乳前结束。在拌合与摊铺过程中已破乳的混合料，应予废弃。

乳化沥青冷拌混合料摊铺后宜采用 6 t 左右的轻型压路机初压 1 ~ 2 遍，使混合料初步稳定，再用轮胎压路机或钢筒式压路机碾压 1 ~ 2 遍。当乳化沥青开始破乳、混合料由褐色转变成黑色时，改用 12 ~ 15 t 轮胎压路机碾压，将水分挤出，复压 2 ~ 3 遍后停止，待晾晒一段时间，水分基本蒸发后继续复压至密实为止。当压实过程中有推移现象时应停止碾压，待稳定后再碾压。当天不能完全压实时，可在较高气温状态下补充碾压。当没有轮胎压路机时，也可采用钢筒式压路机或较轻的振动压路机碾压。

乳化沥青混合料路面的上封层应在压实成型、路面水分完全蒸发后加铺。乳化沥青混合料路面施工结束后宜封闭交通 2 ~ 6 h，并注意做好早期养护。开放交通初期，应设专人指挥，车速不得超过 20 km/h，不得刹车或掉头。冷拌沥青混合料施工遇雨应立即停止铺筑，以防雨水将乳液冲走。

第五节 水泥混凝土路面施工技术

一、水泥混凝土路面施工概述

水泥路面即水泥混凝土路面，俗称白色路面，是以水泥与水拌合成的水泥浆为结合料，以碎（砾）石、砂为集料，再加适当的掺和料及外掺剂，拌合成水泥混凝土混合料而筑成的路面面层和基层、垫层所组成的路面。即由水泥混凝土面层板和基层、垫层所组成的路面称为水泥混凝土路面。又因为当车辆行驶在路面上时，路面会产生较小的弯曲变形，所以也称为刚性路面。

（一）水泥混凝土路面的分类

1. 素水泥混凝土路面

素水泥混凝土路面包括普通混凝土路面除接缝区和局部范围（边缘和角隅）外不配置钢筋的混凝土路面和全部缩缝设传力杆的混凝土路面。

2. 钢筋混凝土路面

钢筋混凝土路面包括局部补强使用的间断（带接缝）钢筋混凝土路面、连续配筋混凝土路面和预应力钢筋混凝土路面。

3. 装配式混凝土路面

装配式混凝土路面是在工厂中把混凝土预制或板块，然后运至土地现场装配而成的路面。

4. 钢纤维混凝土路面

在水泥混凝土中掺入一些低碳钢、不锈钢纤维或其他纤维（如塑料纤维、纤维网等）即成为一种均匀而多向配筋的混凝土。

（二）水泥混凝土路面的优缺点

1. 水泥混凝土路面的优点

（1）强度高刚度大、承载能力强

水泥混凝土路面具有很高的抗压强度和较高的抗弯拉强度以及抗磨耗能力，使其对基层的承载能力要求较低，适应在稳定基层上的大交通量和重载交通量的高速公路、国道、省道、机场、厂矿道路上使用。

（2）稳定性好

水泥混凝土路面耐水性好，能够较好地使用在降雨量较大地区和短期浸水的过水路面上。水泥混凝土路面的水稳性、热稳性均较好，特别是它的强度能随着时间的延长而逐渐提高，不存在沥青路面的那种"老化"现象。

（3）耐久性好

由于水泥混凝土路面的强度和稳定性好，所以它经久耐用，一般能使用 20 年，而且它能通行包括履带式车辆等在内的各种运输工具。在标准轴载作用下，疲劳寿命可为 500 ~ 1 000 万次，且抗冻性、抗滑性、耐磨性等耐久性优良。

（4）有利于夜间行车

混凝土路面色泽鲜明，能见度好，对夜间行车有利。

（5）隔热性好

水泥混凝土路面冰雪融化慢，对于季节性冻土路段，保证路基冻土不融化失稳具有重要价值。对粗集料磨光值和磨耗值要求低，集料易得。

另外，路面更环保，当水流经过时，路面水对周围土壤和地下水无污染，而且可在水泥混凝土路面中使用粉煤灰具有良好的环保效益，且耐油、耐酸、耐碱、耐腐蚀性强；其在保证建设质量前提下，维修费用很节省，运营油耗低、经济性好，无沥青路面的弯沉盆，所以在使用期内车辆燃油消耗比沥青路面节省 15% ~ 20%。

2. 水泥混凝土路面的缺点

（1）同等平整度舒适性较低

刚性路面模量很高，反弹颠簸大，设置的接缝多，振动大、噪声大。

（2）板体性强，对基层抗冲刷性要求高

要求基层表面平整、抗冲刷能力强，否则易在接缝处出现唧泥、错台、啃边与破坏。

（3）刚性大，不适应较大沉降

普通水泥路面不适用于基层与路基大变形和不均匀沉降，山区填挖方交界、高填方及长期浸水路段。

（4）对超载与脱空相当敏感

普通水泥混凝土路面在超载条件下对板厚设计不足、材料强度不高或不均匀、结构内渗透排水不畅，施工质量不高、基层淘刷和基础支持不稳固等很敏感，超轴载运行对刚性路面极为不利，极易形成断板、断面、断角等结构性破坏。

（5）维修难度大

水泥混凝土路面硬度大，在缺乏修复新材料和机械时，维修较为困难。交通运输部、机场、市政等部门正在进行快速维修技术的研究工作，目前已经能够满足当晚修复，第二天早上开放交通的要求。

另外，水泥混凝土路面容易造成眩光疲劳，白色路面的光、热反射能力高于黑色沥青路面，在高速公路上司机反映晃眼，眼睛容易疲劳。水泥混凝土路面颜色可使用彩色路面技术进行调整。

二、水泥混凝土路面施工工艺

（一）水泥混凝土路面对材料组成的要求

1. 水泥

水泥是水泥混凝土路面中最重要的胶凝材料，其质量直接影响水泥混凝土路面弯拉强度、抗冲击振动性能、疲劳寿命、稳定性和耐久性等关键性能,必须引起高度重视。

高速公路水泥混凝土路面所用水泥应具有抗折强度高、耐疲劳、收缩小、耐磨性强、抗冻性好的特点。常用的路用水泥有道路硅酸盐水泥、硅酸盐水泥、普通硅酸盐水泥、矿渣硅酸盐水泥等。极重、特重、重交通荷载等级公路面层水泥混凝土应采用旋窑生产的道路硅酸盐水泥、硅酸盐水泥或普通硅酸盐水泥;中、轻交通荷载等级公路面层可采用矿渣硅酸盐水泥;高温施工宜采用普通型水泥,低温施工宜采用早强型水泥。

2. 粗集料与再生粗集料

集料是混凝土中含量最多的组成材料,粒径在 5 mm 以上者,称为粗集料;粒径在 5 mm 以下者,称为细集料。粗细集料在混凝土中占有 4/5 的比例,可见其重要性。

为获得密实、高强度、耐久性好、耐磨耗的混凝土,粗集料(碎石、破碎卵石或卵石)必须质地坚硬、耐久、洁净,有良好的级配。

粗集料的粒状以接近正方体为佳。长度大于平均粒径的 2.4 倍的称针状颗粒,厚度小于平均粒径的 40% 的称片状颗粒。表面粗糙且多棱角的粗集料,与水泥浆的黏附性好,配制的混凝土具有较高的强度,在相同水泥浆用量条件下,砾石配制的混凝土具有较好的和易性。这里应指出的是:选用含有非晶质活性二氧化硅岩石作粗集料时,如果水泥中的碱性氧化物含量较高(大于 0.6%),并且混凝土长期处于潮湿环境,则水泥中的碱性氧化物水解后生成的氢氧化钠和氢氧化钾会与集料中的活性二氧化硅发生化学反应,在集料表面生成一种碱-硅酸凝胶体。这种凝胶体吸水后体积膨胀,造成混凝土结构破坏,出现较深的网裂。这种损坏现象称为碱-集料反应,选用集料时应注意避免。目前已确定含非晶质活性二氧化硅的岩石有蛋白石、玉髓、鳞石英、方石英、硬绿泥岩、硅镁石灰岩、玻璃质或隐晶流纹岩、安山岩和凝灰岩等。

3. 细集料

细集料应采用质地坚硬、耐久、洁净的天然砂、机制砂或混合砂,不宜使用再生细集料。

水泥混凝土面层使用的天然砂宜为中砂,细度模数为 2.0 ~ 3.7 的砂。同一配合比用砂的细度模数变化范围不应超过 0.3,否则,应分别堆放,并调整配合比中的砂率后使用。配筋混凝土路面及钢筋混凝土路面中不得使用海砂。淡化海砂还应符合下述规定:淡化海砂带入每立方米混凝土中的含盐量不应大于 10 kg。淡化海砂中碎贝壳等甲壳类动物残留物含量不应大于 1.0%,与河砂对比试验,淡化海砂应对砂浆磨光值、混凝土凝结时间、耐磨性、弯拉强度等无不利影响。

4. 掺和料

使用道路硅酸盐水泥或硅酸盐水泥时,可在混凝土中掺入适量粉煤灰;使用其他水泥时,不应掺入粉煤灰。面层混凝土可单独或复配掺用符合规定的粉状低钙粉煤灰、矿渣粉或硅灰等掺和料。不得掺用结块或潮湿的粉煤灰、矿渣粉和硅灰。

粉煤灰宜采用散装灰,进货应有等级检验报告。应确切了解所用水泥中已经加入的掺合料的种类和数量。路面和桥面混凝土中可使用硅灰或磨细矿渣,使用前应通过试配检验,确保路面和桥面混凝土弯拉强度、工作性、抗磨性、抗冻性等技术指标合格。

5. 水

清洗集料、拌合混凝土及养护所用的水，不应含有影响混凝土质量的油、酸、碱、盐类、有机物等。饮用水一般均适用于混凝土。

6. 外加剂

混凝土外加剂已被列为混凝土混合料的必备成分。外加剂的用量一般不超过水泥用量的 5%，常用的外加剂有引气剂、减水剂、促凝剂、早强剂、防冻剂及阻锈剂等。

有抗（盐）冻要求地区、桥面、路缘石、路肩及贫混凝土基层必须使用引气剂，无抗盐（冻）要求地区，二级及二级以上公路路面混凝土中应使用引气剂。引气剂的作用是改善和易性、减少泌水、提高抗渗性和抗冻性，同时有减水作用、增强耐力性，减少干缩和温缩变形、缓解了碱-集料反应和化学侵蚀膨胀。

为改善所拌混凝土和易性（水灰比低时和易性差）需使用减水剂。如木质素等减水剂（简称 M 剂）、萘系减水剂（NF、MF）、水溶性树脂（密胺树脂）类减水剂（SN）等。

由于使用外加剂后会改变混凝土对制备工艺的要求，使用时应特别小心，同时，要特别注意配量正确和在混合料中均匀拌合。

外加剂产品应使用工程实际采用的水泥、集料和拌合用水进行试配，检验其性能，确定合理掺量。外加剂复配使用时，不得有絮凝现象，应使用工程实际采用的水泥、集料和拌合用水进行试配，确定其性能满足要求后方可使用。各种可溶外加剂均应充分溶解为均匀水溶液，按配合比计算的剂量加入。采用非水溶的粉状外加剂时，应保证其分散均匀、搅拌充分、不得结块；滑模摊铺施工的水泥混凝土面层宜采用引气高效减水剂；高温施工混凝土拌合物的初凝时间短于 3 h 时，宜采用缓凝引气高效减水剂；低温施工混凝土拌合物终凝时间长于 10 h 时，宜采用早强引气高效减水剂。

7. 钢筋

水泥混凝土、钢筋混凝土及连续配筋混凝土面层所用钢筋、钢筋网、传力杆、拉杆等应符合国家和行业现行相关标准的规定。钢筋不得有裂纹、断伤、刻痕、表面油污和锈蚀。配筋混凝土路面与桥面用钢筋宜采用环氧树脂涂层或防锈漆涂层等保护措施。

传力杆应无毛刺，两端应加工成圆锥形或半径为 2 ~ 3 mm 的圆倒角。胀缝传力杆应在一端设置镀锌钢管帽或塑料套帽，套帽厚度不应小于 2.0 mm，并应密封不透水，套帽长度宜为 2.0 min，套帽内活动空隙长度宜为 30 mm。传力杆钢筋应采取喷塑、镀锌、电镀或涂防锈漆等防锈措施，防锈层不得局部缺失。拉杆钢筋应在中部不小于 100 mm 范围内采取涂防锈漆等防锈措施。

8. 纤维

用于路面和桥面水泥混凝土的钢纤维质量除应满足《纤维混凝土应用技术规程》（JGJ/T 221—2010）等标准的要求外，尚应符合下列规定：钢纤维抗拉强度等级不应低于 600 级；钢纤维应进行有效的防锈蚀处理；钢丝切断型钢纤维或波形、带倒钩的钢纤维不应使用；钢纤维表面不应沾染油污及妨碍水泥粘结及凝结硬化的物质，结团、粘结连片的钢纤维不得使用。

用于面层水泥混凝土的玄武岩短切纤维的外观应为金褐色，匀质、表面无污染、二氧化硅含量应为 48% ~ 60%。其表面浸润剂应为亲水型。

9. 接缝材料

胀缝接缝板应选用能适应混凝土板膨胀收缩、施工时不变形、复原率高和耐久性好的材料。高速公路和一级公路宜选用泡沫橡胶板、沥青纤维板；其他等级公路也可选用浸油木板。用于水泥混凝土面层的胀缝板的高度、长度和厚度应符合设计要求，并按设计间距预留传力杆孔。孔径宜大于传力杆直径 2 mm，高度和厚度尺寸偏差均应小于 1.5 mm。

接缝填缝料应选用与混凝土接缝槽壁粘结力强、回弹性好、适应混凝土板收缩、不溶于水、不渗水、高温时不流淌、低温时不脆裂、耐老化、有一定抵抗砂石嵌入的能力、便于施工操作的材料。硅酮类、聚氨酯类常温施工式填缝料可用于各等级公路水泥混凝土表面层；橡胶沥青、改性沥青类填缝料可用于二级及二级以下公路，不宜用于高速公路和一级公路；道路石油沥青类填缝料可用于三、四级公路，不宜用于二级公路，不得用于高速公路和一级公路。

填缝背衬垫条应具有弹性良好、柔韧性好、不吸水、耐酸碱腐蚀及高温不软化等性能，背衬垫条可采用橡胶条、发泡聚氨酯、微孔泡沫塑料等制成，其形状宜为可压缩圆柱形，直径宜比接缝宽度大 2 ~ 5 mm。

10. 夹层与封层材料

沥青混凝土夹层用材料、热沥青表处与改性乳化沥青稀浆封层材料应符合《公路沥青路面施工技术规范》（JTG F40-2004）的规定。

11. 养护材料

水泥混凝土面层用养护剂应采用由石蜡、适宜高分子聚合物与适量稳定剂、增白剂经胶体磨制成水乳液，不得采用以水玻璃为主要成分的养护剂。养护剂宜为白色胶体乳液，不宜为无色透明的乳液。使用养护剂时，高速公路、一级公路水泥混凝土面层应使用满足一级品要求的养护剂，其他等级公路可使用满足合格品要求的养护剂。

高温期施工时，宜选用白色反光面膜的节水保湿养护膜；低温期施工时，宜选用黑色或蓝色吸热面膜的产品。

（二）水泥混凝土路面的施工准备

应对施工现场及其附近的原材料、燃油、水资源储存及供应情况进行充分调研，收集当地气候特征、中长期天气预报、无线通信条件等与施工相关的资料。应根据标段施工条件、场地位置、沿线建筑物等情况，对现场施工便道、拌合站、钢筋加工场、生活与办公区等进行合理的总体布局。

应根据路面的设计与施工质量控制水平要求、工程规模、进度工期等条件选择适宜施工工艺、机械设备及其数量，制订施工方案和施工组织计划。基层、封层或夹层应验收合格，并应测量校核平面和高程控制桩，恢复路面中心、边缘等全部基本标桩，测量精度应满足相应规范的规定。

1. 选择摊铺成型施工机械

目前，我国在实际水泥混凝土路面工程建设中，高速公路、一级公路基本上使用滑模摊铺装备和工艺，二级及其以下公路水泥混凝土路面的施工，大多采用三根轴机组施工设备与工艺，小型机具施工工艺多用于三、四级公路。

常见的水泥混凝土路面的摊铺机械有滑模摊铺机、三辊轴机组、小型机具、碾压混凝土摊铺机等。

（1）滑模摊铺机

滑模摊铺机铺筑是指采用滑模摊铺机铺筑水泥混凝土路面的施工工艺其特征是不架设边缘固定模板，能够一次完成布料摊铺、振捣密实、挤压成型、抹面修饰等混凝土路面摊铺功能。

高速公路、一级公路推荐整幅滑模摊铺机，高速公路、一级公路施工，宜选配能一次摊铺 2 ~ 3 个车道宽度（7.5 ~ 12.5 m）的滑模摊铺机，尽量使用整幅宽度 12.5 m 的大型滑模摊铺机，以减少纵向连接纵缝部位的不平整及存水现象。二级公路推荐 9 m 整宽滑模摊铺机，二级及以下公路路面的最小摊铺宽度不得小于单车道设计宽度，在二级公路上有条件时，推荐采用中央设路拱的 8 ~ 9 m 宽滑模摊铺机。无论是哪种设备，首先必须满足施工路面、路肩、路缘石和护栏等的基本施工要求；其次摊铺机本身的工作配置件要齐全，应配备螺旋或刮板布料器、松方高度控制板、振动排气仓、夯实杆或振动搓平梁、自动抹平板、侧向打拉杆及同时摊铺双车道的中部打拉杆装置等。

硬路肩推荐与路缘石连体摊铺，硬路肩的摊铺宜选配中小型多功能滑模摊铺机，并宜连体一次摊铺路缘石。

（2）三辊轴机组

三根轴机组铺筑是指采用振捣机、三辊轴整平机等机组铺筑混凝土路面的施工工艺。

三辊轴摊铺整平机以轴的直径划分型号，以轴的长度划分规格，应根据摊铺宽度确定规格。从摊平拌合物考虑，轴的直径大比较有利；从有效密实深度考虑，轴的直径较小比较有利。目前市场上的三辊轴摊铺整平机，轴的直径有 168 mm、219 mm 和 240 mm 三种。采用较大的轴径施工效率较高，平整度较好，但表面浆体比较容易离析，浆较薄；采用较小的轴径，提浆效果较好，但轴易变形，应注意校正。板厚 200 mm 以上宜采用直径 168 mm 的辊轴；桥面铺装或厚度较小的路面可采用直径 219 mm 的输轴。轴长宜比路面宽度长出 600 ~ 1 200 mm。

振动轴的转速有 300 r/min 和 380 r/min 两种，宜采用较小的转速，以保证有效振实和提浆。振动轴的转速不宜大于 380 r/min。振动功率宜大于 7.5 kW；驱动轴的最大行驶速度不大于 13.5 m/min，驱动功率不小于 6 kW 保证振轴和驱动轴有足够大的功率，以克服混合料和模板的阻力，实现摊铺、振动密实及整平功能。

三辊轴机组铺筑混凝土面板时，必须同时配备一台安装插入式振捣棒组的排式振捣机，尽量使用同时安装有辅助摊铺的螺旋布料器和松方控制刮板形式，并具有自动行走功能。

（3）小型机具

小型机具铺筑是指采用固定模板人工布料，手持振捣棒，振动板或振捣梁振实，棍杠、修整尺、抹平刀整平的混凝土路面施工工艺。

小型机具施工中、轻交通等级水泥混凝土路面时可使用。它技术简单成熟，施工便捷，不需要大型设备，主要靠人工，但劳动强度最大，使用的劳动力数量最多，是劳动力密集型的水泥混凝土路面施工方式。

（4）碾压混凝土摊铺机

碾压混凝土路面铺筑是指采用特干硬性水泥混凝土拌合物，使用沥青摊铺机摊铺，压路机械碾压密实成型的混凝土路面施工工艺。

碾压混凝土路面施工最好选择带自动找平系统和高密实度烫平板的大型沥青摊铺机，最大摊铺厚度可达到30 cm，摊铺预压密实度可达到85%以上。根据路面摊铺宽度可选用1～2台。压实机械采用质量为10～12 t的振动压路机1～2台；15～25 t的轮胎压路机1台，用于路面碾压。1～2t的小型振动压路机1台，用于边缘压实。

2.施工组织

施工单位应根据设计图纸、合同文件、摊铺方式、施工条件等，确定混凝土路面施工工艺流程、施工方案，编制详细的切实可行的施工组织设计；对平面和高程进行复测和恢复性测量；建立具备资质要求的现场实验室；铺设必要的施工便道及对相关的技术人员进行培训。

施工组织设计应包括下列内容：①施工机械设备种类与数量组合、进场计划、操作人员与设备调配方案。②路面的施工工艺流程、质量检验计划、关键工序质量控制要求。③配合比的试验、检验与控制程序，计划和质检人员安排。④工程计划进度网络图及直方图。⑤原材料进场计划，水资源、油料与电力获取方式、供应计划与备用方案。⑥劳动力进场计划。⑦拌合站、钢筋加工场、项目部与生活区建设方案。⑧施工便道及临时整改方案，原材料与混凝土运输道路的建设计划与施工交通管制。⑨安全生产计划等。

施工过程中，应结合工程的进展速度及变化情况，及时调整施工组织设计，使工程质量及进度始终处于可控状态。

3.选择混凝土拌合场地和拌合机械

根据施工路线的长短和所采用的运输工具，混凝土可以集中在一个场地拌制，也可以在沿线选择几个场地，随工程进展情况迁移，拌合场地的选择首先要考虑使运送混合料的运距最短，同时还要接近水源和电源。此外，拌合场地应有足够的面积，以供堆放砂石材料和搭建水泥库房。

根据技术设计要求与当地材料供应情况，做好混凝土各组成材料的试验，进行混凝土各组成材料的配合比设计。

拌合设备按拌合过程的生产方式可以分为间歇式搅拌楼和连续式搅拌楼。间歇式搅拌楼是每锅单独称料的，因此，搅拌精确度高于连续式搅拌楼，弃料少，宜优先选配间歇式搅拌楼；也可使用连续式搅拌楼，它也能够达到滑模摊铺高速公路水泥混凝土路面的要求。连续式搅拌楼应配备两个搅拌锅或一个长度足以搅拌均匀的搅拌锅，并应在搅拌锅上配备电视监控设备。前者是为了保证拌合物匀质性和熟化程度，后者是为了保障安全。

4.基层的检查与整修

施工前应对桥头、软基、高填方、填挖方交界等处的路基段进行连续沉降观测，当发现局部路基段沉降尚未稳定时，不得进行该段面层施工。

面层施工前，应提供足够连续施工 7 d 以上的合格基层，并应严格控制表面高程和横坡。基层的宽度、路拱与标高、表面平整度和压实度，均应检查其是否符合要求。如有不符合之处，应予整修。

局部破损的基层应按下列规定进行整修：①存在挤碎、隆起、空鼓等病害的基层，应清除病害部位，并使用相同的基层料重新铺筑。②当基层产生非扩展性温缩、干缩裂缝时，可先采用灌沥青密封防水后，再采用土工合成材料进行防裂处理。③局部开裂、破碎的部位，应局部全厚度挖除，并采用贫混凝土修复。

5. 夹层与封层施工

薄膜封层的铺设施工应符合下列规定：施工前，应清除基层表面的浮土、碎石等杂物，再铺设薄膜。封层铺设应完全覆盖基层表面，不得漏铺，并应做到平整、顺直，避免褶皱。一布一膜型复合土工膜或单面复合塑料编织布封层铺设应使膜面朝上，布面紧贴基层。封层搭接时，纵向搭接长度不应小于 500 mm，横向搭接宽度不应小于 300 mm。采用粘结方式连接时，纵向粘结长度不应小于 200 mm，横向粘结宽度不应小于 150 mm。重叠部分，沿纵坡或横坡下降方向高程较大一侧，封层应在上方。纵坡大于 5.0% 路段和设超高的弯道封层宜采用二布一膜型复合土工膜，平曲线上宜采用折线形式铺设。薄膜封层宜与基层表面粘贴固定，应对铺设好的封层进行保护，损坏的封层应及时进行修补。封层铺设应在面层施工模板或基准线安装前完成。

薄膜封层铺设质量检验应符合下列规定：薄膜封层铺设搭接偏差、宽度偏差不得超过规定值的 20%。因施工产生最大破口长度不得超过 60 mm；每 10 范围内长度超过 20 mm 的破口数量不得超过 3 个。所有破口均应贴补修复或更换新封层。

6. 试验路段铺筑

公路水泥混凝土面层施工前，应制订试验路段的施工方案和质量检测计划，并应铺筑试验路段。试验路段长度不应少于 100 m，高速公路、一级公路宜在主线路面以外进行试铺。

试验路段铺筑应达到下述目的：①确定拌合楼的拌合参数、实际生产能力和配料精度；②检验混凝土的施工性能、技术参数和实测强度；③检验铺筑机械、工艺参数及与拌合能力匹配情况；④检验施工组织方式、质量控制水平和人员配备。

拌合楼应通过动、静态标定检验合格后方可试拌。试拌应确定下列内容：①每座拌合楼的生产能力、施工配合比的配料精度，以及全部拌合楼（机）的总产量；②计算机拌合程序及粗细集料含水率的反馈控制系统满足要求；③合理投料顺序和时间、纯拌合与总拌合时间；④拌合物坍落度、VC、含气量等工艺参数；⑤检验混凝土试件弯拉强度是否满足要求。用于试验段的拌合楼（机）试拌合格后，方可进行试验路段铺筑。

试验路段铺筑内容包括：①主要铺筑设备的工艺性能、质量指标和生产能力满足要求；辅助设备的配备合理、适用；模板架设固定方式或基准线设置方式能够保证高程和厚度控制要求。②实测试验路段的松铺系数、摊铺速度、振捣时间与频率、滚压遍数、碾压遍数、压实度、拉杆与传力杆置入精度、抗滑构造深度、摩擦系数、接缝、垂直度等。③验证施工各工艺环节操作要领，确定各关键岗位的作业指导书。④检验施工组织形式和人员编制。⑤通信联络、生产调度指挥及应急管理系统满足施工组织要求。

试验路段铺筑后，按面层质量检验项目要求和检查方法进行全面质量评定，并应符合下列规定：①应提交试验段的检查结果总结报告，报告中应包括试铺路段所采用的工艺参数、检验结果、存在的问题及改进措施，对正式施工时拟采用的施工参数提出明确的指导书；②水泥混凝土路面试验路段应经过建设单位组织的对各项施工质量指标的复检和验收，合格后，经批准，方可投入正式铺筑施工；③符合各项质量技术要求的施工工艺、流程和参数应固化为标准化施工工艺模式，并贯穿施工全过程；④试验路段质量检验评定不合格，或未能达到预期目标时，应重新铺筑试验路段。

（三）水泥混凝土拌合物搅拌与运输

应根据工程规模、施工工艺和日进度要求合理配备拌合设备：混凝土拌合物应在初凝时间之内运输到铺筑现场。拌合楼（机）出口混凝土拌合物的坍落度，应根据铺筑最适宜的坍落度值加上运输过程中坍落度的经时损失值确定，并应根据运距长短、气温高低随时进行微调。当原材料、混凝土种类、混凝土强度等级等有变化时，应重新进行配合比设计及试拌，必要时应重新铺筑试验路段，合格后方可搅拌生产。

1.水泥混凝土的拌合

（1）组成材料计量与进料顺序

进行拌合时，掌握好混凝土施工配合比，严格控制加水量，应根据砂、石料的实测含水率，调整拌合时的实际用水量。

（2）拌合时间

拌合时间依赖于叶片总行程从控制拌合物的黏聚性、匀质性及强度稳定性的角度出发，规定不同搅拌楼的总拌合时间及纯拌合时间。搅拌均匀的核心问题并非取决于时间，而是依赖于叶片总行程。由于负载大小不同，叶片行程也不同，因此，时间控制只有在额定容量时才正确，所以也可控制叶片总行程即叶片搅拌总周长。

拌合时间确定应同时考虑质量和产量，拌合时间确定是要在提高拌合物质量要求延长时间与提高拌合物产量和拌合效率这对矛盾中取得最佳的平衡。我国所有高速公路水泥混凝土路面滑模摊铺时的拌合均在铺筑初期。以质量控制为主，总拌合时间与纯拌合时间均比规范规定的时间要长，纯拌合时间一般不小于45 s，正常施工时，在确保质量的前提下，提高产量，再调整到35～40 s。规范给出的总拌合时间60 s与纯拌合时间35 s是最短时间，不得突破。

2.水泥混凝土的运输

混合料宜采用翻斗车或自卸车运输，当运距较远时，宜采用水泥混凝土搅拌运输车运输。运送混凝土的车辆装料前，应清理厢罐，洒水润壁，排干积水。装料时，自卸车应挪动车位，防止离析。搅拌楼卸料落差不应大于2 m。混凝土运输过程中应防止漏浆、漏料和污染路面，途中不得随意耽搁。自卸车运输应减小颠簸，防止拌合物离析。车辆起步和停车应平稳。

运输到现场的拌合物必须具有适宜摊铺的工作性。不同摊铺工艺的混凝土拌合物从搅拌机出料到运输、铺筑完毕的允许最长时间可根据水泥初凝时间及施工气温确定。不满足时应通过试验、加大缓凝剂或保塑剂的剂量。超过规定摊铺允许最长时间的混凝土不得用于路面摊铺。混凝土一旦在车内停留超过初凝时间，应采取紧急措施处置，严禁混凝土硬化在车厢（罐）内。使用自卸车运输混凝土最远运输半径不宜超过 20 km。

烈日、大风、雨天和低温天远距离运输时，自卸车应遮盖混凝土，罐车宜加保温隔热套。运输车辆在模板或导线区调头或错车时，严禁碰撞模板或基准线，一旦碰撞，应告知测工重新测量，纠偏车辆倒车及卸料时，应有专人指挥。卸料应到位，严禁碰撞摊铺机和前场施工设备及测量仪器，卸料完毕，车辆应迅速离开。

（四）三辊轴机组与小型机具施工

三辊轴机组铺筑工艺可用于二级及二级以下公路的水泥混凝土路面面层、桥面和隧道混凝土面层的施工，也可用于高速、一级公路硬路肩、匝道、收费广场边板、封闭式中央分隔带、弯道超高加宽段硬路肩及局部异形面板等的施工。

小型机具铺筑工艺可用于三、四级公路水泥混凝土面层的施工，不得用于隧道路面与桥面铺装。小型机具施工中、轻交通的低等级水泥混凝土路面时仍可使用。它技术简单成熟，施工便捷，不需要大型设备，主要靠人工。但劳动强度最大，使用的劳动力数量最多，是劳动力密集型的水泥混凝土路面施工方式。

三辊轴机组与小型机具两种铺筑工艺的混凝土应采用集中搅拌。铺筑长度不足 10 m 时，可使用小型搅拌机现场搅拌，严禁人工拌合。三辊轴机组与小型机具铺筑时，应加强各工序之间的衔接，振捣密实与成型饰面所需时间不得超过拌合物初凝时间。

1. 水泥混凝土面层的安装模板

定模摊铺，使用量最大、最多的是边缘侧向模板。首先要求模板为钢模板，公路混凝土路面板、桥面板和加铺层的施工模板应采用刚度足够的槽钢、钢制边侧模板，不应使用木模板、塑料模板等其他易变形的模板。原因是木模板的刚度偏小，其平整度的表面基准（3 m 直尺 5 mm）不能满足高速公路、一级公路平整度要求（3 m 直尺不大于 3 mm）。另外，木模板吸水易于变形，周转率低。

模板的高度为面板设计厚度。模板顶面用水准仪检查标高，不符合要求时予以调整。施工时，要经常检查模板平面和高程，并严加控制。模板长度以人工便于架设为准，一般为 3 ~ 5 m，且不宜短于 3 m。在小半径弯道，为了渐变弯道，可使用较短的模板。横向连接摊铺需设置拉杆时应按设计要求的拉杆距离，在模板上预留拉杆插入孔。为了提高模板的架设稳固性，要求每米模板应设置 1 处支撑固定装置进行水平固定。固定的作用主要是防止振捣机、三辊轴、振捣梁、滚杠振动和重力作用下向外水平位移口模板垂直度用垫木楔方法调整。模板底部的空隙，宜使用砂浆垫实或铺垫塑料薄膜，以防止振捣漏浆。立好的模板在浇筑混凝土之前，其表面应涂刷肥皂液、废机油等防粘剂，以便拆模。

横向施工缝端模板应为焊接钢制或槽钢模板，并按设计规定的传力杆直径和间距设置传力杆插入孔和定位套管。横向施工缝端头模板上的传力杆设置精确度要求较高，施工定位精确度不足时，传力杆将顶坏水泥路面。两边缘传力杆到自由边距离不宜小于 150 mm。每米设置 1 个垂直固定孔套。

模板数量应根据施工进度和施工气温确定，并应满足拆模周期内周转需要。一般情况下，模板总量不宜少于两次周转的需要。

模板安装前在基层上应进行模板安装及摊铺位置的测量放样，每 20 m 应设中心桩；每 100 m 宜布设临时水准点；核对路面标高、面板分块、胀缝和构造物位置。测量放样的质量要求和允许偏差应符合相应测量规范的规定。纵横曲线路段应采用短模板，每块模板中点应安装在曲线切点上。以便较圆滑顺畅过渡曲线，并使混凝土用量最省。

模板应安装稳固、顺直、平整，无扭曲，相邻模板连接应紧密平顺，底部不得有漏浆、前后错槎、高低错台等现象。模板应能承受摊铺、振实、整平设备的负载行进、冲击和振动时不发生位移。严禁在基层上挖槽，嵌入安装模板。模板架设最主要的要求是稳固，在上部机械和机具的摊铺、振捣、整平及饰面作业下不位移且不妨碍各项作业。规定每米一个固定栓杆，小型机具作业时，稳固要求低些，三辊轴机组支模稳固性要求高些。

模板安装检验合格后，与混凝土拌合物接触的表面应涂脱模剂、隔离剂或粘贴塑料薄膜；接头应粘贴胶带或塑料薄膜等密封。目的是便于拆模，且防止漏浆、跑料。

拆模不得损坏板边、板角和传力杆、拉杆周围的混凝土，也不得造成传力杆和拉杆松动或变形。模板拆卸宜使用专用拔楔工具，严禁使用大锤强击拆卸模板。主要目的是在拆模时，不得损伤或撬坏路面，同时不得敲打和损坏模板。

2. 水泥混凝土面层三辊轴机组铺筑

三辊轴机组铺筑水泥混凝土面层时，应按照支模、安装钢筋、布料、振捣、三辊轴整平、精平、养生、刻槽（拉毛）、切缝、填缝的工艺流程进行。三根轴整平机应由振动辊、驱动辊和甩浆辊组成，材质应为三根等长度同直径无缝钢管，并具有足够的刚性和耐磨性。三辊轴整平机的技术参数应根据面层厚度、拌合物工作性和施工进度等合理选用。

三辊轴整平机使用功能应符合下列规定：三根轴整平机辊轴长度应比实际铺筑的面层宽度至少长出 0.6 m，两端应搭在两侧模板顶面；三辊轴整平机振动舞应有偏心振捣装置，偏心距应由密实成型所需振幅决定，宜为 3 mm。振动辊应安装在整平机前侧，由单独的动力驱动。甩浆辊的转动方向应与铺筑前进方向相反，不振动时可提离模板顶面。

纵坡路段宜向上坡方向铺筑，应全断面布料，松铺高度符合要求后，再使用振捣机开始振捣。振捣机应匀速缓慢、连续地振捣行进作业。振捣后的混凝土面层应成为连续均匀的整体，并达到所要求的密实度。振捣机振实后，料位应高于模板顶面 5 ~ 15 mm，局部坑洼不得低于模板顶面。过高时应铲除，过低应及时补料。

三辊轴整平机作业应符合下列规定：三辊轴整平机应按作业单元分段整平，作业单元长度宜为 10 ~ 30 m，施工开始或施工温度较高时，可缩短作业单元长度，最短不宜短于 10 m。振捣机振实与三辊轴整平两道工序之间的间隔时间不宜超过 15 min；在作业单元长度内，三辊轴整平机应采用前进振动、后退静滚方式作业；三辊轴整平机整平水泥混凝土面层不同料位高差的滚压遍数，可按拌合物坍落度初步设置，并根据试铺效果最终确定；三辊轴整平作业时，应处理整平轴前料位的高低情况，过高时应铲除，轴下的间隙应采用混凝土补平；振动滚压完成后，应升起振动辊，用甩浆辐抛浆整平一遍，再用整平轴前、后静滚整平，直到平整度符合要求、表面砂浆厚度均匀为止。路面表层砂浆的厚度宜控制为 4 mm±1 mm。过厚的稀砂浆应及时刮除丢弃，不得用于路面补平。三根轴整平机整平后，应采用 3 ~ 5 m 刮尺，纵、横两个方向精平饰面，纵向不少于 3 遍，横向不少于 2 遍。也可采用旋转抹面机密实精平饰面 2 遍，直到平整度符合要求；饰面完成后，应立即开始保湿养生。

3.水泥混凝土面层小型机具铺筑

小型机具铺筑宽度不大于 4.5 m 时，铺筑能力不宜小于 20 km/h。混凝土拌合物摊铺前，应对模板的位置及支撑稳固情况，传力杆、拉杆的安设等进行全面检查。修复破损基层，并洒水润湿；用厚度标尺板全面检测板厚与设计值相符，方可开始摊铺。卸料时需专人指挥自卸车，尽量准确卸料。人工布料应用铁锹反扣，严禁抛掷和搂耙。人工摊铺混凝土拌合物的坍落度应控制为 5 ~ 20 mm，拌合物松铺系数宜控制 k=1.10 ~ 1.25，料偏干，取较高值；反之，取较低值。松铺系数控制的实际目的是估计布料高度超出边缘模板多少是合适的，小型机具施工与其他定模摊铺的方式一样，均要求布料高度应高出边模一定高度，以便振捣梁和辗杠能够起到挤压、振动及密实饰面的作用。

4.碾压混凝土路面施工

碾压工艺可用于二、三、四级公路混凝土面层与高速公路、一级公路复合式路面碾压混凝土下面层施工。碾压铺筑应按卸料进摊铺机、摊铺机摊铺、拉杆设置、钢轮压路机初压、振动压路机复压、轮胎压路机终压、抗滑处理、养生、切缝等工艺流程进行。碾压混凝土面层摊铺，宜选用沥青混凝土摊铺机。摊铺机应具有振动压实功能，摊铺密实度不应小于 85%。

采用沥青混凝土摊铺机摊铺时，松铺系数宜控制为 1.05 ~ 1.15。采用基层摊铺机摊铺时，松铺系数宜控制为 1.15 ~ 1.25，应通过试铺确定松铺系数。

摊铺前应洒水湿润基层。摊铺作业应均匀、连续，摊铺过程中不得随意变换速度或停顿。弯道及超高路段铺筑时，应及时调整左右两侧分料器的转速，保证两侧供料均衡、充足。两台摊铺机前后紧随摊铺时，两幅摊铺间隔时间应控制在 1 h 之内。拉杆设置应与摊铺同步进行。采用打入法时，应根据设计间距设醒目的定位标记，准确打入拉杆。摊铺后，应立即对所摊铺混凝土表面进行检查，局部缺料部位，应及时补料。局部粗集料聚集部位，应在碾压前挖除并用新混凝土填补。

碾压应紧随摊铺机碾压。碾压宜分初压、复压和终压三个阶段进行，并应符合下列规定：压路机应匀速稳定、连续行进，中间不应停顿、等候和拖延，也不得相互干扰；压路机起步、倒车和转向均应缓慢柔顺，碾压过程中不得中途急停、急拐、紧急起步及快速倒车；初压宜采用钢轮压路机或振动压路机静碾压，重叠量宜为 1/4 ~ 1/3 钢轮宽度；复压宜采用 10 ~ 15 t 振动压路机振动碾压，重叠量宜为 1/3 ~ 1/2 振动碾宽度。复压遍数应以实测满足规定压实度值为停止复压标准；终压应采用 15 ~ 25 t 轮胎压路机静碾压，以弥合表面微裂纹和消除轮迹为停压标准。

碾压密实后的表面应及时喷雾、洒水，并尽早覆盖养生。施工过程中应采取措施控制碾压混凝土表面裂纹的产生。碾压终了后的面层表面不应有可见微裂纹。

碾压混凝土面层横向施工缝施工应符合下列规定：在施工段终点处应设压路机可上、下面层的纵向斜坡；第二天摊铺开始前，应检测前一施工段终点厚度及平整度不合格段落；应全厚度切除不合格段落的混凝土；纵向连接摊铺新路面时，施工缝侧壁应涂刷水泥浆；受设备限制，切缝深度不能达到混凝土面层全厚时，切缝深度应不小于 800 mm，并应将施工缝下部凿顺直。

碾压混凝土面层胀缝应与下面层或基层中的胀缝对齐。纵、横向缩缝应采用硬切缝，硬切缝及填缝要求与水泥混凝土面层相同。碾压混凝土面层抗滑构造采用表面露石构造时，粗集料的磨光值 PSV 不应小于 35，洛杉矶磨耗损失不宜大于 35%。在混凝土终凝之前，应扫除表面的砂浆。露石面积不宜少于 70%。

（五）面层接缝、抗滑构造施工及养生

各级公路行车道与超车道面层表面应制作细观抗滑纹理和宏观抗滑构造，不得遗留光滑的表面。纹理和构造深度应均匀一致。各种水泥混凝土面层、隧道路面、桥面铺筑完成后，均应立即开始保湿养生，养生龄期应满足强度增长的要求。

1. 接缝施工

当一次铺筑宽度小于面层加硬路肩总宽度时，应按设计设置纵向施工缝。纵向施工缝宜采用平缝加拉杆型。

水泥混凝土面层纵向缩缝施工应符合下列规定：采用滑模摊铺机施工时，纵向施工缝的拉杆宜采用支架法安设，也可采用侧向拉杆液压装置一次推入；采用固定模板施工时，应从侧模预留孔中插入拉杆并振实；插入的侧向拉杆应牢固，避免松动和漏插。拉杆握裹强度应实测，不满足规定要求时应钻孔重新设置拉杆。

增强钢纤维混凝土面层切割纵、横缝中可不设拉杆与传力杆；断开的纵、横施工缝中应设拉杆与传力杆。抗裂纤维混凝土面层各种接缝中的拉杆与传力杆设置应与水泥混凝土面层相同。

纵向缩缝的切缝要求应与横向缩缝相同。对已插入拉杆的纵向假缩缝切缝深度不应小于 1/4 ~ 1/3 板厚，最浅切缝深度不应小于 70 mm，纵、横向缩缝宜同时切缝。已插入拉杆的假纵缝必须加深切缝，以防传力杆端部混凝土路面断裂。

切缝宽度应控制在 4 ~ 6 mm，锯片厚度不宜小于 4 mm，切缝时锯片晃度不应大于 2 mm。当切缝宽度小于 6 mm，可采用 6 ~ 8 mm 厚锯片二次扩填缝槽或台阶锯片切缝，这有利于将填缝料形状系数控制在 2 左右，接缝断开后适宜的填缝槽宽度宜为 7 ~ 10 mm，最宽不宜大于 10 mm，填缝槽深度宜为 25 ~ 30 mm。这样，既保证了接缝不因嵌入较大粒径的坚硬石子而崩碎边角，又兼顾了填缝材料不致因拉应变过大而过早拉裂失去密封防水效果。

（1）变宽路段切缝

在变宽度路面上，宜先切缝划分板宽。匝道上的纵缝宜避开轮迹位置，横缝应垂直于每块面板的中心线。变宽度路面缩缝，允许切割成小转角的折线，相邻板的横向

缩缝切口必须对齐，允许偏差不得大于 5 mm。在弯道加宽段、渐变段、平面交叉口和匝道进出口横向加宽或变宽路面上，横向缩缝切缝必须缝对缝，无法对齐时，可采用小转角折线缩缝。其原因是纵缝有拉杆传递拉开变形，将未对缝的面板拉断。若不对缝，又不允许拉断，变宽路面纵缝两侧应采用钢筋混凝土或配边缘补强钢筋。

在极重、特重和重交通公路、收费广场、邻近胀缝或路面自由端的 3 条缩缝应采用假缝加传力杆型。传力杆设置方式有两种：一是用滑模摊铺机配备的传力杆自动插入装置在摊铺时置入；二是使用前置钢筋支架法施工。后者传力杆设置精确度有保证，但在设有布料机的情况下，影响摊铺速度，且投资增大。使用传力杆自动插入装置时，传力杆插入造成的上部破损缺陷应由振动搓平梁进行彻底修复。支架法的构造中的双 U 形钢筋支架与梯形钢筋支架有所不同。双 U 形钢筋支架是两侧可独立位移的脱离体，而梯形钢筋支架有跨越接缝的连接钢筋，使用中几条缩缝仅拉开一条较宽的缩缝，开口位移量较大的宽缝难于防水密封，但其节省钢筋，并便于加工安装。

钢筋支架应具有足够的刚度，传力杆应准确定位，摊铺之前应在基层表面放样，并用钢钎锚固，宜使用手持振捣棒振实传力杆高度以下的混凝土，然后机械摊铺。传力杆无防粘涂层一侧应焊接，有涂料一侧应绑扎。置入传力杆时，应在路侧缩缝切割位置做标记，保证切缝位于传力杆中部。

（2）横向缩缝切缝

目前水泥混凝土路面切缝技术有很大进展，设备有软切缝机、普通切缝机、支架切缝机等；切缝方式有全部硬切缝、软硬结合切缝和全部软切缝三种；切缝方式的选用，应由施工期间该地区路面摊铺完毕到切缝时的昼夜温差来确定。根据我国南北方各地的施工经验观察，给出了在当地日温差条件下适宜的切缝方法和深度。

对分幅摊铺的路面应在先摊铺的混凝土板横缩缝已断开的部位做标记，在后摊铺的路面上应对齐已断开的横缩缝提前软切缝。分幅横向连接摊铺纵缝有拉杆的水泥混凝土路面，对先铺路面已经断开的缩缝，由于拉杆会传递拉应变，导致后铺路面在硬切缝之前就断板了，应特别注意提前软切缝防止断板。

纵向带拉杆假缩缝及横向带传力杆缩缝的切缝应高度重视，近年来，采用滑模摊铺机和三辊轴机组一次摊铺两个车道不小于 7.5 m 的路面，由于假纵缝和传力杆缩缝切缝深度过浅和切缝时间太退，引起了一些拉杆和传力杆端部的纵向开裂现象，因此规定已设置拉杆的假纵缝和设有传力杆的缩缝，切缝深度不应小于 1/4 板厚，最浅不小于 70 mm；无传力杆缩缝的切缝深度应为 1/5 ~ 1/4 板厚，最浅不得小于 60 mm。最迟切缝时间不宜超过 24 h。

胀缝应采用前置钢筋支架法施工，也可采用预留一块面板，高温时再铺封。前置法施工、应预先加工、安装和固定胀缝钢筋支架，并在使用手持振捣棒振实胀缝板两侧的混凝土后再摊铺。胀缝板应连续贯通整个路面板宽度。胀缝施工的关键技术有两条：一是保证钢筋支架和胀缝板准确定位，使机械或人工摊铺时不产生推移、支架不弯曲、胀缝板不倾斜，要求支架和胀缝板较有力地固定；二是胀缝板上部软嵌入临时木条、胀缝板顶部会提前开裂，来不及硬切（双）缝，已经弯曲断开，缝宽不一致，很难处理。解决办法是临时软嵌（20 ~ 25 mm）× 20 mm 木条，保持均匀缝宽和边角完好性，直到填缝，剔除木条（施工车辆通行期间不剔除），再粘胀缝多孔橡胶条或填缝。

（3）胀缝填缝

路面胀缝和桥台隔离缝等应在填缝前，凿去接缝板顶部嵌入的木条，涂胶粘剂后，嵌入胀缝专用多孔橡胶条或灌进适宜的填缝料，当胀缝的宽度不一致或有啃边、掉角等现象时，必须灌缝，不得嵌缝，因为只要有一侧边角破损时，是无法进行嵌缝的。

从胀缝很大的变形量来看，胀缝中的填缝料不宜使用各种密实型填缝材料，因为填料在热天容易被挤出、带走或磨掉，而冬季则会收缩成槽，所以推荐上表面较厚的多孔橡胶条。桥面伸缩缝应按伸缩缝厂商提供的配套填缝材料（一般为特种橡胶带）和要求填缝。

每天摊铺结束或摊铺中断时间超过 30 min 时，混凝土已经初凝、中断或结束摊铺应使用端头钢模板设横向施工缝。横向施工缝位置宜与胀缝或缩缝重合，横向施工缝与胀缝重合时，应按胀缝施工，胀缝两侧补强钢筋笼宜分两次安装。角隅部位的传力杆与拉杆交叉时，应取消交叉部位的拉杆，保留传力杆。这样做的目的是在横向施工缝中不仅保证优良的荷载传递，而且拉成整体板。这种板中施工缝也会由于面板混凝土干缩形成微细裂缝，所以也需要切缝和灌缝。横向施工缝应与路中心线垂直。

2. 抗滑构造施工

人工修整表面时，宜使用木抹子。用钢抹子修整过的光面，必须再拉毛处理，以恢复细观抗滑构造。

细观纹理的施工应符合下列规定：细观纹理宜在精平后的湿软表面，使用钢支架拖挂 1 ~ 3 层叠合麻布、帆布等布片拖出。布片接触路面的长度宜为 0.7 ~ 1.5 m，细度模数较大的粗砂，接触长度宜取小值；细度模数较小的细砂，接触长度宜取大值；用抹面机修整过较干硬的光面，可采用较硬的竹扫帚扫出细观纹理；已经硬化后的光滑表面可采用钢刷刷毛、喷砂打毛、喷钢丸打毛、稀盐酸腐蚀、高压水射流等方式制作细观纹理。

极重、特重和重交通荷载等级公路水泥混凝土面层应采用刻槽法制作宏观抗滑构造。中、轻交通荷载等级公路水泥混凝土面层可使用拉槽法制作宏观抗滑构造。在水平弯道路段、桥面、隧道路面宜使用纵向槽。当组合坡度小于 3% 时，要求减噪的路段可使用纵向槽。组合坡度大于或等于 3% 的纵坡路段，应使用横向槽。

采用刻槽法制作宏观抗滑构造时，刻槽机最小刻槽宽度不应小于 500 mm。衔接距离与槽间距相同。刻槽过程中应避免槽口边角损坏，不得中途抬起刻槽机或改变刻槽方向。刻槽不得刻穿纵、横缩缝。刻槽后表面应随即冲洗干净，并恢复路面的养生。

当工程量较小时，可使用人工拉槽施工；当工程量较大，施工速度较快时，宜采用拉毛机施工。当日施工进度超过 500 m 时，抗滑沟槽制作宜选用拉毛机械施工。没有拉毛机时，可采用人工拉槽方式。在混凝土表面泌水完毕 20 ~ 30 min 内应及时进行拉槽。拉槽深度应为 3 ~ 4 mm，槽宽为 3 ~ 5 mm，每耙之间距离与槽间距为 12 ~ 25 mm。槽深基本均匀。

极重、特重和重交通混凝土路面宜采用硬刻槽，凡使用圆盘、叶片式抹面机整平后的混凝土路面、钢纤维混凝土路面必须采用硬刻槽方式制作抗滑沟槽。可采用等间距刻槽，其几何尺寸同上，为降低噪声宜采用非等间距刻槽，尺寸宜为：槽深 3～5 mm，槽宽 3 mm，槽间距 12～24 mm，随机调整。对路面结冰地区，硬刻槽的形状宜使用上宽 6 mm、下宽 3 mm 的梯形槽；硬刻槽机质量宜大不宜小，一次刻槽最小宽度不应小于 500 mm，硬刻槽时不应掉边角，也不得中途抬起或改变方向，并保证硬刻槽刻到面板边缘。抗压强度达到 40% 后可开始硬刻槽，并宜在两周内完成。硬刻槽后应随即冲洗干净路面，并恢复路面的养护。

3. 水泥混凝土面层养生

面层养生应合理选择养生方式，保证混凝土强度增长的需要，防止养生过程中产生微裂纹与裂缝。混凝土路面铺筑完成或软作抗滑构造完毕后应立即开始养生。高速公路、一级公路混凝土面层宜采用养护剂加覆膜养生。在雨天或养生用水充足的情况下，也可采用覆盖保湿膜、土工毡、土工布、麻袋、草袋、草帘等洒水湿养生方式，不宜使用围水养生方式。在缺水条件下，宜采用覆盖节水保湿养护膜养生，并应洒透第一遍养生水。

养护剂的喷洒应符合下列规定：喷洒应均匀，喷洒后的表面不得有颜色差异。成膜厚度应满足产品要求，并足以形成完全密闭水分的薄膜；养护剂的喷洒宜在表面抗滑纹理做完后即刻进行。刚铺筑的湿软混凝土面层遭遇刮风或暴晒天气，摊铺现场水分蒸发率接近 0.50 kg/（h·m²），开裂风险较大时，可提前喷洒养护剂养生；喷洒高度宜控制为 0.10～0.30 m，现场风大时，可采用全断面喷洒机贴近路面喷洒的方式喷洒；养护剂的现场平均喷洒剂量宜在试验室测试剂量基础上，一等品再增加不小于40%，合格品增加不小于 60%；不得使用易被雨水冲刷掉的、阳光暴晒可融化的或引起表面开裂、卷起薄壳的养护剂。

覆盖保湿养护膜应符合下列规定：覆盖养生的初始时间，应为不压坏表面细观抗滑纹理的最短时；养护膜材料的最窄幅宽不宜小于 2 m；两条膜层对接时，纵向搭接宽度不宜小于 400 mm，横向搭接不宜小于 200 mm。养生期间应始终保持薄膜完整盖满；应有专人巡查养护膜覆盖情况。养生期间被掀起或撕破养生片材均应及时重新洒水，并完整覆盖；当现场瞬间风力大于 4 级时，宜在养护膜表面罩绳网或土工格栅，并压牢固，防止养护膜被大风吹破。

低温期或夏季夜间气温有可能低于的高原、山区施工水泥混凝土路面和桥面时，应采取保温保湿双重养生措施。保温养生材料可选用干燥的泡沫塑料垫、棉絮片、苇片、草帘等。养生期间遭遇降雨时，应在保温片材上、下表面采取包覆隔水膜层等防水措施。

（六）滑模机械铺筑混凝土面层

滑模摊铺技术是指采用滑模摊铺机铺筑混凝土路面的施工工艺。其特征是不架设边缘固定模板，能够一次完成布料摊铺、振捣密实、挤压成型、抹面修饰等混凝土路面摊铺功能。滑模摊铺技术已成为我国在高等级公路水泥混凝土路面施工中广泛采用的工程质量最高、施工速度最快、装备最现代化的高新成熟技术，是我国高速、一级、二级公路水泥混凝土路面施工必须采用的装备和工艺技术。

滑模摊铺工艺宜用于高速、一级、二级公路普通水泥混凝土面层、配筋混凝土面层、纤维混凝土面层、钢筋混凝土桥面、隧道混凝土面层、混凝土路缘石、路肩石及护栏等的滑模施工。滑模铺筑施工应编制安全生产作业指导书。上坡纵坡大于5%、下坡纵坡大于6%、半径小于50 m或超高超过7%的路段，不宜采用滑模摊铺机进行摊铺。

1. 准备工作

高速公路、一级公路推荐采用整幅滑模摊铺机施工，宜选配能一次摊铺2～3个车道宽度（7.5～12.5 m）的滑模摊铺机，尽量使用整幅12.5 m宽度的大型滑模摊铺机，以减少纵向连接部位的不平整及存水现象。二级公路推荐9 m整宽滑模摊铺机，二级及以下公路路面的最小摊铺宽度不得小于单车道设计宽度，同时，在二级公路上有条件时，推荐采用中央设路拱的8～9 m宽滑模摊铺机。在大多数情况下，二级公路无运输便道，必须预留一半宽度的路面，用作混凝土运输通道。

滑模摊铺选配机械设备的关键：一是按工艺要求配备齐全，缺一不可；二是生产稳定可靠，故障率低。加强混凝土运输组织，保证供料速度与摊铺速度相适应，避免发生料多废弃或等料停机现象。滑模摊铺机械系统应配套齐全，辅助设备的数量及生产能力应满足铺筑进度的要求。所有施工设备和机具均应处于良好状态，试运转正常，并全部就位。

摊铺段夹层或封层质量应检验合格，对于破损或缺失部位，应及时修复。表面应清扫干净并洒水润湿，还应采取防止施工设备和车辆碾坏封层的措施。

摊铺前应检查并调试施工设备。滑模摊铺机首次作业前，应挂线对其铺筑位置、几何参数和机架水平度进行设置、调整和校准，满足要求后方可用于摊铺作业。

基准线设置形式有单向坡双线式、单向坡单线式和双向坡双线式三种

（1）单向坡双线式

所摊铺的混凝土面板横向坡度为单向坡，而拉线位于摊铺机两侧（双线），这种拉线形式称为单向坡双线式。两条拉线间反映路面横坡。顺直段平面上两条拉线相等并平行。高速、一级、二级公路水泥混凝土路面铺筑单向横坡车道面板时，是使用最多的形式。

（2）单向坡单线式

所摊铺的混凝土面板横向坡度为单向坡，而拉线仅位于摊铺机其中一侧（单线），已铺筑好的一侧不拉线，这种拉线形式称为单向坡单线式。这种拉线形式在路面分多幅（或两幅）摊铺的情况下，于后幅摊铺时采用。这时，修筑好的路面、边沟或缘石可作为摊铺机的不拉线一侧的平面参考系。

（3）双向坡双线式

所摊铺的混凝土面板横向坡为双向坡，而拉线位于摊铺机两侧（双线），这种拉线形式为双向坡双线式。顺直段上两条拉线完全平行，对应高程相等，拉线上没有横坡。这种基准线形式使用在滑模摊铺二级及其以下公路，同时摊铺两个车道，滑模摊铺机带中央路拱时是滑模摊铺机水平弯道摊铺操作难度最大的形式，需要在进出弯道的直缓段与缓直段由滑模摊铺机操作手渐变中央路拱。

横向连接摊铺时，前次摊铺路面纵缝溜肩胀宽部位应切割顺直。侧边拉杆应校正

扳直，缺少的拉杆应钻孔锚固植入。纵向施工缝的上半部缝壁应满涂沥青。这些是保证纵缝顺直及防水密封的措施。

板厚控制必须在摊铺前的拉线上进行，并要求场站监理认可，否则摊铺后不合格很难弥补。问题在于板厚偏薄将如何处置，以往的方法是铣刨基层，但是，铣刨基层的效果并不好：一是基层表面损伤有微裂缝，而且基层厚度不足；二是铣刨后的基层部位与平整基层对面板的摩擦力相差过大，会造成路面运行的前两年内断板大大增加。因此，必须严格控制基层标高。同时，在面板标高误差范围内，可适当调整面板（拉线）高程，为了保证调整高程后，高速行车路面的动态平整度及行车无跳车感，应按1/500纵坡调整。

按下列规定对板厚进行校验：采用垂直于两侧基准线横向拉线，用直尺或加垂头的方法，对预备路段的板厚进行复核测量；单车道铺筑时，一个横断面横向应测不少于3个点；双车道及全幅时，应测不少于5个点。纵向每200 m应测不少于10个断面；横断面板厚测量值的算数平均值不应薄于设计板厚，极小值不应薄于控制极值；纵向以200 m为单元，全部板厚总平均值不应薄于设计板厚。

2. 水泥混凝土面层滑模摊铺机铺筑

滑模摊铺机的施工参数设定及校准应符合下列规定：振捣棒应均匀排列，间距宜为300～450 mm；混凝土摊铺厚度较大时，应采用较小间距两侧最边缘振捣棒与摊铺边缘距离不宜大于200 mm。振捣棒下缘位置应位于挤压底板最低点以上；挤压底板前倾角宜设置为3°。提浆夯板位置宜在挤压底板前缘以下5～10 mm；边缘超铺高度应根据拌合物稠度确定，宜为3～8 mm；板厚较厚、坍落度较小时，边缘超铺高度宜采用较小值；搓平梁前沿宜调整到与挤压底板后沿高程相同的位置；搓平梁的后沿应比挤压底板后沿低1～2 mm，并与路面高程相同；符合铺筑精度要求的摊铺机设置应加以固定和保护；当基底高程等摊铺条件发生变化，铺筑精度超出范围时，可由操作手在行进中通过缓慢微调加以调整。

滑模摊铺混凝土机前布料，应采用机械完成，布料高度应均匀一致，不得采用翻斗车直接卸料方式。

布料尚应符合下列规定：卸料、布料速度应与摊铺速度协调一致，不得局部或全断面缺料。发生缺料时应立即停止摊铺；采用布料机布料时，布料机与滑模摊铺机之间施工距离宜为5～10 m；现场蒸发率较大时，宜采用较小值；当坍落度为10～30 mm时，布料松铺系数宜为1.08～1.15；应保证滑模摊铺机前的料位高度位于螺旋布料器叶片最高点以下，最高料位高度不得高于松方控制板上缘。使用布料犁布料时，应按松方高度严格控制料位高度；当面层传力杆、胀缝与隔离缝钢筋采用前置支架法施工时，不得在支架顶面直接卸料。传力杆以下的混凝土宜在摊铺前采用手持振捣棒振实。

滑模摊铺机起步时，应先开启振捣棒，在3 min内调整振捣到适宜振捣频率，使进入挤压底板前沿拌合物振捣密实，无大气泡冒出破灭，方可开动滑模机平稳推进摊铺。当天摊铺施工结束，摊铺机脱离拌合物后，应立即关闭振捣棒组。

摊铺过程中应随时调整松方高度板位置控制摊铺机进料，保证进料充足。起步时宜适当调高，料位高低波动宜控制在土30 mm之内。

滑模摊铺应缓慢、匀速、连续不间断地作业。滑模摊铺速度应根据板厚、混凝土工作性、布料能力、振捣排气效果等确定，可为0.75～2.5 m/min，宜采用1 m/min。滑模摊铺水泥混凝土面层时，严禁快速推进、随意停机与间歇摊铺。

滑模摊铺振捣频率应根据板厚、摊铺速度和混凝土工作性确定，以保证拌合物不发生过振、欠振或漏振。振捣频率可为100～183 Hz，宜为150 Hz。可根据拌合物的稠度大小，采取调整摊铺的振捣频率或速度等措施，保证摊铺质量稳定。当拌合物稠度发生变化时，宜先采取调整振捣频率的措施，后采取改变摊铺速度的措施。

配备振动搓平梁时，摊铺过程中搓平梁前方砂浆卷直径宜控制在100 mm ± 30 mm，应避免砂浆卷中断、散开或摊展并通过控制抹平板压力的方法，使其底部不小于85%长度接触新铺混凝土。

在开始摊铺5～10 m内，应在铺筑行进中对摊铺出的路面高程、边缘厚度、中线、横坡度等参数进行复核测量，必要时可缓慢微调摊铺参数，保证路面摊铺质量。

滑模摊铺推进应匀速、平稳，滑出挤压底板或搓平梁的拌合物表面应平整、无缺陷，两侧边角应为90°，光滑规则，无塌边溜肩，表层砂浆厚度不宜大于3 mm。除露石混凝土路面外，滑模摊铺水泥混凝土面层表面不应裸露粗集料。

滑模摊铺采用传力杆插入装置设置传力杆与拉杆时，应符合下列规定：应安排专人负责对中横向缩缝位置，应一次振动插入整排全部传力杆；插入传力杆时，应缓慢插入，防止快速插入导致阻力过大使滑模摊铺机整体抬升；拉杆插入装置应根据一次摊铺的车道数和设计选用。与未摊铺水泥混凝土面层连接的拉杆应采用侧向拉杆插入装置插入；两个以上车道摊铺，在摊铺范围内的拉杆应采用拉杆压入装置压入；中央拉杆可自动定位插入或手工操作在规定位置插入，应一次插入到位；边缘拉杆应一次插入到位，不得在脱模后多次插入或手工反复打进。插入就位的拉杆应妥善保护，避免拉杆与混凝土的粘结力丧失。

摊铺上坡路段时，挤压底板前仰角宜适当调小，并适当调小抹平板压力；摊铺下坡路段时，前仰角宜适当调大，并适当调大抹平板压力。

摊铺小半径水平弯道时，弯道外侧的抹平板到摊铺边缘的距离应向内调整，两侧的加长侧模应采用可水平转动的铰接，不得固结。

抗滑纹理做完，应立即开始保湿养生。养生龄期不应少于5 d，且混凝土强度满足要求后，方可连接摊铺相邻车道面板。履带在新铺面层上行走时，钢履带底部应铺橡胶垫或使用有橡胶垫履带的摊铺机。纵缝横向连接高差不应大于2 mm。

摊铺中应经常检查振捣棒的工作情况和位置。面层出现条带状麻面现象时，应停机检查振捣棒是否损坏；振捣棒损坏时，应更换振捣棒。摊铺面层上出现发亮的砂浆条带时，应检查振捣棒位置是否异常；振捣棒位置异常时，应将振捣棒调整到正常位置。

当摊铺宽度大于7.5 m时，应加强左右两侧拌合物工作性检查。发现不一致时，摊铺速度应按偏干一侧进行微调，并采取将偏稀一侧的振捣棒频率调小等措施，避免局部过振。当拌合物严重离析或离散时，应停止摊铺，废弃已拌混合料，查找并解决问题后，重新开始摊铺。

在不影响路面总体耐久性的前提下，可采取调整拌合物稠度、挤压底板前仰角、起步及摊铺速度等措施，减少水泥混凝土面层横向拉裂现象。

当滑模摊铺机停机等料时间预计会超过运至现场混凝土的初凝时间时，应将滑模摊铺机迅速开出摊铺工作面，制作横向施工缝。

滑模摊铺时，应保证自动抹平板装置正常工作。局部麻面或少量缺料部位，可在搓平梁前补充适量拌合物，利用搓平梁与抹平板修平表面。

滑模摊铺的水泥混凝土面层纵缝边缘出现局部倒边、塌边、溜肩现象，或表面局部存在小缺陷时，可用人工进行局部修整。

修整作业应符合下列规定：局部修整后应精确整平，整平用抄平器长度不应小于 2 m；面层边缘应采用设置侧模或在上部支方形金属管，控制修整时的变形；纵、横向施工接头处存在明显高差时，可整平后采用手持振捣棒振捣密实和水准仪测量，整平用的抄平器长度应不小于 3 m；表面修补作业需要补料时，可使用从摊铺拌合物中筛出的细料进行，须洒水、撒水泥粉；不得采用薄层贴补的办法进行表面修补。

摊铺机开出后，应丢弃摊铺机振动仓内遗留下来的纯砂浆，及时清洗、清除滑模摊铺机中的混凝土残留物。

横向施工缝可采用架设端模板的方法施作，并宜与胀缝或隔离缝合并设置，无法与胀缝合并设置时，应与缩缝合并设置。横向施工缝部位应满足面层平整度、高程、横坡的质量要求。

施工缝端部两侧可采取架设侧模的方法，使侧边向内收进 20 ~ 40 mm，方便后续连续摊铺。

侧边向内收进长度宜比滑模摊铺机侧模板略长。

滑模摊铺机配备传力杆自动插入装置时，应通过试验路段采用非破损方法对传力杆插入深度进行校准，施工中应进行传力杆精度复核。检测可使用钢筋保护层厚度测试仪或专用传力杆位置检测仪进行。

滑模摊铺结束后的工作：彻底清洁保养滑模摊铺机，彻底清洗滑模摊铺机与混凝土接触的工作部位，已经结硬的混凝土必须剔除干净，并进行当日保养，加油加水、打润滑油等。

第四章 梁桥上部结构施工技术

第一节 桥梁上部结构装配式施工技术

一、先张法预制梁板

（一）台座

台座是先张法施工的主要设备之一，承受预应力钢筋的全部张拉力，它应有足够的强度和稳定性，以免台座因变形、倾覆、滑移而引起预应力损失。台座由一个框架（两根固定横梁和两根受压柱构成）和两根活动横梁组成，固定和活动横梁间设置千斤顶，预应力钢筋两端用工具锚固在活动横梁的锚固板上。千斤顶顶起活动横梁，使预应力筋受张拉。全部张拉力由框架承受。

压柱的承压形式可为中心受压或偏心受压，一般采用偏心受压。前者省料但作业不方便，后者则相反。

（二）模板工程

预制梁的模板是施工过程的临时结构，它不仅关系到预制梁尺寸的精度，而且对工程质量、施工进度和工程造价有直接的影响。

预制梁的模板通常按材料分类，有钢模板、木模板、土木组合模、土模以及钢木组合模等数种。预制工厂常采用钢模板和钢木结合的模板。

模板在制作时，应保证表面平整，转角光滑，连接孔配合准确。对于钢模要考虑焊缝收缩对长度的影响，对于木模要在构造上采取措施以防漏浆。模板的组装可在工作平台上进行，底模在制作时需考虑预制梁的预拱度。

模板的安装应与钢筋工作配合进行。在底模整平以及钢筋骨架安装后，安装侧模板和端模板；也可先安装端模，后安装侧模板。模板安装的精度要高于预制梁的精度要求。每次模板安装完成后需通过验收合格后，方可进入下一道工序。

模板分为底模、侧模、端模和内模。底模支承在底座上或设置在流水台车上，可用12～16 mm厚的钢板制成。将先张台座的混凝土底板作为预制构件的底模，要求地基不产生非均匀沉陷，底板制作必须平整光滑、排水畅通，预应力筋放松，梁体中段拱起，两端压力增大，梁位端部的底模应满足强度要求和重复使用的要求。底模在构造上应注意设置底模与侧模、底模与端模以及底模接长的联系构件。此外，还应在底模与台座之间设置减振垫。

侧模由侧板、水平加劲肋、斜撑等构件组成。钢侧模板一般采用4～8 mm厚钢板，采用50～100加劲角钢。侧模板在构造上应考虑悬挂振捣器的构件，要加强侧模间的连接构造，并需设置拆模板的设施。先张法制作预应力板梁，预应力钢筋放松后板梁压缩量为1‰左右。为保证梁体外形尺寸准确，侧模制作要增长1‰。

端模设置在梁的两端，安装时连接在侧模上，用于形成梁端形状。端模预应力筋孔的位置要准确，安装后与定位板上对应的力筋孔要求均在一条中心线上。由于施工中实际上存在偏差，力筋张拉时的筋位有移动，制作时端模力筋孔径可按力筋直径扩大2～4 mm，力筋孔水平向还可做成椭圆形。

内模是空心截面梁、板的预制关键。其结构形式直接影响到制作是否经济、拆装是否方便、周转率大小等问题。

（三）预应力筋的张拉

预应力钢筋通常采用高强钢丝，钢绞线和精轧螺纹钢筋。

预应力混凝土预制梁制造过程中，张拉预应力筋、对梁施加预应力是一项十分重要的工作。施加预应力过多或不足都会影响梁的预制质量，必须按设计要求，准确地施加预应力。

先张法梁的预应力筋是在底模整理后，在台座上张拉已加工好的预应力筋。

先张法梁通常一端张拉，另一端在张拉前要设置好固定装置或安放好预应力筋的放松装置。张拉前，应先在端横梁上安装预应力筋的定位钢板，同时检查其孔位和孔径是否符合设计要求。之后在台座安装预应力筋，穿钢筋不能刮碰掉台面上的隔离剂。安装张拉设备时，应使张拉力的作用线与钢筋中心线一致。张拉时应采用应力与伸长值双控制，如发现伸长值异常，应停止张拉，查明原因。此外，在张拉过程中要十分重视施工安全。

为了减少张拉过程中的预应力损失，可以采用超张拉的方法。

（四）预应力混凝土的配料与浇筑

混凝土工程质量好坏是保证混凝土能否达到设计强度等级的关键，将直接影响钢筋混凝土结构的强度和耐久性。

1. 预应力混凝土配料

预应力混凝土配料除符合普通混凝土有关规定外，尚应符合如下要求。

配制高强度等级的混凝土应选择级配优良的配合比，在构件截面尺寸和配筋允许下，尽量采用大粒径骨料、强度高的骨料；含砂率不超过 0.4，水泥用量不宜超过 500 kg/m³，最大不超过 550 kg/m³，水灰比不超过 0.45，一般可采用低塑性混凝土，坍落度不大于 30 mm，以减少因徐变和收缩所引起的预应力损失。

在拌和料中可掺入适量的减水剂（塑化剂），以达到易于浇筑、早强、节约水泥的目的，其掺入量可由试验确定，也可参考经验值。拌和料不得掺入氯化钙、氯化钠等氯盐及引气剂，亦不宜掺用引气型减水剂。值得注意是，由于混凝土掺加减水剂效果显著，目前用于建造预应力混凝土桥梁的高强度混凝土几乎没有不掺加减水剂的，但对它的使用不能掉以轻心，使用不当将会严重影响混凝土的质量。

水、水泥、减水剂用量应准确到 ±1%；骨料用量准确到 ±2%。

预应力混凝土所用的一切材料，必须全面检查，各项指标均应合格。预应力混凝土选配材料总的发展趋势是提高强度，减轻自重，主要途径是采用多孔的轻质骨料。改善混凝土预应力物理力学性能的另一个重要途径是发展研制改性混凝土。

2. 预应力混凝土浇筑

混凝土浇筑前除按操作规程检查外，对先张构件还应检查台座受力、夹具、预应力筋数量、位置及张拉吨位是否符合要求等。

浇筑质量主要从两个方面来控制，一个是浇筑层的厚度与浇筑程序；另一个是良好的振捣，两个方面互相影响。当构件的高度（或厚度）较大时，为了保证混凝土能振捣密实，应采用分层浇筑法，并应在下层混凝土初凝之前，将上层混凝土浇筑并振捣完毕。T 形梁的浇筑顺序一般采用水平层浇筑，也可采用斜层浇筑。

混凝土浇筑不得任意中断，由于技术上或组织上的原因必须间歇时，间歇时间应根据环境温度、水泥性能、水灰比、外加剂类型及混凝土硬化条件确定。无试验资料时，对不掺外加剂的混凝土，间歇时间不宜超过 2 h；当温度高达 30℃左右时，应减少为 1.5 h；当温度低于 10℃左右时，可延长至 2.5 h。

3. 混凝土的振捣

混凝土浇筑与混凝土振捣要密切配合，分层浇筑分层振捣。

在预制梁时，组织强力振捣是提高施工质量的关键。由于预制梁截面形状复杂、梁高、壁薄、钢筋密集，在浇筑梁下层或下马蹄处的混凝土时，可使用底模和侧模下排的振捣器联合振捣，并依照浇筑位置调整振捣部位。当浇筑到梁的上层或梁肋混凝土时，主要使用侧模振捣，辅以插入式振捣。待浇筑桥面混凝土时，可使用侧模上排振捣器、插入式振捣器和平板式振捣器联合振捣。

混凝土的振捣时间应严格控制。振捣时间过长，容易引起混凝土的离析现象；振捣时间过短，不能达到要求的密实度。一般以振捣至混凝土不再下沉、无显著气泡上升、混凝土表面出现浮浆、表面达到平整为适度。当用附着式振捣器时，因振捣效率差，一般约需 120 s。当用插入式振捣器时，效果较好，一般只要 20 ~ 30 s。当用平板式振捣器时，在每个位置上的振捣时间为 25 ～ 40 s。

4.混凝土的养护及拆模

为保持混凝土硬化时所需的温度与湿度，混凝土浇筑后需进行养护。预应力混凝土梁一般采用蒸汽法养护。开始时恒温，温度应按设计规定执行，不得任意提高，以免造成不可补救的预应力损失。

拆模的施工质量好坏直接影响到预制梁的质量和模板的周转使用。不承重的侧模，在混凝土强度达到 2.5 MPa 时，可以拆除。侧模可用千斤顶协助脱模，为使模板单元安全脱模，常用旋转法拆模，其转动中心可设在侧模的下端或上端。承重的底面模板应在混凝土强度能承受自重和其他可能的外荷载时拆除。

拆模后，如发现有缺陷，应进行修补。应遵循以下三点。

对有面积小、数量不多的蜂窝或露石的混凝土，先用钢丝刷或加压水洗刷基层，然后用 1：2 ～ 1：2.5 的水泥砂浆抹平。

对有较大面积的蜂窝、露石和露筋的混凝土应按其全部深度凿去薄弱层，然后用钢丝刷或加压水冲刷，再用比原混凝土强度等级高一个级别的细骨料混凝土填塞，并仔细捣实。

对影响结构性能的缺陷，应与设计单位研究处理。

（五）预应力筋的放松

当混凝土强度达到设计强度的 70% ～ 80% 以后，可在台座上放松受拉预应力筋，对预制梁施加预应力。放松过早会造成较多的预应力损失（主要是收缩、徐变损失）；放松过退，则影响台座和模板的周转。放松操作时速度不应过快，尽量使构件受力对称均匀。只有待预应力筋被放松后才能切割每个构件端部的钢筋。

放松预应力钢筋的方法有：用千斤顶先拉后松、沙箱放松、滑楔放松和螺杆放松等方法，用得较多的是千斤顶放松。

采用千斤顶放松，是在混凝土达到规定强度后，再安装千斤顶重新张拉钢筋，施加的应力不应超过原有的张拉控制应力，之后将固定在横隔梁定位板前的双螺帽慢慢旋动后，再将千斤顶回油，让钢筋慢慢放松，使构件均匀对称受力。当逐根放松预应力筋时，应严格按照有利于梁受力的次序分阶段进行。通常自构件两侧对称地向中心放松，以免较后一根钢筋断裂时使梁承受大的水平弯曲冲击作用。

二、后张法预制梁板

（一）后张法预制梁板施工工序

①按施工需要规划预制场地，整平压实，完善排水系统，确保场内不积水。

②根据预制梁的尺寸、数量、工期，确定预制台座的数量、尺寸，台座用表面压光的梁（板）筑成，应坚固不沉陷，确保底模沉降不大于 2 mm，台座上铺钢板底模或用角钢镶边代作底模。当预制梁跨大于 20 m 时，要按规定设置反拱。

③根据需要及设备条件，选用塔吊或跨梁龙门吊作吊运工具，并铺设轨道。

④统筹规划梁（板）拌和站及水、电管路的布设安装。

⑤预制模板由钢板、型钢组焊而成，应有足够的强度、刚度和稳定性，尺寸规范、表面平整光洁、接缝紧密、不漏浆，试拼合格后，方可投入使用。

⑥在绑扎工作台上将钢筋绑扎焊接成钢筋骨架，把制孔管按坐标位置定位固定，如使用橡胶抽拔管要插入芯棒。

⑦用龙门吊机将钢筋骨架吊装入模，绑扎隔板钢筋，埋设预埋件，在孔道两端及最低处设置压浆孔，在最高处设排气孔，安设锚垫板后，先安装端模，再安装涂有脱模剂的钢侧模，统一紧固调整和必要的支撑后交验。

⑧将质量合格的梁（板）用专用设备运输，卸入吊斗，由龙门吊从梁的一端向另一端，水平分层，先下部捣实后再腹板、翼板，浇筑至接近另一端时改从另一端向相反方向顺序下料，在距梁端 3～4 m 处浇筑合龙，一次整体浇筑成型。当梁高跨长，或混凝土拌制跟不上浇筑进度时。可采用斜层浇筑或纵向分段，水平分层浇筑。

⑨梁（板）的振捣以紧固安装在侧模上的附着式为主，插入式振捣器为辅。振捣时要掌握好振动的持续时间、间隔时间和钢筋密集区的振捣，力求使梁（板）达到最佳密实度而又不损伤制孔管道。

⑩梁（板）混凝土浇筑完成后要将表面抹平、拉毛，收浆后适时覆盖，洒水湿养不少于 7 d，蒸汽养护恒温不宜超过 80℃，也可采用喷洒养护剂。

⑪使用龙门吊拆除模板，拆下的模板要顺序摆放，清除灰浆，以备再用。

⑫构件脱模后，要标明型号、预制日期及使用方向。

⑬将力学性能和表面质量符合设计要求的预应力钢丝或钢绞线按计算长度下料，梳理顺直，编扎成束，用人工或卷扬机或其他牵引设备穿入孔道。

⑭当构件梁（板）达到规定强度时，安装千斤顶等张拉设备，准备张拉。

⑮张拉使用的张拉机及油泵、锚、夹具必须符合设计要求，并配套使用，定期校验，以准确标定张拉力与压力表读数间的关系曲线。

⑯按设计要求在两端同时对称张拉，张拉时千斤顶的作用线必须与预应力轴线重合，两端各项张拉操作必须一致。

⑰预应力张拉采用应力控制，同时以伸长值作为校核。实际伸长值与理论伸长值之差应满足规范要求，否则要查明原因并采取补救措施。

⑱张拉过程中的断丝、滑丝数量不得超过设计规定，否则要更换钢筋或采取补救措施。

⑲预应力筋锚固要在张拉控制应力处于稳定状态时进行，其钢筋内缩量不得超过设计规定。

⑳预应力筋张拉后，将孔道中冲洗干净，吹除积水，尽早压注水泥浆。

（二）后张法张拉时的施工要点

①对受力筋施加预应力之前，应对构件进行检验，外观尺寸应符合质量标准要求。张拉时，构件混凝土强度应符合设计要求；设计无要求时，不应低于设计强度等级值的 75%。当块体拼装构件的竖缝采用砂浆接缝时，砂浆强度不低于 15 MPa。

②对预留孔道应用通孔器或压气、压水等方法进行检查。端部预埋铁板与锚具和垫板接触处的焊渣、毛刺、混凝土残渣等应清除干净。应当采用先穿束的方法时用压气、压水较好。

③钢筋穿束前，螺丝端杆的丝扣部分应用水泥袋纸等包缠 2～3 层，并用细钢丝扎牢；在钢丝束、钢绞线束、钢筋束等穿束前，将一端找齐平，顺序编号。对于短束，用人工从一端向另一端穿束；对于较长束，应套上穿束器，由引线及牵引设备从另一端拉出。

④对于夹片式锚具，上好的夹片应齐平，并在张拉前用钢管捣实。

⑤预应力筋的张拉顺序应符合设计要求，当设计未规定时，可采取分批、分段对称张拉。

⑥应使用能张拉多根钢绞线或钢丝的千斤顶同时对每一钢束中的全部力筋施加应力，但对于扁平管道中不多于 4 根的钢绞线除外。

⑦预应力筋张拉端的设置应符合设计要求，当设计无具体要求时，应符合以下规定：对于曲线预应力筋或长度大于等于 25 m 的直线预应力筋，宜在两端张拉；对长度小于25 m 的直线预应力筋，可在一端张拉；曲线配筋的精轧螺纹钢筋应在两端张拉，直线配筋的精轧螺纹钢筋可在一端张拉。

⑧后张预应力筋断丝及滑丝不得超过有关规定的控制数。

⑨预应力筋在张拉控制应力达到稳定后方可锚固。预应力筋锚固后的外露长度不宜小于 300 mm，锚具应用封端混凝土保护，当需长期外露时，应采取防止锈蚀的措施。一般情况下，锚固完毕并经检验合格后即可切割端头多余的预应力筋，严禁用电弧焊切割，强调用砂轮机切割。

⑩张拉切割后即封堵。用素灰将锚头封住，然后用塑料布将其裹住进行养护，以防止裂缝而使锚头漏浆、漏气，影响压浆质量。

三、预制梁的架设方法

（一）联合架桥机法

以联合架桥机并配备若干滑车、千斤顶、绞车等辅助设备架设安装的预制梁适用于多孔 30 m 以下孔径的装配式桥梁。

1.联合架桥机的组成

联合架桥机主要由龙门架、导梁和蝴蝶架组成。龙门架用工字形钢梁架设，在架上安放两台吊车，架的接头处和上、下缘用钢板加固，主柱为拐脚式，横梁的高程由两根预制梁的叠高加上平板车的高度和起吊设备的高度决定。它是用来起落预制件和导梁，并对预制构件进行墩上横移和就位。蝴蝶架是专供托运龙门吊机在轨道上移走的支架，它形如蝴蝶，用角钢拼成，上设有供升降用的千斤顶。它是用以拖动龙门架转移位置的专用工具，托架是在桥头地面上拼装、竖直，用千斤顶顶起放在托架平车上，移至导梁上放置。导梁用钢桁梁拼成，以横向框架连接，其上铺钢轨供运梁行走。

2.施工作业

架梁时，先铺设导梁和轨道，用绞车将导梁拖移就位后，把蝴蝶架用平板小车推上轨道，将龙门吊机托运至墩上，用千斤顶将吊机降落在墩顶，并用螺栓固定在墩的支承垫块上，然后用平车将梁运到两墩之间，由吊机起吊、横移、下落就位。待全跨梁就位后，向前铺设轨道，用蝴蝶架把吊机移至下一跨架梁。

3.施工优点

其优点是可完全不设桥下支架，不受洪水威胁，架设过程中不影响桥下通车、通航。预制梁的纵移、起吊、横移、就位都比较便利。缺点是架设设备用钢材较多（可周转使用），较适用于多孔且30 m以下孔径的装配式桥。

（二）双导梁穿行式架设法

双导梁穿行式架设法是在架设跨间设置两组导梁。导梁是用贝雷梁或万能构件组装的钢桁架，其梁长大于两倍桥梁跨径，前方为引导部分，由前端钢支架与前方墩上的预埋螺栓连接，中段是承重部分，后段为平衡部分。导梁顶面铺设小平车轨道，预制梁由平车在导梁上运至桥孔，由设在两根横梁上的卷扬机吊起，下落在两个桥墩上，之后在滑道垫板上进行横移就位。先安装两个边梁，再安装中间各梁。全跨安装完毕、横向焊接后，将导梁向前推，安装下一跨。

（三）扒杆架设法

扒杆架设法又称吊鱼架设法，是利用人字扒杆来架设桥梁上部结构构件，而不需要特殊的脚手架或木排架。

人字扒杆又有一副扒杆和两副扒杆架设两种。两副扒杆架设中，一副是吊鱼滑车组，用以牵引预制梁悬空拖曳；另一绞车是牵引前进，梁的尾端设有制动绞车，起溜绳配合作用，后扒杆的主要作用是预制梁吊装就位时，配合前扒杆吊起梁端，抽出木垛，便于落梁就位。一副扒杆架设中，基本方法与两副扒杆架设相同，不同之处是采用千斤顶顶起预制梁，抽出木垛，落梁就位。

用此法架梁时，必须以预制梁的质量和墩台间跨径为基础，在竖立扒杆、放倒扒杆、转移扒杆或吊梁进行横移等各个阶段，对扒杆、牵引绳、控制绳等零件进行受力分析和应力计算，以确保设备的安全。本法不受架设孔墩台高度和桥孔下地基、河流水文等条件影响，适用于起吊高度不大和水平移动范围较小的中、小跨径的桥梁。

（四）自行式吊车架梁

在桥不高、场内又可设置行车便道的情况下，用自行式吊车（汽车吊车或履带吊车）架设中、小跨径的桥梁十分方便。此法视吊装质量不同，还可采用单吊（一台吊车）或双吊（两台吊车）两种形式。其特点是机动性好，不需要动力设备，不需要准备作业，架梁速度快。一般吊装能力为150～1000 kN。此方法适合于陆地架设。

（五）跨墩门式吊车架梁

跨墩龙门吊机安装适用于岸上和浅水滩以及不通航浅水区域安装预制梁。

两台跨墩龙门吊机分别设于待安装孔的前、后墩位置，预制梁由平车顺桥向运至安装孔的一侧，移动跨墩龙门吊机上的吊梁平车，对准梁的吊点放下吊架，将梁吊起。当梁底超过桥墩顶面后，停止提升，用卷扬机牵引吊梁平车慢慢横移，使梁对准桥墩上的支座，然后落梁就位，接着准备架设下一根梁。

在水深不超过 5 m、水流平缓、不通航的中小河流上的小桥孔，也可采用跨墩龙门吊机架梁。这时必须在水上桥墩的两侧架设龙门吊机轨道便桥，便桥基础可用木桩或钢筋混凝土桩。在水浅流缓而无冲刷的河上，也可用木笼或草袋筑岛来做便桥的基础。便桥的梁可用贝雷组拼。

（六）浮吊架设法

在海上和深水大河上修建桥梁时，用可回转的伸臂式浮吊架梁比较方便，也可用钢制万能杆件或贝雷钢架拼装固定的悬臂浮吊进行。这种架梁方法高空作业较少，施工比较安全，吊装能力也大，工效也高，但需要大型浮吊。鉴于浮吊船来回运梁航行时间长，要增加费用，一般采取用装梁船存梁后成批一起架设的方法。

浮吊架梁时需在岸边设置临时码头来移运预制梁。架梁时，浮吊要认真锚固。如流速不大时，则可用预先抛入河中的混凝土锚来作为锚固点。

第二节　桥梁上部结构支架施工技术

一、支架、拱架、模板的类型

（一）支架

支架按其构造分为立柱式支架、梁式支架和梁柱式支架；按材料可分为木支架、钢支架、钢木混合支架和万能杆件拼装的支架等。

1.立柱式支架

立柱式支架构造简单，可用于陆地或不通航河道以及桥墩不高的小跨径桥梁施工。

2.梁式支架

根据跨径不同，梁可采用工字钢、钢板梁或钢桁梁。

3.梁柱式支架

当桥梁较高、跨径较大或必须在支架下设孔通航或排洪时可用梁柱式支架。

（二）拱架

拱架按结构分为支柱式、撑架式、扇形、桁式、组合式等；按材料分为木拱架、钢拱架、竹拱架和土牛拱胎。

（三）模板

施工所用模板，有组合钢模板、木模板、木胶合板模板、竹胶合板模板、硬铝模板、塑料模板、各类纤维材料板。施工时应根据结构物的外观要求选用。

二、模板、支架和拱架的设计

（一）设计的一般要求

①模板、支架和拱架的设计,应根据结构形式、设计跨径、施工组织设计、荷载大小、地基土类别及有关的设计、施工规范进行。②应绘制模板、支架和拱架总装图、细部构造图。③应制定模板、支架和拱架结构的安装、使用、拆卸保养等有关技术安全措施和注意事项。④应编制模板、支架及拱架材料数量表。⑤应编制模板、支架及拱架设计说明书。

（二）设计荷载

1.计算模板、支架和拱架时

①模板、支架和拱架自重；②新浇筑混凝土、钢筋混凝土或其他圬工结构物的重力；③施工人员和施工材料、机具等行走运输或堆放的荷载；④振捣混凝土时产生的荷载；⑤新浇筑混凝土对侧面模板的压力；⑥倾倒混凝土时产生的水平荷载；⑦其他可能产生的荷载，如雪荷载、冬季保温设施荷载等。

2.钢、木模板，支架及拱架的设计

可按《公路钢结构桥梁设计规范》（JTG D64-2015）的有关规定执行。

3.计算模板、支架和拱架的强度和稳定性时

应考虑作用在模板、支架和拱架上的风力。设置于水中的支架，尚应考虑水流压力、流冰压力和船只漂流物等冲击力荷载。

4.组合箱形拱

如为就地浇筑，其支架和拱架的设计荷载可只考虑承受拱肋重力及施工操作时的附加荷载。

（三）稳定性要求

①支架的立柱应保持稳定，并用撑拉杆固定。当验算模板及其支架在自重和风荷载等作用下的抗倾倒稳定时，验算倾覆的稳定系数不得小于1.3。②支架受压构件纵向弯曲系数应符合《公路钢结构桥梁设计规范》（JTG D64-2015）的要求。

（四）强度及刚度要求

1.验算模板、支架及拱架的刚度时

其变形值不得超过下列数值：①结构表面外露的模板，挠度为模板构件跨度的1/400；②结构表面隐蔽的模板，挠度为模板构件跨度的1/250；③支架、拱架受载后挠曲的杆件（盖梁、纵梁），其弹性挠度为相应结构跨度的1/400；④钢模板的面板变形为1.5 mm；⑤钢模板的钢棱和柱箍变形为L/500和B/500（其中L为计算跨径，B为柱宽）。

2.受压杆件的长细比不得超过下列数值

主要受压杆件（立柱）的长细比为100，次要受压杆件的长细比为150。

3.拱架各截面的应力验算

根据拱架结构形式及所承受的荷载，验算拱顶、拱脚及1/4跨各截面的应力、铁件及节点的应力，同时应验算分阶段浇筑或砌筑时的强度及稳定性。验算时不论板拱架或桁拱架均作为整体截面考虑，验算倾覆稳定系数不得小于1.3。

三、模板、支架和拱架的制作及安装

（一）钢模板制作

（1）钢模板宜采用标准化的组合模板。组合钢模板的拼装应符合现行国家标准《组合钢模板技术规范》（GB 50214-2013）。各种螺栓连接件应符合国家现行有关标准。

（2）钢模板及其配件应按批准的加工图加工，成品经检验确认合格后方可使用。

（二）木模板制作

（1）木模可在工厂或施工现场制作，木模与混凝土接触的表面应平整、光滑，多次重复使用的木模应在内侧加钉薄铁皮。木模的接缝可做成平缝、搭接缝或企口缝。当采用平缝时，应采取措施防止漏浆。木模的转角处应加嵌条或做成斜角。

（2）重复使用的模板应始终保持其表面平整、形状准确：不漏浆，有足够的强度和刚度。

（三）模板安装的技术要求

混凝土的模板板面应采用下列材料之一：金属板、木制板及高分子合成材料面板、硬塑料或玻璃钢板等材料。外露面的模板板面宜采用钢模板、胶合板，为减少模板的拼缝，对于大面积的混凝土，其每块模板的面积宜大于1.0 m²。梁及墩台帽的突出部分，应做成倒角或削边，以便脱模。在结构物的某些部位设置凸条或凹槽的装饰线。在模板内的金属连接件或锚固件，应按图纸规定及监理工程师的要求将其拆卸或截断，且不损伤混凝土。模板内应无污物、砂浆及其他杂物。以后要拆除的模板，应在使用前彻底涂以脱模剂或其他适宜的代用品，应使能易于脱模，并使混凝土不变色。

（1）模板与钢筋安装工作应配合进行，妨碍绑扎钢筋的模板应待钢筋安装完毕后安设。模板不应与脚手架连接（模板与脚手架整体设计时除外），避免引起模板变形。

（2）安装侧模板时，应防止模板移位和凸出。基础侧模可在模板外设立支撑固定，墩、台、梁的侧模可设拉杆固定。浇筑在混凝土中的拉杆，应按拉杆拔出或不拔出的要求，采取相应的措施。对小型结构物，可使用金属线代替拉杆。

（3）模板安装完毕后，应对其平面位置、顶部标高、节点联系及纵、横向稳定性进行检查，签认后方可浇筑混凝土。浇筑时，发现模板有超过允许偏差变形值的可能时，应及时纠正。

（4）模板在安装过程中，必须设置防倾覆设施。

（5）当结构自重和汽车荷载（不计冲击力）产生的向下挠度超过跨径的1/1600时，钢筋混凝土梁、板的底模板应设预拱度，预拱度值应等于结构自重和1/2汽车荷载（不计冲击力）所产生的挠度。纵向预拱度可做成抛物线或圆曲线。

（6）后张法预应力梁、板，应注意预应力、自重和汽车荷载等综合作用下所产生的上拱或下挠，应设置适当的预挠或预拱。

（7）当所有和模板有关的工作做完，待浇混凝土构件中所有预埋件亦安装完毕，才能浇筑混凝土。这些工作应包括清除模板中所有污物、碎屑物、木屑、水及其他杂物。

（四）支架、拱架制作安装

支架、拱架制作安装一般要求：

（1）支架和拱架宜采用标准化、系列化、通用化的构件拼装。无论使用何种材料的支架和拱架，均应进行施工图设计，并验算其强度和稳定性。

（2）制作木支架、木拱架时，长杆件接头应尽量减少，两相邻立柱的连接接头应尽量分设在不同的水平面上。主要压力杆的纵向连接，应使用对接法，并用木夹板或铁夹板夹紧。次要构件的连接可用搭接法。

（3）安装拱架前，对拱架立柱和拱架支承面应详细检查，准确调整拱架支承面和顶部标高，并复测跨度，确认无误后方可进行安装。各片拱架在同一节点处的标高应尽量一致，以便于拼装平联杆件。在风力较大的地区，应设置风缆。

（4）支架和拱架应稳定、坚固，应能抵抗在施工过程中有可能发生的偶然冲撞和振动。安装时应注意以下几点：①支架立柱必须安装在有足够承载力的地基上，立柱底端应加设垫木来分布和传递压力，并保证浇筑混凝土后不发生超过允许的沉降量。②施工用的脚手架和便桥，不应与结构物的模板支架相连接，以避免施工振动时影响浇筑混凝土质量。③船只或汽车通行孔的两边支架应加设护桩，夜间应用灯光标明行驶方向。施工中易受漂流物冲撞的河中支架应设坚固的防护设备。

（5）支架或拱架安装完毕后，应对其平面位置、顶部标高、节点连接及纵、横向稳定性进行全面检查，符合要求后，方可进行下一工序。

（6）在浇筑混凝土及砌筑拱圈过程中，承包人应随时测量和记录支架和拱架的变形及沉降量。

（7）现浇混凝土的梁（板）结构，在支架架设后，应按图纸要求对支架进行预压，加在支架上的预压荷载应不小于梁（板）自重。

四、模板、支架和拱架的拆除

承包人应在拟定拆模时间的 12 h 以前，提出拆模建议，并应取得同意。如果由于拆模不当而引起混凝土损坏。卸落拱架时应用仪器观测拱圈挠度和墩台变位情况，并做好记录。

（一）拆除期限的原则规定

（1）模板、支架和拱架的拆除期限应根据结构物特点、模板部位和混凝土所达到的强度来决定。①非承重侧模板应在混凝土强度能保证其表面及棱角不致因拆模而受损坏时方可拆除，一般应在混凝土抗压强度达到 2.5 MPa 时方可拆除侧模板。②芯模和预留孔道内模，应在混凝土强度能保证其表面不发生塌陷和裂缝现象时，方可拔除，拔除时间可按《公路桥涵施工技术规范》（JTG/T F50-2011）的有关规定确定。③钢筋混凝土结构的承重模板、支架和拱架，应在混凝土强度能承受其自重力及其他可能的叠加荷载时，方可拆除，当构件跨度不大于 4 m 时，在混凝土强度符合设计强度标准值的 50% 的要求后，方可拆除；当构件跨度大于 4 m 时，在混凝土强度符合设计强度标准值的 75% 的要求后，方可拆除。

如设计上对拆除承重模板、支架、拱架另有规定，应按照设计规定执行。

（2）石拱桥的拱架卸落时间应符合下列要求：①浆砌石拱桥，须待砂浆强度达到设计要求，或如设计无要求，则须达到砂浆强度的 70%。②跨径小于 10 m 的小拱桥，宜在拱上建筑全部完成后卸架；中等跨径的实腹式拱，宜在护拱砌完后卸架；大跨径空腹式拱，宜在拱上小拱横墙砌好（未砌小拱圈）时卸架。③当需要进行裸拱卸架时，应对裸拱进行截面强度及稳定性验算，并采取必要的稳定措施。

（二）拆除时的技术要求

（1）模板拆除应按设计的顺序进行，设计无规定时，应遵循先支后拆，后支先拆的顺序，拆时严禁抛扔。

（2）为便于支架和拱架的拆卸，应根据结构形式、承受的荷载大小及需要的卸落量，在支架和拱架适当部位设置相应的木楔、木马、砂筒或千斤顶等落模设备。

（3）卸落支架和拱架应按拟定的卸落程序进行，分几个循环卸完，卸落量开始宜小，以后逐渐增大。在纵向应对称均衡卸落，在横向应同时一起卸落。在拟定卸落程序时应注意以下几点：①在卸落前应在卸架设备上画好每次卸落量的标记。②满布式拱架卸落时，可从拱顶向拱脚依次循环卸落；拱式拱架可在两支座处同时均匀卸落。③简支梁、连续梁宜从跨中向支座依次循环卸落；悬臂梁应先卸挂梁及悬臂的支架，再卸无铰跨内的支架。④多孔拱桥卸架时，若桥墩允许承受单孔施工荷载，可单孔卸落，否则应多孔同时卸落，或各连续孔分阶段卸落。⑤卸落拱架时，应设专人用仪器观测拱圈挠度和墩台变化情况，并详细记录。另设专人观察是否有裂缝现象。

（4）墩、台模板宜在其上部结构施工前拆除。拆除模板，卸落支架和拱架时，不允许用猛烈地敲打和强扭等方法进行。

（5）模板、支架和拱架拆除后，应维修整理，分类妥善存放。

五、施工工序

（一）地基处理

地基处理应根据箱梁的断面尺寸及支架的形式对地基的要求而决定，支架的跨径大，对地基的要求就高，地基的处理形式就得加强，反之就可相对减弱。地基处理时要做好地基的排水，防止雨水或混凝土浇筑和养护过程中滴水对地基的影响。

（二）支架

（1）支架的布置根据梁截面大小并通过计算以确保强度、刚度、稳定性满足要求，计算时除考虑梁体混凝土质量外，还需考虑模板及支架质量，施工荷载（人、料、机等），作用模板、支架上的风力，及其他可能产生的荷载（如雪荷载，保证设施荷载）等。

（2）支架应根据技术规范的要求进行预压，以收集支架、地基的变形数据。作为设置预拱度的依据，预拱度设置时要考虑张拉上拱的影响。预拱度一般按两次抛物线设置。

（3）支架的卸落设备可根据支架形式选择使用木楔、砂筒、千斤顶、U形顶托等，卸落设备尤其要注意有足够的强度。

（三）模板

模板由底模、侧模及内模三个部分组成，一般预先分别制作成组件，在使用时再进行拼装。模板以钢模板为主，在齿板、堵头或棱角处采用木模板。模板的楞木采用方钢、槽钢或方木组成，布置间距以 75 cm 左右为宜，具体的布置需要根据箱梁截面尺寸确定，并通过计算对模板的强度、刚度进行验算。

（四）普通钢筋、预应力筋的布设

（1）在安装并调好底模及侧模后，开始底、腹板普遍钢筋绑扎及预应力管道的预设。混凝土一次浇筑时，在底、腹板钢筋及预应力管道完成后，安装内模，再绑扎顶板钢筋及预应力管道。混凝土二次浇筑时，底、腹板钢筋及预应力管道完成后，浇筑第一次混凝土，混凝土终凝后，再支内模顶板，绑扎顶板钢筋及预应力管道，进行混凝土的第二次浇筑。

（2）普通钢筋及预应力筋按规范的要求做好各种试验，严格按设计图纸的要求布设，对于腹板钢筋一般根据其起吊能力，预先焊成钢筋骨架，吊装后再绑扎或焊接成型，钢筋绑扎、焊接要符合技术规范的要求。

（3）预应力管道采用镀锌钢带制作，预应力管道的位置按设计要求准确布设，并采用每隔 50 cm 一道的定位筋进行固定，接头要平顺，外用胶布缠牢，在管道的高点设置排气孔。

（4）锚垫板安装前，要检查锚垫板的几何尺寸是否符合设计要求，锚垫板要牢固的安装在模板上。要使垫板与孔道严格对中，并与孔道端部垂直，不得错位。

（5）预应力筋的下料长度要通过计算确定，计算应考虑孔道曲线长，锚夹具长度，千斤顶长度及外露工作长度等因素。

（6）预应力筋穿束前要对孔道进行清理。

（五）混凝土的浇筑

浇筑施工前，应做混凝土的配合比设计及各种材料试验，并根据实际情况进行综合比较确定箱梁混凝土采用一次、两次或三次浇筑。以下两点施工中应给予重视。

（1）混凝土浇筑时要安排好浇筑顺序，其浇筑速度要确保下层混凝土初凝前覆盖上层混凝土。

（2）混凝土的振捣采用插入式振捣器进行，振捣器的移动间距不超过其作用半径的 1.5 倍，并插入下层混凝土 5～10 cm。对于每一个振捣部位，必须振捣到该部位混凝土密实为止，但也不得超振。

（六）预应力的张拉

（1）在进行张拉作业前，必须对千斤顶、油泵进行配套标定，并每隔一段时间进行一次校验。有几套张拉设备时，要进行编组，不同组号的设备不得混合。

（2）当梁体混凝土强度达到设计规定的张拉强度时，方可进行张拉。

（3）预应力的张拉采用双控，即以张拉力控制为主，以钢束的实际伸长量进行校核，实测伸长值与理论伸长值的误差不得超过规范要求，否则应停止张拉。

（4）拉的程序按技术规范的要求进行。

（5）张拉过程中的断丝、滑丝不得超过规范或设计的规定。

（七）压浆、封锚

（1）张拉完成后要尽快进行孔道压浆和封锚，压浆所用灰浆的强度、稠度、水灰比、泌水率、膨胀剂剂量应该按施工技术规范及试验标准中要求进行控制。

（2）每个孔道压浆到最大压力后，应有一定的稳定时间。压浆应使孔道另一端饱满和出浆。并使排气孔排出与规定稠度相同的水泥浓浆为止。

（3）压浆完成后，应将锚具周围冲洗干净并凿毛，设置钢筋网，浇筑封锚混凝土。

第三节 桥梁上部结构逐孔施工技术

一、概述

逐孔施工法从施工技术方面有三种类型。

（一）采用临时支承组拼预制节段逐孔施工

对于多跨长桥，在缺乏较大能力的起重设备时，可将每跨梁分成若干段，在预制现场生产；架设时采用一套支承梁临时承担组拼节段的自重，并在支承梁上张拉预应力筋，并将安装跨的梁与移动临时支承梁，进行下一桥的施工。

（二）使用移动支架逐孔现浇施工

此法亦称移动模梁法，它是在可移动的支架、模板上完成一孔桥梁的全部工序。由于此法是在桥位上现浇施工，可免去大型运输和吊装设备。桥梁整体性好；同时它还具有在桥梁预制厂生产的特点，可提高机械设备的利用率和生产效率。

（三）采用整孔吊装或分段吊装逐孔施工

这种施工方法是早期连续梁桥采用逐孔施工的唯一方法，可用于混凝土连续梁和钢连续梁桥的施工中。

二、用临时支承组拼预制节段逐孔施工的要点

（一）节段划分

1. 桥墩顶节段

由于桥墩节段要与前一跨连接，需要张拉钢索或钢索接长，为此对墩顶节段构造有一定要求。此外，在墩顶处桥梁的负弯矩较大，梁的截面还要符合受力要求。

2. 标准节段

前一跨墩顶节段与安装跨第一节段间可以设置就地浇筑混凝土封闭接缝，用以调整安装跨第一节段的准确程度。封闭接缝宽为 15 ~ 20 cm，拼装时由混凝土垫块调整。在施加初预应力后用混凝土封填，这样可调整节段拼装和节段预制的误差。

（二）支承梁

1. 钢桁架导梁

钢梁应设置预拱度，要求当每跨箱梁节段全部组拼之后，钢导梁上弦应符合桥梁纵断面标高要求。同时还需准备一些附加垫片，用于临时调整标高。

2. 下挂式高架钢桁架

在节段组拼过程中，架桥机前臂必然下挠，安装桥跨第一块中间节段的挠度倾角调整是该跨架安设的关键，因此要求当一跨节段全部由架桥机空中吊起后，第一个中间节段与墩上节段的接触面应全部吻合。

三、用移动支架逐孔现浇施工（移动模架法）

当桥墩较高，桥跨较长或桥下净空受到约束时，可以采用非落地支承的移动模架

逐孔现浇施工，称为移动模架法。移动模架法适用于多跨长桥，桥梁跨径可达 50 m，使用一套设备可多次移动周转使用。

移动模架法施工的主要工序：侧模安装就位、安装底模、支座安装、预拱度设置与模板调整、绑扎底板及腹板钢筋、预应力系统安装、内模就位、顶板钢筋绑扎、箱梁混凝土浇筑、内模脱模、施加预应力、管道压浆、落模、拆底模及滑模纵移。

四、整孔吊装或分段吊装逐孔施工

（一）整孔吊装或分段吊装逐孔施工的吊装的机具

吊装的机具有桁式吊、浮吊、龙门起重机，汽车吊等多种，可根据起吊物重力、桥梁所在的位置以及现有设备和掌握机具的熟练程度等因素决定。

（二）整孔吊装和分段吊装施工应注意以下几个问题

第一，采用分段组装逐孔施工的接头位置可以设在桥墩处也可设在梁的 1/5 附近，前者多为由简支梁逐孔施工连接成连续梁桥；后者多为悬臂梁转换为连续梁。在接头位置处可设有 0.5 ~ 0.6 m 现浇混凝土接缝，当混凝土达到足够强度后张拉预应力筋，完成连续。

第二，桥的横向是否分隔，主要根据起重能力和截面形式确定。当桥梁较宽，起重能力有限的情况下，可以采用 T 梁或工字梁截面，分片架设之后再进行横向整体化。为了加强桥梁的横向刚度，常采用梁间翼缘板有 0.5 m 宽的现浇接头。采用大型浮吊横向整体吊装将会简化施工和加快安装速度。

第三，对于先简支后连续的施工方法，通常在简支梁架设时使用临时支座，待连接和张拉后期钢索完成连续时拆除临时支座，放置永久支座。为使临时支座便于拆卸，可在橡胶支座与混凝土垫块之间设置一层硫黄砂浆。

第四，在梁的反弯点附近设置接头，在有可能的情况下，可在临时支架上进行接头。桥梁上部结构各截面的恒载内力根据各施工阶段进行内力叠加计算。

第四节　桥梁上部结构悬臂施工技术

一、悬臂拼装施工

（一）概述

悬臂拼装施工包括块件的预制、运输、拼装及合龙。它与悬浇施工具有相同的优点，不同之处在于悬拼以吊机将预制好的梁段逐段拼装。此外还具备以下优点：①梁体的预制可与桥梁下部构造施工同时进行，平行作业缩短了建桥周期；②预制梁的混凝土

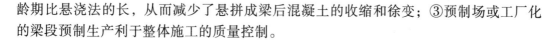

龄期比悬浇法的长，从而减少了悬拼成梁后混凝土的收缩和徐变；③预制场或工厂化的梁段预制生产利于整体施工的质量控制。

（二）悬拼法施工方法

①梁段预制方法分长线法及短线法。②长线法，组成梁体的所有梁段均在固定台座上的活动模板内浇筑且相邻段的拼合面应相互贴合浇筑，缝面浇筑前涂抹隔离剂，以利脱模。优点是由于台座固定，可靠，成桥后梁体线性较好，缺点是占地较大，地基要求坚实，混凝土的浇筑和养护较分散。③短线法，梁段在固定台座能纵移的模内浇筑。待浇梁段一端设固定模架，另一端为已浇梁段（配筑梁段），浇毕达到强度后运出原配筑梁段，如此周而复始，台座仅需 3 个梁段长。优点是场地较小，浇筑模板及设备基本不需要移机，可调的底、侧模便于平竖曲线梁段的预制，缺点是精度要求高，施工要求严，施工周期相对较长。④长线法施工工序：预制场、存梁区布置→梁段浇筑台座准备→梁段浇筑→梁段吊运存放、修整→梁段外运→梁段吊拼。

二、梁段的拼接施工

（一）0号块梁段

为了确保连续梁分段悬拼施工的平衡和稳定，常将 T 构支座临时固结，必要时在墩两侧加设临时支架以满足悬拼的施工需要。

（二）1号块梁段

1 号块梁段是紧邻 0 号块梁段两侧的第一箱梁节段，也是悬拼 T 构桥的基准梁段，是全跨安装质量的关键，一般采用湿接缝连接。湿接缝拼装梁段施工程序包括：吊机就位→提升、起吊 1 号块梁段→安设铁皮管→中线测量→丈量湿接缝的宽度→调整铁皮管→高程测量→检查中线→固定 1 号块梁段→安装湿接缝的模板→浇筑湿接缝混凝土→湿接缝养护、拆模→张拉预应力筋→下一梁段拼装。

（三）其他梁段拼装

采用胶接缝拼装，拼装施工程序包括：吊机就位→起吊梁段→初步定位试拼→检查并处理管道接头→移开梁段→穿临时预应力筋入孔→接缝面上涂胶接材料→正式定位、贴紧梁段→张拉临时预应力筋→放松起吊索→穿永久预应力筋→张拉预应力筋后移挂篮→下一梁段拼装。

三、预制梁块悬臂拼装时应注意的要点

（1）梁段的存放场地应平整，承载力应满足要求，支垫位置应与吊点一致。

（2）预制梁块的测量要求：①箱梁基准块出坑前必须对所有梁块进行测量，详细记录，并根据其在桥上的设计位置进行校正；②箱梁标高控制点和挠度观测点，在箱

梁顶面埋置 4~6 个；③在预制梁段上标出梁号、中轴线、横轴线。

（3）预制块件的悬臂拼装可依据设备和现场条件选用。若方便在陆地上或在便桥上施工时，可采用自行式吊车、门式吊车进行拼装；对于水中桥跨，可采用水上浮吊进行安装；对于高墩身的桥跨，可利用各种吊机进行高空悬拼施工。

（4）桥墩顶梁段及桥墩顶附近梁段施工时，可采用托架或膺架为支架就地浇筑混凝土。托架或膺架应经过设计，计算其弹性及非弹性变形。

（5）应保证拼装的第一个梁块（基准块）的预制精度，安装时应对纵、横轴线、高程进行精确定位测量，为以后的拼装创造条件。

（6）采用悬臂拼装法修建预应力悬臂梁桥时，应先将梁、墩临时锚固或在墩顶两侧设立临时支承，待全部块件安装完毕后，再撤除临时锚固或支承。

（7）采用悬臂吊机、缆索、浮吊悬拼安装时，应按施工荷载进行强度、刚度、稳定性验算，使安全系数大于 2.0。施工中还应注意：①块件起吊安装前，应对起吊设备进行全面的安全技术检查，并按照设计荷载的 60%、100% 和 130% 分别进行起吊试验。②吊机的最大承重能力应符合设计要求，应注意吊机的定位和锚固，经检查符合要求后再进行起吊拼装。③移动吊机前应将纵向主桁架上所有活动部件尽量移动到主桁架后端，然后方可松卸锚固螺栓。④桥墩两侧块件宜对称起吊，以保证桥墩两侧平衡受力。⑤移动吊机时应沿箱梁纵轴线对称地向两端推进。⑥墩侧相邻的 1 号块件提升到设计标高初步定位后，应立即测量、调整 1 号块件的纵轴线，使之与梁顶块件纵轴线的延伸线重合，使其横轴线与梁顶块件的横轴线平行且间距符合设计要求。应检查梁顶块件与 1 号块件间孔道的接头情况，调整并制作接缝间孔道接头后，方可将 1 号块件牢靠固定，其他各个块件连接时，均应按本条规定测量并调整其位置。⑦应在施工前绘制主梁安装挠度变化曲线，悬臂拼装过程中应随时观测桥轴线安装挠度曲线的变化情况，并与设计值进行对比，遇有较大偏差时应及时处理，以便控制块件的安装高程。⑧吊机就位后须将支点垫稳，固定后锚螺栓，平车移动到起吊位置，进行下一块件的拼装。

（8）对于非 0 号、1 号块件的拼装，一般应在接缝上设置定位榫齿或钢定位器。

（9）采用胶接缝拼装的块件，涂胶前应就位试拼。胶黏剂一般采用环氧树脂，使用前应经过试验，符合设计要求方可使用。

（10）湿接缝块件应待混凝土强度达到设计强度等级的 70% 以上时（设计文件如有要求，则按设计文件要求处理，但不能低于设计强度等级的 70%），才能张拉预应力束。

（11）体系转换应按设计顺序进行。

四、悬臂浇筑施工法

（一）概述

适用于大跨径的预应力混凝土悬臂梁桥、连续梁桥、T 形刚构桥、连续刚构桥。其特点是无须建立落地支架，无须大型起重与运输机具，主要设备是一对能行走的挂篮。

（二）施工准备

1.挂篮设计及加工

挂篮是悬浇箱梁的主要设备，它是沿着轨道行走的活动脚手架及模板支架。国内外现有的挂篮按结构形式可分为桁架式、三角斜拉带式，预应力束斜拉式、斜拉自锚式；按行走方式可分为滑移式和滚动式；按平衡方式可分为压重式和自锚式。对某一具体工程，应根据梁段分段情况，根据对挂篮的质量、要求承受荷载及施工经验对挂篮进行认真详细的设计。除必须满足强度、刚度、稳定性要求外，还要使其行走、锚固方便可靠，质量不大于设计规定。挂篮由主桁架、锚固、平衡系统及吊杆、纵横梁等部分组成，由工厂或现场根据挂篮设计图纸精心加工而成。挂篮试拼后，必须进行荷载试验。

2.0号、1号块的施工

挂篮是利用已浇筑的箱梁段作为支撑点，通过桁架等主梁系统、底模系统，人为创造一个工作平台。对于0号、1号块挂篮没有支撑点或支撑长度不够，需采用其他方式浇筑。一般采用扇形托架浇筑。扇形托架可用万能杆件、贝雷片或其他装配式杆件组成，托架可支撑在桥墩基础承台上或墩身上。托架除须满足承重强度要求外，还须具有一定的刚性，各连续点应连接紧密，螺栓旋紧，以减少变形，防止梁段下沉和裂缝。

3.临时固结

对于连续箱梁，梁与墩未固结在一起，施工时，两侧悬浇施工难以保持绝对平衡，必须在施工中采取临时固结措施，使梁具有抗弯能力。临时固结一般采用在支座两侧临时加预应力筋，梁和墩顶之间浇筑临时混凝土垫块。将梁固结在桥墩上，使梁具有一定的抗弯能力。在条件成熟时，再采用静态破碎方法，解除固结。

（三）悬臂浇筑施工中应注意要点

（1）主梁各部分的长度应充分考虑主梁的形式、跨径、墩宽、挂篮的形式以及施工周期来确定。0号块梁段长度一般为5～20m，悬浇分段长度一般为3～5m。

（2）桥墩顶梁段及桥墩顶附近梁段施工时，可采用托架或膺架为支架就地浇筑混凝土。托架或膺架应经过设计，计算弹性及非弹性变形。

（3）在梁段混凝土浇筑前，应对挂篮（托架或膺架）、模板、预应力筋管道、钢筋、预埋件、混凝土材料、配合比、机械设备、混凝土接缝处理情况进行全面检查，经确认后方可浇筑。

（4）悬臂施工过程中，若梁身与墩身采用非刚性连接，为保证结构的稳定性，悬臂梁桥和连续梁桥应实施0号块梁段与桥墩间临时固结支承措施；对于刚性连接的T形刚构、连续刚构梁，因结构本身已具有一定的抗弯能力，可根据设计和施工要求在墩旁架设临时托架等方法进行施工。

（5）挂篮安装时应保证安全、稳定、可靠：①挂篮的主纵、横梁的分联和移动操作应特别精心，以防急剧的塌落和倾覆。②浇筑混凝土时，后端应锚固于已完成的梁段上，后锚和移动架可采取保险锚、保险索或保险手动葫芦等安全措施。③挂篮桁架在已完成的梁段上行走时，应于后端压重稳定。④挂篮桁架行走和浇筑混凝土时的稳定系数，均不得小于 1.50。⑤挂篮组拼后，应全面检查安装质量，并对挂篮进行试压，以消除结构的非弹性变形。挂篮试压的最大荷载一般可按最大悬浇梁段质量的 1.3 倍考虑。挂篮试压通常采用水箱加压法、试验台加压法及砂袋法。

（6）桥墩两侧梁段悬臂施工进度应对称、平衡，实际不平衡偏差不超过设计要求值。设计无要求时，其两端允许的不平衡质量最大不得超过一个梁段的底板自重。

（7）悬臂浇筑前端底板和桥面的标高，应根据挂篮前端的垂直变形及预拱度设置，施工过程中要对实际高程进行监测，如与设计值有较大出入时，应会同有关部门查明原因并进行调整。

（8）安装模板后，应严格核准中心位置及标高、校正中线：①组装模板并校正中线，外模及框架的长度和高度应能适应各节段的变化。内模由侧模、顶模和内框架组成，应便于拆模和修改。②如上一节段施工后出现中线或高程误差需要调整时，应在模板安装时予以调整。③模板和前一节段的混凝土面应平整密贴。

（9）安装预应力预留管道时，应保证管道连接紧密、管道定位准确。放置预应力管道时要注意和前一段的管道连接接头严密对准，并用胶布包贴，防止灰浆渗入管道，还应设置足够的定位钢筋，以保证预留管道在浇筑混凝土过程中位置正确，线形和顺。纵向预应力管道用塑料波纹管时必须设置塑料内衬管，内衬管外径可比波纹管内径小 3 ~ 4 mm。定位钢筋的纵向水平间距不大于 100 cm，曲线段间距不大于 50 cm。

（10）挂篮行走前要测定已完成节段梁端标高，并定出箱梁中轴线。当解除挂篮的后锚固后，挂篮沿箱梁中轴线对称向两端，每前进 50 cm 作一次同步观测，防止挂篮转角、偏位造成挂篮受扭。

（11）箱梁梁段混凝土浇筑，可视箱梁截面高度情况采用一次或二次浇筑法。无论采用何种方法浇筑，梁段自重误差应在 ±3% 范围内。

用一次浇筑法，可在箱梁顶板中部留一窗口，以供浇筑底板混凝土，待浇好底板后立即补焊钢筋封洞，并同时浇筑肋板混凝土，最后浇筑顶板混凝土，一次完成。浇筑肋板混凝土时，两侧肋板应同时分层进行。浇筑顶板及翼板混凝土时，应从外侧向内侧一次完成，以防发生裂纹。

当采用两次浇筑时，各梁段的施工应错开。箱梁分层浇筑时，底板可一次浇筑完成，腹板可分层浇筑，分层间隔时间宜控制在混凝土初凝之前且应使层与层覆盖住。为缩短两次浇筑混凝土的时间间隔，可一次支立外侧模，内侧模分次接高，内模接高应待底板混凝土达到一定强度后进行，同时做好钢筋的绑扎和预应力的定位、布设工作，然后浇筑肋板上段和顶板混凝土。其接缝除按施工缝要求进行处理外，还应采取如预埋型钢、预留凹槽等抗剪措施。

施工中还应注意：①检查钢筋、管道、预埋件的位置；②检查已浇混凝土表面的润湿情况；③浇筑时随时检查锚垫板的固定情况；④检查压浆管是否通畅牢固；⑤严密监视模板与挂篮变化情况，发现问题及时处理；⑥检查对称浇筑进度。

（12）箱梁截面混凝土浇筑顺序应按设计要求进行，若设计无明确要求，一般应按下列顺序进行浇筑：①浇筑混凝土时，必须从悬臂端开始，两个悬臂端应对称均衡地进行浇筑；②浇筑混凝土时，应加强振捣，对于高箱梁混凝土施工，可采用内侧模开仓振捣；③在浇筑混凝土的同时应注意对预应力管道的保护，浇筑后应及时对管道清孔，以利穿束。

（13）为提高混凝土早期强度，以加快施工速度，在设计混凝土配合比时，一般加入早强剂或减水剂。混凝土梁段浇筑周期一般为 5 ~ 7 d，为防止混凝土出现过大的收缩、徐变，应在配合比设计时按规范要求控制水泥用量。

（14）梁段拆模后，应对梁端的混凝土表面进行凿毛处理，以加强接头混凝土的连接。悬浇梁段分次浇筑混凝土时，如处理不当，由于后浇筑混凝土的重力的影响会引起挂篮变形，导致先浇筑的混凝土开裂，因此应采取措施消除后浇筑混凝土引起的挂篮变形。

（15）分期浇筑混凝土时，新旧混凝土的结合面应凿毛干净，还应严格控制相邻两次混凝土浇筑的龄期差，一般在任何情况下不得大于 20 d，同时应控制水灰比降低骨料温度，减少模板与混凝土间的摩阻力。

（16）在每一梁段施工过程中出现大风预报应停止施工，并使两悬臂端不得出现不平衡荷载，且应确保挂篮的牢固性。

（17）混凝土浇筑完毕后应进行养护，待养护达到设计强度的 75%，并经过孔道检查、修理管口弧度后，即可进行穿束、张拉、压浆和封锚等工作。

（四）施工中易出现的问题及预防措施

1.箱梁腹板出现斜向裂缝

悬臂现浇混凝土箱梁拆模后张拉预应力索，腹板混凝土出现裂缝。一种是有规律地出现于与底板约呈 45° 的斜裂缝。另一种为沿预应力索管方向的斜向裂缝，往往是靠近锚头处裂缝展开较宽，逐渐变窄而至消失。

（1）原因分析

出现与底板呈 45° 斜裂缝的原因极大可能是该区域的主拉应力，超过了该处的预应力索和普通钢筋的抗剪力及混凝土的抗拉强度。也有可能是混凝土拆模时间过早，混凝土尚未达到其设计抗拉强度。

出现沿预应力索管方向的裂缝的原因往往是由于预应力索张拉时，索管及其周边混凝土受到较集中的压应力，由于柏松效应导致索管及其周边混凝土受到索管径向的巨大张力，如保护层混凝土不足以抵抗拉应力，则会在其最薄弱处开裂；混凝土未达到拆模、张拉的龄期或强度；腹板的非预应力是普通钢筋网，钢筋间距较大，不能满足抗裂要求；施工偶尔荷载超载或在作用点产生过大的集中应力。

（2）预防措施

悬臂现浇混凝土箱梁腹板斜向裂缝的出现往往是设计、施工、材料、工艺等综合因素作用的结果，原因比较复杂。但其中必然有一、两个原因是主要的。为此，应针对不同的情况，采取相应的对策。设计中应注意：①布置有弯起预应力筋部位，往往能有效地克服主拉应力。因此在无弯起预应力筋部位应特别注意验算该部位的主拉应力，并布置相应的抗裂钢筋。②加密普通钢筋间距以增强抗裂性。必要时可在易发生斜向裂缝的区段，加设钢丝网片。③在预应力束张拉集中的近锚头区域，增设钢筋网片，提高抗压能力和分散集中力。④施工工况、工艺流程必须与设计相符。如有变更应立即与设计单位联系，核算无误后方可施工。⑤混凝土未到龄期或强度，不能拆除模板。为掌握混凝土的实际强度，可在浇筑混凝土时多制作几组混凝土试块，在不同龄期进行试验。

2.箱梁拆模后在腹板与底板承托部位出现空洞、蜂窝、麻面

箱梁浇筑混凝土拆模后，在底板与腹板连接处的承托部位，部分腹板离底板 1 m 高范围内出现空洞、蜂窝、麻面。

（1）原因分析

箱梁腹板一般较高，厚度较薄，在底板与腹板连接部位钢筋较密，又布置有预应力筋使得腹板混凝土浇筑时不易振实，也有漏振情况，易造成蜂窝。

若箱梁设置横隔板，一般会设预留入孔，浇筑混凝土时从预留入孔两边同时进料，易造成预留孔下部空气被封堵，形成空洞。

浇筑混凝土时，若气温较高，混凝土坍落度小，模板湿水不够，局部钢筋太密，振捣困难，易使混凝土出现蜂窝，不密实。

箱梁混凝土浇筑量较大，若供料不及时，易造成混凝土振捣困难，出现松散或冷缝。

模板支撑不牢固，接缝不密贴，易发生漏浆、跑模，使混凝土产生蜂窝、麻面。

施工人员操作不熟练，振捣范围分工不明确，未能严格做到对相邻部位交叉振捣，从而发生漏振情况，使混凝土出现松散、蜂窝。

（2）防治措施

箱梁混凝土浇筑前应做好合理组织和分工，对操作人员进行技术交底，划分振捣范围，浇筑层次清楚，相互重复振捣长度应取 50 cm 左右，一边下料。

对设置横隔板的箱梁，混凝土要轮流从横隔板洞口一边下料，并从洞口下另一边振出混凝土，避免使空气封堵在洞口下部，这样就不易在洞口下部形成空洞。

合理组织混凝土供料，如采用商品混凝土，现场宜有临时备用搅拌设备，以便当商品混凝土因运输或其他原因导致供料中断时予以临时供料。

根据施工气温，合理调整混凝土坍落度和混凝土水灰比，当气温高时，应做好模板湿润工作。

当箱梁腹板较高时，模板上应预留入孔处，使得振捣棒可达到各部位。

对箱梁底板与腹板承托处及横隔板预留入孔处，应重点进行监护，确保混凝土浇筑质量。

第五章　桥梁下部结构施工技术

第一节　明挖基础施工

明挖基础是将基础底板设在直接承载地基上，来自上部结构的荷载通过基础底板直接传递给承载地基。其施工方法通常采用明挖方式进行，是一种直接敞坑开挖、就地浇筑的浅基础形式。由于其施工简便，造价低，因此只要在地质和水文条件许可的情况下，都应优先选用此种施工方法。

明挖基础适用于无水、少水或浅水河流处的基础工程，可采用人工开挖或机械开挖。明挖基础施工中，需重点解决的问题是敞坑边坡的稳定及开挖过程中的排水。

明挖基础适用于浅层土较坚实，且水流冲刷不严重的浅水地区。施工中坑壁的稳定性是必须特别注意的问题，由于它的构造简单，埋深小，施工容易，加上可以就地取材，故造价低廉，被广泛用于中小桥涵及旱桥。我国的赵州桥就是在亚黏土地基上采用了这种桥基。

明挖基础也称扩大基础，是由石块或混凝土砌筑而成的大块实体基础。其埋置深度可较其他类型基础浅，故为浅基础。由于它的构造简单，所用材料不能承受较大的拉应力，故基础的厚宽比要足够大，使之形成所谓的刚性基础，受力时不致产生挠曲变形。为了节省材料，这类基础的立面往往砌成台阶形，平面根据墩台截面形状而采用矩形、圆形、T形或多边形等。建造这种基础时多用明挖基坑的方法施工。在陆地开挖基坑时，将视基坑深浅、土质好坏和地下水位高低等因素来判断是否采用坑壁支护结构——衬板或板桩。在水中开挖，则应先筑围堰。

明挖基础施工的主要内容包括基础的定位放样、基坑开挖、基坑排水、基底处理以及砌筑（浇筑）基础结构物等。

一、基础的定位放样

在基坑开挖前，先进行基础的定位放样工作，以便正确地将设计图纸上的基础位置、形状和尺寸在实地标定出来，准确地设置到桥址上。放样工作是根据桥梁中心线与墩台的纵、横轴线，推出基础边线的定位点，再放线画出基坑的开挖范围。基坑各定位点的高程及开挖过程中的高程检查，一般采用水准测量的方法进行。

二、基坑开挖

基坑开挖的主要工作有挖掘、出土、支护、排水、防水、清底及回填等。施工时，应根据地质条件、水文条件、基坑开挖深度、开挖所采用的方法和机具等，采用不同的开挖工艺。

基坑在开挖前通常需完成下列准备工作：施工场地的清理，地面水的排除，临时道路的修筑，供电与供水管线的敷设，临时设施的搭建，基坑的放线等。施工场地的清理包括拆除房屋、古墓，拆迁或改建通信设备、电力设备、上下水道及其他建筑物，迁移树木等工作。场地内低洼地区的积水必须排除，同时应注意雨水的排除，使场地保持干燥，以便基坑开挖。

地面水的排除一般采用排水沟、截水沟、挡水土坝等设施。应尽量利用自然地形来设置排水沟，将水直接排至基坑外或流向低洼处，再用水泵抽走。主排水沟最好设置在施工区域的边缘或道路的两旁，其横断面和纵向坡度应根据最大流量确定。排水沟的横断面尺寸一般不小于 0.5 m × 0.5 m，纵向坡度一般不小于 3‰。平坦地区如出水困难，其纵向坡度不应小于 2%，沼泽地区可降至 1%，在基坑开挖过程中，要注意保持排水沟畅通，必要时应设置涵洞。基坑开挖时应注意以下事项：①基坑开挖对邻近建筑物或临时设施有影响时，应提前采取安全防护措施。②基坑顶面应提前做好地面防水、排水设施。③基坑开挖时，不得采用局部开挖深坑或从底层向四周掏土。④基坑顶有动荷载时，坑口边缘与动荷载间的安全距离应根据基坑深度、坡度、地质和水文条件及动荷载大小等情况确定，且不应小于 1.0 m。⑤在土石松动地层或粉砂、细砂层中开挖基坑时，应先做好安全防护措施；当基坑开挖需要爆破时，应执行《爆破安全规程》（GB 6722-2003）中的有关规定；开挖土质松软层基坑时必须进行支护。⑥基坑开挖时，应观测坡面稳定情况。当发现坑沿顶面出现裂缝，坑壁松塌或遇涌水、涌砂时，应立即停止施工，加固处理后方可继续施工。

三、基坑排水

基坑如在地下水位以下，随着基坑的下挖，渗水将不断涌入基坑。施工过程中必须不断地排水，以保持基坑干燥，制造旱地施工条件，便于基坑挖土与基础的砌筑和养护。目前常用的基坑排水方法有表面排水和井点法降低地下水位两种。

（一）表面排水

表面排水是最简单，也是应用最为普遍的方法。在基坑整个开挖过程及基础砌筑和养护期间，在基坑四周开挖集水沟汇集坑壁及基底的渗水，将其引向一个或数个比集水沟更深的集水坑。集水沟和集水坑应设在基础范围以外。在基坑每次下挖以前，必须先挖集水沟和集水坑。集水坑的深度应大于抽水机吸水龙头的高度，以保证吸水龙头的正常工作。在吸水龙头上套竹管围护，以防止土石堵塞龙头。

这种排水方法设备简单，费用低，适用于岩石及碎石类土，也适用于渗水量不大的黏性土基坑。由于抽水会引起流砂现象，可能造成基坑的破坏和坍塌，因此当地基土为饱和粉细砂土等黏聚力较小的细粒土层时，应避免采用表面排水法。

（二）井点法降低地下水位

井点法适用于地下水位较高，有承压水，挖基较深，坑壁不稳定的粉质土、粉砂类土、细砂类土土质基坑。根据使用设备的不同，井点主要有轻型井点、喷射井点、电渗井点和深井泵井点等多种类型，可根据土的渗透系数、要求降低水位的深度及工程特点选用。

轻型井点降水布置即在基坑开挖前预先在基坑四周打入（或沉入）若干根井点管，井点管下端 1.5 m 左右为过滤管，过滤管上钻有若干直径约 2 mm 的滤孔，外面用过滤层包扎。各个井点管用集水总管连接并抽水。井点管两侧一定范围内的水位逐渐下降，各井点管相互影响就形成了一个连续的疏干区。在整个施工过程中应保持不断抽水，以保证在基坑开挖和基础砌筑的整个过程中基坑始终保持无水状态。

轻型井点降水的特点是井点管范围内的地下水不从基坑四周边缘和底面流出，而是以相反的方向流向井点管，因而可以避免发生流砂和边坡坍塌现象，流水压力对土层还会有一定的压密作用。在过滤管部分包有铜丝过滤网，以免带走过多的土粒而引发土层潜蚀现象。

（三）帷幕法排水

帷幕法是在基坑边线外设置一圈隔水幕，用以隔断水源，减少渗流水量，防止流砂、突涌、管涌、潜蚀等地下水的作用。其方法有深层搅拌桩隔水墙法、压力注浆法、高压喷射注浆法、冻结帷幕法等，采用时均应进行具体设计并符合有关规定。

四、基底检验及处理

（一）基底检验

基础是隐蔽工程。基坑开挖至设计标高后，在基础浇筑前应按规定对基底进行检验，以确定其是否符合设计要求。

基底检验的主要内容应包括：检查基底的平面位置、尺寸大小、基底标高是否与原设计相符，检查基底地质情况和承载力是否与设计相符，检查基底处理及排水情况是否与施工设计规范相符。

（二）基底处理

天然地基上的浅基础是直接靠基底土来承受荷载的，故基底土质状态的好坏对基础和墩台结构的影响极大。所以基底检验合格后，即要进行基底处理工作。

基底处理应根据地基土的种类、强度和密度，按照设计要求并结合现场情况，采取相应的处理方法。基底处理的范围至少应超出基础之外0.5 m。符合设计要求的细粒土、特殊土基底，修整妥善后应尽快修建基础，不得使基底浸水和长期暴露。

基底处理方法视基底土质而异，一般对细粒土及特殊土地基、粗粒土和巨粒土地基、岩层地基、多年冻土地基、溶洞地基、泉眼地基进行相应的基底处理。

五、基础圬工浇筑

基础砌筑可分为以下三种：无水砌筑、排水砌筑和水下灌注。为了方便施工和保证质量，基础的砌筑应尽可能在干燥无水的状况下进行。当基坑渗漏很小时，可采用排水砌筑。只有当渗水量很大，排水困难时，才采用水下灌注混凝土的方法。基础圬工用料应在挖基完成前准备好，以保证及时砌筑基础，避免基底土质变差。

排水砌筑施工时，应确保在无水状态下砌筑圬工，禁止带水作业及用混凝土将水赶出模板外的灌注方法，基础边缘部分应严密隔水，水下部分圬工必须待水泥砂浆或混凝土终凝后才允许浸水。

基础圬工的水下灌注分为水下封底和水下直接灌注基础两种。

（一）水下混凝土封底再排水砌筑圬工

当坑壁有较好的防水设施（如钢板桩护壁等），但基坑渗漏严重时，可采用水下灌注混凝土封底的方法。待封底混凝土达到要求强度后排水，清除封底混凝土面浮浆，冲洗干净后再砌筑基础圬工。

水下封底混凝土应在基础底面以下。封底只能起封闭渗水的作用，封底混凝土只能作为地基，而不能作为基础。因此，封底混凝土不得侵占基础厚度。水下封底混凝土层的最小厚度由以下条件控制：当围堰作业已封底并抽干水后，板桩同封底混凝土组成一个浮筒，该浮筒的自重应能保证其不浮起；同时，封底混凝土作为周边简支的板，在基底面上水压力的作用下，不致因向上挠曲而折裂。封底混凝土的最小厚度一般为2.0 m左右。

（2）水下直接灌注混凝土

当今桥梁基础水下混凝土灌注施工中广泛采用的是直升导管法。混凝土经导管输送至坑底，并迅速将导管下端埋没。随后混凝土不断地被输送到被埋没的导管下端，从而迫使先前输送但尚未凝结的混凝土向上和向四周推移。随着基底混凝土的上升，导管也缓慢地向上提升，直至达到要求的封底厚度时停止灌入混凝土，并拔出导管。当封底面积较大时，宜用多根导管同时或逐根灌注，按先低处后高处、先周围后中部的次序并保持大致相同的标高进行，以保证混凝土充满基底全部范围。导管的有效作用半径依混凝土的坍落度大小和导管下口超压力的大小而异。

在正常情况下，所灌注的水下混凝土仅其表面与水接触，其他部分的灌注状态与空气中的灌注状态无异，从而保证了水下混凝土的质量。至于与水接触的表层混凝土，可在排干水外露时予以凿除。

采用直升导管法灌注水下混凝土时，应注意以下几个问题：①导管应试拼装，球塞应试验通过。施工时严格按试拼时的位置安装。导管试拼后，应封闭两端，充水加压，检查导管有无漏水现象。导管各节的长度不宜过大（一般为 1.0 ~ 2.0 m），连接应可靠而又便于装拆，以保证拆卸时中断灌注时间最短。②为使混凝土具有良好的流动性，粗集料粒径以 2 ~ 4 cm 为宜。坍落度应采用 18 ~ 20 cm，一般倾向于采用较大值。水泥用量比空气中同等级的混凝土增加 20%。③必须保证灌注工作的连续性，在任何情况下不得使灌注工作中断。在灌注过程中，应经常测量混凝土表面的标高，正确掌握导管的提升量。导管下端务必埋入混凝土内，埋入深度一般不应小于 0.5 m。④水下混凝土的流动半径，主要由混凝土的质量、水头的大小、灌注面积的大小、基底有无障碍物以及混凝土拌和机的生产能力等因素决定。通常流动半径在 3 ~ 4 m 范围内就能够保证封底混凝土的表面不会有较大的高差，并具有可靠的防水性。只要处理得当，就可以保证封底混凝土的防水性能。

浇筑基础时，应做好与台身、墩身的接缝联结，一般要求为：①对于混凝土基础与混凝土墩身、台身的接缝，周边应预埋直径不小于 16 mm 的钢筋或其他铁件，埋入与露出的长度不应小于钢筋直径的 20 倍。②对于混凝土或浆砌片石墩身、台身的接缝，应预埋片石。片石厚度不应小于 15 cm，片石的强度要求不低于基础或墩身、台身混凝土或砌体的强度。当墩台基础砌筑完毕后，应检验其质量和各部位尺寸是否符合设计要求。如无问题，即可进行基坑回填。基坑宜用原土或好土及时回填，每层回填厚度不大于 30 cm，并应分层夯实。

第二节　钻孔灌注桩基础施工

一、钻孔方法和机具设备

钻孔灌注桩施工的关键是钻孔。钻孔方法可归纳为如下 3 种类型。

1. 冲击法

用冲击钻机或卷扬机带动冲锤，借助锤头下落产生的冲击力，反复冲击、破碎土石或把土石挤入孔壁中，用泥浆浮起钻渣，或用抽渣筒、空气吸泥机将钻渣排出而形成钻孔。

2. 冲抓法

冲抓锥依靠自重产生冲击力，切入土层或破碎土层，叶瓣抓土、弃土以形成钻孔。

3. 旋转法

用钻机通过钻杆带动锥或钻头旋转切削土壤，用泥浆浮起钻渣并将其排出而形成钻孔。

二、钻孔灌注桩的施工工艺流程

钻孔灌注桩施工因成孔方法的不同和现场情况各异，施工工艺流程不会完全相同。在施工前要安排好施工计划，编制具体的工艺流程图，作为安排各工序施工操作和进度的依据。

当同时有几个桩位施工时，要注意相互间的配合，避免干扰，并尽可能做到均衡使用机具与劳动力，既要抓紧新钻孔的施工，又要做好已成桩的养护和质量检验工作。

钻孔灌注桩施工的主要工序包括：准备场地、埋设护筒、制备泥浆、钻孔、清底、钢筋笼制作与吊装以及灌注混凝土等。下面就其要点作简略介绍。

（一）准备场地

钻孔前要进行准备场地工作，其内容包括：①场地为旱地时，应清除杂物，换除软土，整平、夯实；②场地为陡坡时，可用枕木、型钢等搭设工作平台；③场地为浅水时，宜采用筑岛施工，筑岛面积应根据钻孔方法、设备大小等要求确定；④场地为深水或淤泥较厚时，可搭设工作平台。平台必须牢固、稳定，能承受工作时所有的静、动荷载，并保证施工机械能安全进出。

如水流平稳，水位升降缓慢，全部工序可在船舶或浮箱上进行，但必须锚固稳定，桩位准确。如流速较大，但河床可以整理平顺，可采用钢桩或钢丝网水泥薄壁浮式沉井，就位后灌水下沉至河床，然后在其顶部搭设工作平台，在其底部安设护筒；在某些情况下，可在钢板桩围堰内搭设钻孔平台。

（二）埋设护筒

钻孔成功的关键是防止孔壁坍塌。当钻孔较深时，地下水位以下的孔壁土在静水压力下会向孔内坍塌，甚至发生流砂现象。钻孔内若能保持比地下水位高的水头，增加孔内静水压力，就能稳定孔壁，防止坍孔。护筒除可起到这个作用外，还有隔离地表水，保护孔口地面，固定桩孔位置和钻头导向等作用。

制作护筒的材料有木、钢、钢筋混凝土三种。护筒要求坚固耐用，不漏水，其内径应比钻孔直径大（比旋转钻约大 200 mm，比潜水钻、冲击锥或冲抓锥约大 400 mm），每节长度为 2～3 m。一般常用钢护筒，其在陆上与深水中均能使用，钻孔完成后可拔出重复使用。其底部和周围一定范围内应夯填黏土，借助黏土压力及其隔水作用保持护筒稳定，保护孔口地面。在深水中埋设护筒时，先打入导向架，再用锤击或振动加压沉入护筒，护筒入土深度应视土质与流速而定。护筒平面位置的偏差不得大于 50 mm，倾斜度不得大于 1%。

（三）制备泥浆

钻孔泥浆由水、黏土（膨润土）和添加剂组成，具有浮悬钻渣，冷却钻头，润滑钻具，增大静水压力，在孔壁上形成泥膜，隔断孔内外渗流，防止坍孔的作用。调制的钻孔泥浆及经过循环净化的泥浆，应根据钻孔方法和地层情况采用不同的性能指标。泥浆稠度应视地层变化或操作要求灵活掌握。泥浆太稀，则排渣能力弱，护壁效果差；泥浆太稠，则会削弱钻头的冲击功能，降低钻进速度。

通常采用塑性指数大于 25、粒径小于 0.002 mm、颗粒含量大于 50% 的黏土，通过泥浆搅料机或人工调和储存在泥浆池内，再用泥浆泵输入钻孔内。泥浆泵应有足够的流量，以免影响钻进速度。大直径深孔采用正循环旋转法施工时，泥浆泵应经过流量和泵压计算来选择。对孔深百米以内的钻孔，一般可采用不小于 2 mPa 的泵压。

（四）钻机就位

测量放样，在护筒周边放出桩位中心十字线，并用红油标识。采用泵吸式反循环成孔工艺成孔，采用钻机本身的动力就位。开始之前注意桩的钻孔和开挖，应在中心距 5 m 内的任何混凝土灌桩完成 24 h 后才能开始，以避免干扰邻桩或钻孔过程。钻孔开钻后要连续作业，根据钻孔和地质层合理选择钻进速度；遇地下水后开始向孔内注浆，孔内水头高度保证 2 m 以上。钻头使用三翼圆笼钻锥，用优质泥浆护壁，桩的钻孔应保证各桩之间无影响，成孔前应检查孔的中心位置、垂直度和泥浆指标，钻进过程中要经常检查孔径、垂直度、泥浆指标、垂直度和成孔速度。如有偏差，应及时调整，保证桩基的成孔质量。

（五）成孔

钻孔灌注混凝土桩的成孔方法不胜枚举，至少有几十种。国内常用的有如下方法。

1. 正循环旋转法

利用钻具旋转切土体钻进，泥浆泵将泥浆压进泥浆龙头，泥浆通过钻杆中心从钻头处喷入钻孔内，然后挟带钻渣沿钻孔上升，从护筒顶部排浆孔排出至沉淀池。钻渣在此沉淀而泥浆流入泥浆池循环使用。正循环旋转法的特点是钻进与排渣同时连续进行，在适用的土层中钻进速度较快，但需设置泥浆槽、沉淀池等，施工占地面积较大，且机具设备较复杂。

2. 反循环旋转法

与正循环旋转法不同的是，泥浆输入钻孔内，然后从钻头的钻杆下口吸进，通过钻杆中心排出至沉淀池内。其钻进与排渣效率较高，但接长钻杆时装卸麻烦，钻渣容易堵塞管路。另外，因泥浆从上向下流动，孔壁坍塌的可能性较正循环旋转法大，为此需用较高质量的泥浆。

3. 潜水电钻法

系统旋转电动机及变速装置均经密封后安装在钻头与钻杆之间，潜入水下作业。其特点是钻具简单轻便，易于搬运，噪声小，钻孔效率较高，操作条件也有所改善。但钻机在水中工作时较易发生故障。

4.冲抓锥法

冲抓锥不需钻杆，钻进与提锥卸土均较推钻快。由于锥瓣下落时对土层有一股冲击力，故适用的土质较广。但该法不能钻斜孔；钻孔深度超过 20 m 后，其钻孔进度大为降低；当孔内遇到漂石或探头石时，冲抓较困难，需改用冲击锥钻进。

5.冲击锥法

适用于各类土层。实心锥适用于漂、卵石和软岩层，空心锥(管锥)适用于其他土层。在冲击锥下冲时，部分钻渣被挤入孔壁，可起到加强孔壁并增加土层与桩间侧摩阻力的作用。但该法不能钻斜孔；钻普通土层时，进度比其他方法都慢；钻大直径孔时，需采用先钻小孔而后逐步扩孔的方法(分级扩孔法)。

近年来，基岩钻孔技术特别是钻机的进步是令人惊喜的。过去只能用爆破法、高压水射流才可钻进的硬质岩层，现已能够采用机械钻进法，拓宽了钻孔灌注桩的应用范围。

（六）终孔检查与孔底清理

钻孔的深度、直径、位置和孔形直接关系到成桩质量与桩身曲直。因此，除了钻孔过程中进行密切观测监督外，在钻孔达到设计要求深度后，应对孔深、孔位、孔形、孔径等进行检查。确认满足设计要求后，填写终孔检查记录表。

清孔方法视使用的钻机不同而灵活选用，通常可采用正循环旋转法、反循环旋转法、真空吸泥机以及抽渣筒等清孔。

（七）钢筋骨架的制作、安装、入孔、固定

钢筋骨架采用在场内制作，现场安装分节成形(预留接头钢筋长度)，现场用吊车吊起，分节入孔的方法施工。施工中骨架第一节入孔后，用支撑杆固定骨架于井口中心位置，吊起另一节骨架与第一节骨架相连接，接头采用电弧焊以单面焊的工艺进行焊接。采用几台电焊机同时搭接单面焊，以减少混凝土浇筑前焊接所占用的时间。放钢筋骨架前，先在孔口加设 4 根导向钢管，以保证钢筋骨架在吊装过程中尽量对中，不伤孔壁及控制保护层厚度。钢筋骨架就位后，采取四点固定，以防止掉笼和混凝土浇筑时骨架上浮现象发生。支撑系统对准中线以防止钢筋骨架倾斜和移动。在钢筋骨架上焊接控制钢筋骨架与孔壁净距的护壁筋，以确保钢筋骨架在孔中的位置、保护层的厚度。钢筋骨架在孔内的高度位置用引笼拉筋固定在孔口位置的方式进行控制。

（八）灌注钻孔桩水下混凝土

采用导管直升法灌注水下混凝土。

1.导管的形式和连接方法

导管直径为 300 ~ 400 mm，壁厚 4 ~ 6 mm，中段每节长 2000 mm，底节做成 6000 ~ 8000 mm 长，其余节段用 1000 mm 及 500 mm 的管节找零，导管之间采用法兰连接。吊装之前应将导管连接，做水密性试验和接头承拉试验，保证连接紧密、不漏水。入孔时导管尽量位于孔口中央，导管底端至孔底面距离约为 400 mm，且导管要

进行升降试验，保证不碰撞钢筋骨架。

2.灌注水下混凝土

钢筋骨架入孔校正完毕，导管入孔固定后，经监理工程师验收钢筋工序、孔内沉淀层厚度及泥浆指标后，开始浇筑孔内水下混凝土。

浇筑混凝土前再次检测孔底沉淀层厚度，如大于规范要求，应再次抽渣清孔；混凝土拌合物运至灌注地点时，检查和易性和坍落度，符合要求后方可使用；灌注不得间断。灌注首批混凝土后，导管埋入混凝土中的深度不小于1 m。随着混凝土的不断灌注，不断提升导管，始终保持导管在混凝土中的埋置深度为4~6 m，灌注的桩顶高程高出设计高程0.5~1.0 m。灌注过程中应经常量测孔内混凝土面层的高程，及时调整导管排泄端与混凝土表面的相对位置，并始终严密监视导管在无空气和水进入状态下的填充情况。灌注混凝土时溢出的泥浆应引流至适当地点处理，以防污染。混凝土应连续灌注直至设计的混凝土顶面，以保证截切面以下的全部混凝土具有优良质量。

三、钻孔灌注桩基础施工注意事项

①钻孔机械就位后，应对钻机及配套设备进行全面检查。②钻机安设必须平稳、牢固，钻架应加设斜撑或缆风绳。③冲击钻孔时，选用的钻锥、卷扬机和钢丝绳等应配置适当；钢丝绳与钻锥用绳卡固接时，绳卡数量应与钢丝绳直径相匹配。④冲击过程中，钢丝绳的松弛度应适宜。正、反循环旋转钻机及潜水钻机使用的电缆线要定期检查，接头必须绑扎牢固，确保不漏水、不漏电；对经常处于水、浆浸泡处应架空搭设。⑤挪移钻机时，不得挤压电缆线及风水管路。潜水钻机钻孔时，一般在完成一根钻孔桩后要检查一次电动机的封闭状况。钻进速度应根据地质变化加以调整，以保证安全运转。⑥采用冲抓或冲击钻孔，当钻头提到接近护筒底缘时，应减速、平稳提升，不得碰撞护筒和钩挂护筒底缘。⑦钻孔使用的泥浆宜设置泥浆净化系统，并注意防止或减少环境污染。⑧钻机停钻后，必须将钻头提出孔外置于钻架上，不得滞留孔内。⑨对于已埋设护筒但尚未开钻，或已成桩护筒尚未拔除的，应加设护筒顶盖或铺设安全网遮罩。

四、钻孔事故及处理

常见的钻孔（包括清孔）事故有坍孔、钻孔偏斜、掉钻落物、糊钻、扩孔与缩孔，以及出现梅花孔、卡钻、钻杆折断、钻孔漏浆等。遇到事故时，要冷静分析事故原因，及时、果断地采取补救措施。

五、挖孔灌注混凝土桩

挖孔灌注混凝土桩是用人工和小型爆破，配合简单工具挖掘成孔，灌注混凝土形成桩基，适用于无水或水较少的较实的各类土层。桩径（或边长）不宜小于1.2 m，孔深一般不宜超过20 m。在实际施工中，挖孔桩有一定的适用范围，其特点是投资少、进度快，可多点同步作业且所需机具设备少，成孔后可直接检查孔内土质状况，基桩质量有可靠保证。对于挖深过大（超过 15 ~ 20 m），或孔壁可能坍塌及渗水量稍大等情况，应慎重选择施工工艺，增加护壁措施，改善通风条件，以确保施工安全。

第三节　沉井基础施工

在修建负荷较大的建筑结构物时，其基础应该坐落在坚固、有足够承载力的土层上。当这类土层较深，采用天然基础和桩基础受水文地质条件限制时，需用一种就位后上、下开口封闭的结构物来承受上部结构的荷载，这种结构物被称为沉井。

沉井是用混凝土或钢筋混凝土制成的井筒（下有刃脚，以利于下沉和封底）结构物。施工时，先按基础的外形尺寸在基础的设计位置上制造井筒，然后在井内挖土，使井筒在自重（有时需配重）作用下克服土的摩阻力缓慢下沉。当第一节井筒顶下沉接近地面时，再接第二节井筒，继续挖土。如此循环，直至下沉到设计高程。最后浇筑封底混凝土，用混凝土或砂砾石充填井孔，在井筒顶部浇筑钢筋混凝土顶板，即形成深埋的实体基础。

沉井基础既是结构基础，又是施工时的挡土、防水围堰结构物。其埋深大，整体性强，稳定性好，刚度大，能承受较大的上部荷载，且施工设备和施工技术简单，节约场地，所需空间。沉井可在墩位筑岛制造，井内取土后靠自重下沉，也可采用辅助下沉措施，如采用泥浆润滑套、空气幕等方法，以减小下沉时井壁摩阻力和井壁厚度等。刃脚在井壁最下端，形如刀刃，在沉井下沉时起切入土中的作用。井筒是沉井的外壁，在下沉过程中起挡土的作用。沉井下沉过程中，需要有足够的重量克服筒壁与土之间的摩阻力及刃脚底部的土阻力，使沉井能在自重作用下逐步下沉。

沉井基础施工内容如下。

（一）沉井制作

沉井制作方案应根据沉井施工方法确定。在沉井施工前，应详细掌握沉井入土地层及其地基岩石地质资料，并依次制订沉井下沉方案；对洪汛、凌汛、河床冲刷、通航及漂浮物等做好调查研究，并制订必要的安全技术措施，以确保沉井下沉。

沉井制作可分为就地制作沉井、浮式沉井和泥浆润滑套沉井三种方案。

1. 就地制作沉井

沉井位于浅水或可能被水淹没的岸滩时，宜采用筑岛沉井；在无被水淹没可能的岸滩上时，可就地整平夯实制作沉井；在地下水位较低的岸滩，土质较好时可开挖基坑制作沉井。就地制作沉井的方法分为干旱滩岸沉井浇筑法和水中筑岛沉井浇筑法两种。

干旱滩岸沉井浇筑法就是墩台基础位于干旱地而制作沉井，施工时沉井就地下沉。若土质松软，应在进行场地平整并夯实后，在其上铺垫 300 ~ 500 mm 的砂垫层，并铺以垫木，垫木之间用砂填平，不允许在垫木下垫塞木块、石块来调整顶面高程，以防压重（也称配重）后产生不均匀沉降。

水中筑岛沉井浇筑法适用于水深 3 ~ 4 m、流速较小的情况，围堰筑岛时，其岛面、平台面和坑底高程应比施工时的最高水位高出 500～700 mm，当有流冰时还应适当加高。底层沉井的制作工序包括场地平整夯实，铺设垫木，立沉井模板及支撑，钢筋焊扎，浇筑混凝土等。

在支垫上立模制作沉井时，应符合下列要求：①支垫布置应满足设计要求，应抽垫方便。②支垫顶面应与钢刃脚底面紧贴，使沉井重力均匀分布于各支垫上。③模板及支撑应具有足够的强度和较好的刚性。内隔墙与井壁连接处的支垫应连成整体，底模应支承于支垫上，以防不均匀沉陷；外模与混凝土面贴接一侧应平直、光滑。

刃脚部分采用土模制作时，应符合下列要求：①刃脚部分的外模应能承受井壁混凝土的重力在刃脚斜面上产生的水平分力；土模顶面的承载力应满足设计要求，一般宜填筑至沉井隔墙底面。②土模表面及刃脚底面的地面上均应铺筑一层 20～30 mm 的水泥砂浆，砂浆层表面应涂隔离剂。③应有良好的防水、排水设施。

由于沉井分节制作，分节沉入土中，故其分节制作的高度应既能保证其稳定，又能产生重力下沉的作用。因此，底节沉井的最小高度应能抵抗拆除垫木或挖去土模（当刃脚为土模时）时的竖向挠曲强度。当挖土条件许可时应尽量高，一般情况下每节高度不宜小于 3 m，并应处理好接缝。在沉井接高时，注意使各节沉井的竖向中轴线与第一节沉井重合，且外壁应竖直、平整。

（二）浮式沉井

浮式沉井是把沉井底节制造成空体结构，或采取其他方法使之漂浮于水中，用船只拖运到设计位置后逐步用混凝土或水灌注，增大自重，使其在水中徐徐下沉直达河底。这种方法适用于水深流急、筑岛困难的沉井基础。

1. 钢丝网水泥薄壁沉井

钢丝网水泥薄壁由骨架、钢丝网、钢筋网和水泥砂浆等组成，由 30 mm 钢丝水泥薄壁隔成空腹壳体，入水后能浮于水中；浮运就位后向空腹壳体内灌水，使之下沉落于河床上，再逐格对称地灌注水下混凝土，从而使薄壁空腹沉井变成普通的重力式沉井。钢丝网水泥薄壁沉井由于钢丝网均匀分布在砂浆中，增加了砂浆的内聚力和握裹力，从而提高了砂浆的抗拉强度和韧性，使钢丝网水泥薄壁具有很大的弹性和抗裂性，并能抵抗一定程度的冲击。它具有结构薄而轻，有足够强度和刚度，节省材料，操作简单，可多点平行施工作业且施工时无须模板，可节省模板和支撑等特点。当河流宽度超过 200 m 时，可采取半通航措施，用钢丝绳牵引沉井入水，因而浮运就位方法简单，设备简便。

钢丝网水泥薄壁沉井的制作程序为：

（1）预制场地的选择

为了保证浮式沉井安全地进行水上浮运，预制场地的选择应结合水下方案综合考虑。

（2）刃脚踏面大角钢成形

成形可在弯曲机上进行，也可人工弯曲成形，但应注意掌握角钢的翘曲变形，并随时整平。

（3）沉井骨架的架设

沉井骨架是由刃脚踏面角钢、竖面骨架角钢与内外箍筋焊接而成。

首先焊接刃脚踏面，其次架设竖面骨架，待其就位后，用支撑、缆绳予以临时固定，正位后即可加箍筋焊成整体沉井骨架。为了增强角钢刚度，在横隔板及横撑骨架间设置刃脚加撑骨架。

（4）铺网

铺网工作是沉井制作的关键，要求铺网平整，否则会产生波浪形甚至高低不平，造成抹灰砂浆保护层厚薄不均，使沉井受力不利。铺网时内、外井壁和刃脚部分同时进行。铺刃脚钢丝网时，由刃脚斜面向刃脚立面铺设；铺井壁钢丝网时，由上至下铺设，首先铺内层钢丝网，其次铺纵筋，接着铺横筋，最后铺外层钢丝网。

（5）抹水泥砂浆

当铺网工作结束后，即可进行抹灰作业。抹灰所用水泥宜采用强度等级不小于42.5的普通硅酸盐水泥，砂宜采用粗砂或中砂；水泥与砂的配比为1∶1.5，水灰比为0.4。抹灰时由下向上进行：先将砂浆从沉井腔内用力向外挤压，直到透过外层钢丝网为止；待砂浆初凝后再抹腔外，并将沉井外壁的外缘面抹光。

2.钢筋混凝土薄壁沉井

钢筋混凝土薄壁沉井的内、外井壁及隔墙均采用钢筋混凝土薄壁轻型结构，具有良好的强度和刚度，刃脚也具有足够抵抗侧土压力的强度。

3.装配式钢筋混凝土薄壁沉井

装配式钢筋混凝土薄壁沉井是近年来采用的一种深水墩基础形式。其沉井分层依次叠装，然后浇筑水下混凝土形成井壁，最后抽水、清基、填芯而成。基本构件由纵贯上下的梯形导杆（4根）、每层1 m的井壳（圆头2块、直线段2块）和与井壳等高的支撑梁壳（4块）装配而成。

（三）泥浆润滑套沉井

泥浆润滑套沉井是在沉井外壁与土层间设置泥浆隔离层，以减小土体与井壁间的摩擦力，从而可减轻沉井自重，加大下沉速度，提高下沉效率。泥浆润滑套沉井刃脚踏面宽度宜小于100 mm，以利于减小下沉时的摩阻力。沉井外壁应做成单台阶形，为防止泥浆通过沉井侧壁而渗透到沉井内，对直径小于8 m的圆形沉井，台阶位置在距刃脚底面2～3 m处；对面积较大的沉井，台阶位置在底节与第二节接缝处。台阶的宽度应为泥浆套宽度，一般为100～200 mm。

二、沉井下沉

沉井下沉是指通过井内除土，清除刃脚正面阻力和沉井内壁阻力后，依靠沉井自重下沉。井内除土方式有排水开挖和不排水开挖。在稳定的土层中，当渗水量不大时，可采用排水开挖使沉井下沉。在有涌水翻砂而不宜采用排水下沉的地层，应采用不排水开挖。不排水开挖采用抓土、吸泥等方法使沉井下沉，必要时辅以压重，高压射水，降低井内水位而减小浮力、增加沉井自重，泥浆润滑套等方法。

（一）拆除垫木

抽垫工作是沉井下沉的开始工作，也是整个沉井下沉工作中极为重要的工序之一。拆除垫木必须在沉井混凝土达到设计强度等级后方可进行。

第一，抽垫应分区、依次、对称、同步进行。

第二，应将井孔内的所有杂物清除干净，准备工作全部就绪后，方可进行抽垫。

第三，抽垫时，先挖垫木下的填砂，再抽垫木，垫木宜从外侧抽出。垫木抽出后，应回填土，开始几组可不作回填，当抽出几组垫木出现空当后，即应回填。回填材料可用砂、砂夹碎石。回填时应分层洒水夯实，每层厚度为 200～300 mm，但回填料不允许从沉井内或筑岛材料中获取，以防沉井歪斜。回填高度应以最后分配给定位垫木的重量不致压断垫木，以及垫木下土体承压应力不超过岛面极限承压应力为准，必要时可加大回填高度，甚至在隔墙下进行回填，以满足要求。

第四，抽垫时定位垫木的位置应按设计确定。若设计无规定，则对于圆形沉井，应安排在周边相隔 90° 的 4 个支点上；对于矩形沉井，应对称布置在长边，每边两个。

第五，当抽垫至垫木的 2/3 时，沉井下沉较为均匀，下沉量小，回填时间较为充裕，便于较好地抽垫和回填。当继续抽垫时，下沉量逐步加大，回填也较困难，甚至会出现下沉太快以致回填时间不足，造成垫木压坏或间断的情况。因此，抽垫开始阶段宜缓慢进行，以便有足够的时间来回填夯实，力求尽量改变最后阶段下沉快、沉降量大、断垫等现象。

（二）井内除土

1. 排水开挖下沉

在稳定的土层中，渗水量不大（每平方米沉井面积的渗水量小于 1 m³/h）时，可采用排水开挖下沉。从地面或岛面开始挖土下沉时，应将抽垫时在刃脚内侧的回填土分层挖去。其开挖顺序原则上与抽垫顺序相同，定位承垫处的土最后挖除。当一层全部挖完后，再挖第二层，如此循环往复。开挖的方法如下。当土质松软时，分层挖除回填土，沉井逐渐下沉。当沉井刃脚下沉至沉井中部与土面大致平齐时，即可在中部先向下开挖 400～500 mm，并向四周均匀开挖；距刃脚约 1 m 处时，再分层挖除刃脚内侧的土台。当土质较坚实时，可从中部向下开挖 400～500 mm，并向四周均匀扩挖，使沉井平稳下沉。当土质坚硬时，可按抽垫顺序分段掏空刃脚。每段掏空后随即回填砂砾，待最后几段掏空并回填后，再分层分次序地逐步挖去回填土，使沉井下沉至岩层。

开挖刃脚下的土体时，可采用跳槽法，即将刃脚周长等分为若干段，每段长约 1 m，先隔一段挖一段，然后挖去剩余各段，最后挖定位承垫处的岩石。开挖时，下沉速度应根据沉井大小、入土深度、地层情况而定。一般而言，平均下沉速度为 0.5～1.0 m/d。

2. 不排水开挖下沉

不排水开挖下沉的基本要求为：①沉井内除土深度应根据土质而定，最深不应低于刃脚 2 m；土质特别松软时，不应直接在刃脚下除土。②应尽量加大刃脚对土的压力。当沉井通过粉砂、细砂等松软地层时，不宜以降低沉井内水位从而减小浮力的方法来促使沉井下沉，应保持沉井内水位高于沉井外水位 1～2 m，以防止流砂现象的发生，其会引起沉井歪斜，增加吸泥工作量。③除纠正沉井倾斜外，沉井各孔内的土应均匀清除，土面高差不应超过 500 mm。④当沉井入土较深，井壁阻力较大时，应根据具体情况采取有效的下沉方法，如采取抓土、吸泥、射水交替联合作业。必要时还需辅以降低沉井内水位，在沉井底放炮震动，或用在沉井顶压重的方法，使沉井下沉至设计高程。

不排水开挖下沉常采用抓土下沉。单孔沉井时，抓斗挖掘井底中央部分的土，形成锅底状。

在砂或砾石类土体中，一般当锅底比刃脚低 1 ~ 1.5 m 时，沉井即可靠自重下沉，并将刃脚下的土挤向中央锅底；在黏性土中，由于四周土不易向锅底坍落，应辅以高压水松土。多孔沉井时，最好在每个井孔上配置一套抓土设备，以同时均匀除土，减少抓斗倒孔时间，使沉井均匀下沉。

为了使抓斗能在沉井孔内靠边的位置上抓土，需在沉井顶面井孔周围预埋挂钩。偏抓时，先将抓斗落至孔底，再将钢丝绳挂在井孔周边的挂钩上进行抓土，如此就可以达到偏抓的目的。

（三）辅助下沉措施

1.高压射水

当局部地点难以由潜水员定点、定向射水掌握操作时，在一个沉井内只可同时开动一套射水设备，并不得进行除土或其他起吊作业。射水水压应根据地层情况、沉井入土深度等因素确定，可取 1 ~ 2.5 MPa。

2.抽水助沉

不排水下沉的沉井，对于易引起翻砂、涌水的地层，不宜采用抽水助沉方法。

3.压重助沉

沉井圬工尚未接高浇筑完毕时，可利用接高浇筑圬工压重助沉，也可在井壁顶部用钢铁块件或其他重物压重助沉。采用压重助沉时，应结合具体情况及实际效果选用。

4.炮震助沉

一般不宜采用炮震助沉方法。在特殊情况下必须采用时，应严格控制用药量。在井孔中央底面放置炸药起爆助沉时，可采用 0.1 ~ 0.2 kg 炸药，具体使用应视沉井大小、井壁厚度及炸药性能而定。同一沉井每次只能起爆一次，并应根据具体情况适当控制炮震次数。

5.利用空气幕下沉

（四）沉井接高

接高上节沉井模板时，不得直接支撑于地面。接高时应均匀加重，防止沉井突然下沉和倾斜。接高后的各节沉井的中轴线应为一直线。混凝土施工接缝应按设计要求布置接缝钢筋，清除浮浆并凿毛。

①沉井接高前，应尽量纠正倾斜，接高各节的竖向中轴线应与前一节的中轴线重合。②水上沉井接高时，井顶露出水面不应小于 1.5 m；地面上沉井接高时，井顶露出地面

不应小于 0.5 m。③接高前不得将刃脚掏空，避免沉井倾斜，接高加重应均匀、对称地进行。

沉井下沉时，如需在沉井顶部设置防水或防土围堰，围堰底部与井顶应连接牢固，防止沉井下沉时围堰与井顶脱离。

（五）沉井纠偏

①纠偏前，应分析原因，然后采取相应措施，如有障碍物应首先清除。②纠正倾斜时，一般可采取除土、压重、顶部施加水平力或刃脚下支垫等方法进行。对空气幕沉井可采取局部偏侧压气纠偏。③纠正位移时，可先除土，使沉井底面中心向墩位设计中心倾斜，然后在对侧除土使沉井恢复竖直。如此反复进行，使沉井逐步接近设计中心。④纠正扭转时，可在一对角线的两角除土，在另外两角填土。借助于刃脚下不相等的土压力所形成的扭矩，可使沉井在下沉过程中逐步纠正其扭转角度。

三、沉井清基和封底

（一）沉井清基

沉井清基是指沉井下沉到位后，清除基底的松散土层及杂质，以保证封底混凝土直接支承在持力土层上。

①沉井下沉至设计高程后，基底面地质应符合设计要求。如有不符需作处理，应征得设计单位同意，必要时取样鉴定。②清理后的基底面距隔墙底面的高度及刃脚斜面露出的高度，必须满足设计要求的最小高度。③基底浮泥或岩面残存物均应清除，保证封底混凝土与基底间不产生有害夹层。④隔墙底部及封底混凝土高度范围内井壁上的泥污应予以清除。

（二）沉井清基方法

1. 排水清基

排水清基时，施工人员可进入井底施工，比较简单，主要问题是防止沉井在清基时倾斜，处理从刃脚下涌入井内的流沙等。

2. 不排水清基

不排水清基可采用高压射水将刃脚及隔墙下的土破坏，然后用吸泥机除渣。高压射水一般使用直径为 75 ~ 86 mm 的钢管，下端配有单孔锥型射水嘴，出水孔直径为 13 ~ 20 mm。沉井沉至设计高程后，应检验基底的地质情况是否与设计相符。排水下沉时可直接检验、处理；不排水下沉时应进行水下检验、处理，必要时需取样鉴定。

（三）封底

基底检验合格后，应及时封底。对于排水下沉的沉井，在清基时如渗水量上升速度小于或等于 6 mm/min，可按普通混凝土浇筑方法进行封底；若渗水量大于上述规定，宜采用水下混凝土进行封底。

沉井封底时，若井内可以排水，则按一般混凝土施工；若不能排水，则采用导管法灌注水下混凝土。

用刚性导管法进行水下混凝土封底时，应满足如下要求：①混凝土材料可参照钻孔灌注桩水下混凝土的有关规定，混凝土的坍落度宜为 150～200 mm。②灌注封底水下混凝土时，需要的导管间隔及根数应根据导管作用半径及封底面积确定。③用多根导管进行灌注的顺序应进行设计，防止产生混凝土夹层。若同时浇筑，当基底不平时，应逐步使混凝土保持大致相同的高程。④每根导管开始灌注时所用的混凝土坍落度宜采用下限，首批混凝土的需要量应通过计算确定。⑤在灌注过程中，导管应随混凝土面的升高而徐徐提升。⑥在灌注过程中，应根据混凝土的堆高和扩展情况正确调整坍落度和导管埋深，使每盘混凝土灌注后形成适宜的堆高和不大于 1∶5 的流动坡度。抽拔导管时应严格保证导管不进水。混凝土面的最终灌注高度应比设计值高出至少 150 mm。待灌注混凝土强度达到设计要求后，再抽水凿除表面松弱层。

沉井封底时，若为水下压浆混凝土，应按设计要求施工。

第四节　桥梁墩台及盖梁施工

一、桥梁墩台施工

墩台是桥梁的下部结构，支承着桥梁上部结构的荷载，并将它传给地基基础。桥梁墩台应具有足够的强度和稳定性，能够避免在荷载作用下产生过大位移和转动。因此，桥梁墩台施工是桥梁下部结构施工中的重要组成部分，其施工质量的优劣，不仅关系到桥梁上部结构的制作与安装质量，而且对桥梁的使用功能也影响重大。因此，墩台的位置、尺寸和材料强度等都必须符合设计规范的要求。墩台施工的主要工作有：墩台定位，放样，基础施工，在基础襟边上立模板和支架，浇筑墩（台）身混凝土或砌石，扎顶帽钢筋，浇顶帽混凝土并预留支座锚栓孔等。在施工过程中，应准确地测定墩台位置，正确地进行模板制作与安装，同时采用经过正规检验的合格材料，严格执行施工的规定，以确保施工质量。

桥梁墩台的施工方式主要有桥位就地施工与预制装配两种。墩台施工方法与构造形式密切相关。就桥墩而言，目前较多采用滑动模板连续浇筑施工，它对于高桥墩和薄壁无横隔梁的空心桥墩具有很高的经济效益，而装配式墩常采用带有横隔梁的空心墩或 V 形墩、Y 形墩等。连续梁桥的墩台主要采用混凝土、钢筋混凝土和预应力混凝土结构建造。

（一）整体式墩台的施工要点

1. 混凝土及钢筋混凝土墩台的施工要点

①墩台施工前，应在基础顶面放出墩台中线和墩台内、外轮廓线的准确位置。②现浇混凝土墩台钢筋的绑扎应和混凝土的灌注配合进行。垂直方向的钢筋应配置不同的长度，以使同一断面上的钢筋接头符合《公路桥涵施工技术规范》（JTG/T F50-2011）的有关规定。水平钢筋的接头也应内外、上下互相错开。③注意掌握混凝土的浇筑速度。④若墩台截面积不大时，混凝土应一次连续浇筑完成，以保证其整体性。若墩台截面积过大，应分段分块浇筑。⑤在混凝土浇筑过程中，应随时观察所设置的预埋螺栓、预埋支座的位置是否移动，若发现移位应及时校正。浇筑过程中还应注意模板、支架情况，如有变形或沉陷应立即校对并加固。⑥对于高大的桥台，若台身后仰，本身自重力偏心较大，为平衡台身偏心，施工时应在填筑台身四周路堤土方的同时砌筑或浇筑台身，以防止桥台后倾或向前滑移。未经填土的台身施工高度一般不宜超过 4 m，以免因偏心引起基底不均匀沉陷。⑦V 形、Y 形和 X 形桥墩的施工方法与桥梁结构体系有密切关系。V 形墩类桥梁属刚架桥系统，其施工方法除了具有连续梁桥的施工特点外，还有其自身的特点。通常把这种桥梁划为 V 形墩结构、锚跨结构和挂孔部分三个施工阶段。其中，V 形墩是全桥施工的重点，它由两个斜腿和顶部主梁组成倒三角形结构。

2. 片石混凝土或片石混凝土砌体墩台的施工要点

在浇筑实体墩台和厚大无筋或稀配筋的墩台混凝土时，为节约水泥，可采用片石混凝土或混凝土砌体。

当采用片石混凝土时，混凝土中允许填充粒径大于 150 mm 的石块（片石或大卵石），并应遵守下列规定：①填充石块的数量不宜超过混凝土结构体积的 25%。②应选用均匀，无裂纹、夹层，不宜风化和未燃烧过的并具有抗冻性的石块。③石块的抗压强度应符合《公路桥涵施工技术规范》（JTG/T F50-2011）的有关规定，与对碎石、卵石的要求相同。④石块在使用前应仔细清扫，并用水冲洗干净。⑤石块应在捣实的混凝土中埋一半左右。受拉区混凝土不宜埋放石块；当气温低于 0℃时，应停埋石块。⑥石块应在混凝土中分布均匀，两石块间的净距不应小于 100 mm，以便捣实其间的混凝土。石块距表面（包括侧面与顶面）的距离不得小于 150 mm，具有抗冻要求的距表面不得小于 300 mm，并不得接触钢筋和碰撞预埋件。

当采用片石混凝土砌体时，石块含量可增加到砌体体积的 50% ~ 60%，石块间净距可减小为 40 ~ 60 mm，其他要求与片石混凝土相同。

（二）装配式桥墩的施工要点

装配式桥墩主要采用拼装法施工。它用于预应力混凝土、钢筋混凝土薄壁墩，薄壁空心墩或轻型桥墩。装配式桥墩主要由就地浇筑的实体部分墩身、基础与拼装部分墩身组成。实体部分墩身与基础采用就地现浇施工时，应考虑其与拼装部分的连接、抵御洪水和漂流物的冲击、锚固预应力筋、调节拼装墩身的高度等问题。

拼装部分墩身由基本构件、隔板、顶板和顶帽组成，在工厂制作，运到桥位处拼装成桥墩。拼装部分墩身的分块，要根据桥墩的结构形式，吊装、起重工具和运输能力确定，应尽可能使分块大、接缝小，并按照设计要求定型生产。加工制作出来的拼装块件应质量可靠，尺寸准确，内外壁光洁度高。拼装要根据施工现场的地形、水文、运输条件以及墩的高度、起吊设备等具体情况拟订施工细则，认真组织实施。确定拼装方法时应注意预埋件的位置，接缝处要牢固密实，预留孔道要畅通。

（三）高桥墩施工

1. 高桥墩施工的特点及准备工作

高桥墩施工的特点是施工难度大，技术含量高，对操作人员的素质要求严格。所以高空作业更容易产生安全隐患和发生各类安全事故。

高桥墩施工的准备工作如下：

（1）混凝土配合比设计

混凝土宜采用半干硬或低流动混凝土，要求和易性好，不易产生离析、泌水现象，坍落度应控制为 3 ~ 5 cm。混凝土脱模强度宜控制为 0.2 ~ 0.4 MPa，以保证混凝土出模后既能易于抹光表面，不致折裂或带起，又能支承上部混凝土的自重，不致流淌、坍落或变形。

（2）滑模施工的组织设计

高桥墩施工是一种综合性工艺，必须做好详细的施工组织计划，制订可靠的质量保证措施，设立完善的安全保证体系，以保证连续作业和施工质量。

（3）模板制作及滑模系统

模板装置由滑模系统、提升系统、操作平台系统组成。滑模系统由全钢模及提升架组成，钢模均使用定型大钢模板，模板之间采用螺栓连接。围圈应有一定的刚度，围圈接头应采用刚性连接，并上、下错开布置附着在钢模板上连成整体，以防止模板变形。提升系统由液压控制台、千斤顶、油路及支承杆组成。操作平台系统由外挑架及吊架组成。外挑架采用钢管连接，以增加整体刚度，外设防护栏杆，挂安全网。

（4）机具设备的选择

爬杆以前常用直径 25 mm 的圆钢，后因其承压能力差，较易发生弯曲而被同截面的 48 mm×3.5 mm 钢管取代。钢管位置一般取决于墩台的截面，爬杆应尽量处于混凝土的中心，其数量由起重计算确定，应做到受力均匀，提升同步并具有一定的安全储备，通常其间距为 1.5 ~ 2.5 m。同时，滑模提升也应做到垂直、均衡一致，各提升架之间的高差不大于 5 mm。为此，浇筑混凝土时应严格保持均匀、平衡，每层厚度要严格控制，混凝土布料也要对称，钢筋上料要按施工要求分成小批对称堆放在平台上，以防止滑模在不均匀荷载作用下倾斜。应随时对滑模的水平结构变形进行检查，以便及时调整、加固。

2. 滑升模板法施工

滑升模板法施工时，模板固定在工作平台上，随墩身的施工而逐渐提升，逐段浇筑混凝土。滑升模板法施工具有施工进度快，混凝土质量好，安全可靠等优点，故广泛应用于高墩台、桥塔的施工中。当桥梁跨越深谷时，必须采用高桥墩，这种情况下常采用滑升模板法进行墩身施工。

（1）滑升模板的构造

滑升模板主要由工作平台、模板和提升设备三大部分组成。

工作平台是整个滑升模板的骨架，由顶架、操作平台、吊架、混凝土平台等组成。它既提供施工操作的场地，又把各组成部分连接在提升设备的顶杆上。其中，顶架用以承受整个模板和操作平台的荷载，并将其传递给顶杆；操作平台提供施工操作的场地；吊架位于整个滑升模板的下方，供施工人员对混凝土进行表面整饰和养生等工作。

模板悬挂在工作平台上，如果桥墩是空心墩，则模板由内模和外模组成；如果桥墩向上收坡，可在模板上连接收坡丝杆，用于调节内、外模板的间距。提升设备由千斤顶和顶杆组成，千斤顶用于提供向上的提升力，将整个滑升模板设备向上提升；顶杆一端固定于墩台混凝土上，另一端穿过千斤顶，承受施工过程中的全部荷载。

（2）滑升模板的施工

滑升模板的施工是一个连续、循环的过程，主要包括组装滑升模板，浇筑混凝土，滑升模板等工序。

1）组装滑升模板

组装滑升模板的大致步骤如下：在基础顶面定出桥墩中心线，垫好垫木；在垫木上安装工作平台的内钢环，再依次安装辐射梁、外钢环、立柱；提升设备，撤去垫木，安装模板就位；待模板滑升至一定高度后安装吊架。设备组装完毕后，必须进行全面检查，及时纠正偏差。

2）浇筑混凝土

滑升模板法施工宜浇筑低流动性或半干硬性混凝土。浇筑时应分层、分段、对称进行，分层厚度以 200 ～ 300 mm 为宜，浇筑后混凝土表面距模板上缘宜有不小于 100 ～ 150 mm 的距离。

混凝土脱模时的强度控制为 0.2 ～ 0.5 mPa，混凝土中可掺入适量的早强剂，以加速提升强度。脱模后 8 h 左右开始养生，用吊在下吊架上的环绕墩身的带小孔的水管来进行，用水管进行混凝土的湿法养护。

3）滑升模板

滑升模板分为初次滑升阶段和正常滑升阶段。模板初次滑升的程序是：初次浇筑混凝土厚度 600 ～ 700 mm，分 3 次浇筑；待强度达到滑升要求后，初次滑升 20 ～ 50 mm，再浇筑 300 mm 混凝土，滑升 100 ～ 150 mm。之后进入正常滑升阶段，每浇筑一层混凝土向上滑升同样的高度。

滑升模板法施工要求连续作业，如施工过程中出现暂停，必须每隔比左右将模板略为提升，以避免混凝土和模板粘连。施工过程中还必须穿插进行钢筋绑扎、顶杆接长、预埋件的处理、混凝土表面整饰、检查中线等工作。滑升模板法施工是高空作业，施工人员应随时注意施工安全，严格执行高空作业安全制度。

3.翻板式模板施工

墩身模板采用液压自升平台翻模，内、外模板共设三节，循环交替翻升。当第三节混凝土灌注完成后，提升工作平台，拆卸并提升第一节模板至第三节上方，安装、校正后浇筑混凝土，如此循环进行。当临近墩顶连接处时，在墩身上预埋托架，支立墩帽模板，浇筑墩帽混凝土。混凝土浇筑用泵送入模，然后用插入式振捣器振捣，最后用软塑管缠绕墩身喷水养护。

施工中因大风、大雨或其他原因必须停工时，应充分做好停工处理。停工前将混凝土面摊平，振捣完毕，控制好工作平台的提升高度，防止平台提升过高而影响其稳定性。复工时加强中线水平观测，新、旧混凝土接缝按规定处理后，再继续施工。

（1）墩身模板

模板分上、下两节，接缝采用对接接头，模板制作尺寸误差小于 2 mm，倾斜角偏差小于 1.5 mm，孔位误差小于 1 mm。为确保工程质量，应在厂内统一加工。施工过程中，两节模板交替轮番往上安装，每一节都立在已浇筑混凝土的模板上。

圆形空心墩内模采用组合钢模拼装，内、外模间设带内纹的对拉螺栓，以便拆模，避免墩身混凝土内形成孔洞。墩身内腔每隔一定高度预设型钢作支撑梁，上面搭设门式脚手架作为装拆内模和浇筑混凝土的工作平台。安装和拆卸模板，提升工作平台以及垂直运输钢筋等物品均由塔吊完成。墩身外侧设施工电梯，用于人员的运送。

（2）钢筋工艺

墩身竖向钢筋采用挤压套管连接方法。钢筋长度均为 9.0 m，但在高度上将一半数量的接头错开 4.5 m，这样每节混凝土外露钢筋有高、低两层。施工时，先在长钢筋上点焊一道箍筋，依靠已立好的内模将钢筋调整到正确位置，然后以此为定位筋安装接长钢筋。

（3）拆模

在安装钢筋的同时，可以开始拆下面一节外模。拆模时用手拉葫芦将下面一节模板与上一节模板上下挂紧，同时另设两条钢丝绳拴在上、下节模板之间。拆除左右和上面的连接螺栓后，下节模板就会脱落。脱模后放松葫芦，将拆下的模板用钢丝绳挂在上节模板上。然后逐个将四周各模板拆卸并悬挂于上节模板上。这样可将拆模工作和钢筋安装工作同时进行，达到节约时间，也减少了对塔吊工作时间的占用。

（4）模板位置调整

当模板组拼成型后，所有螺栓不必拧紧，留出少量松动余地。若模板前后方向偏斜，可通过手拉葫芦调整至正确位置；左右偏斜的调整通过在模板底边靠倾斜方向的一端塞加垫片实现。模板之间的缝隙塞有橡胶条，因而不会漏浆。调整完毕后，拧紧全部螺栓，即可浇筑混凝土。

（5）混凝土施工

混凝土的垂直运输采用输送泵一次完成。泵管利用模板对拉螺栓留在墩身内的螺母安装固定架由下而上固定在墩柱壁上。由于运送高度大，要求混凝土既要保持较大的流动性，又要达到设计强度。因此，应对各种水泥、外加剂及配合比进行多次试验，并依泵送情况随时调整。应加强振捣以确保混凝土的密实度，真正做到内实外美。在混凝土强度达到设计或监理工程师的要求后拆模、养生。

（6）施工中墩身施工测量控制

用极坐标定位法、铅垂线控制法、悬挂钢尺水准测量法和三角高程间接法分别对墩身进行平面和标高定位。

二、盖梁施工

（一）墩台帽施工

1.放样

墩台混凝土浇筑或砌石砌至距离墩台帽下缘300～500 mm 高度时，即需测出墩台帽纵、横中心轴线，并开始竖立墩台帽模板，安装锚栓孔或安装预埋支座垫板，绑扎钢筋等。桥台台帽放样时，应注意不要以基础中心线作为台帽背墙线。模板立好后，在浇筑混凝土前应再次复核，以确保墩台帽中心、支座垫石等的位置、方向和高程不出差错。

2.桩柱墩帽模板

桩柱墩帽也称盖梁，除装配式盖梁以外，其他盖梁均需要现场立模浇筑。盖梁坼工体积小，可利用钢筋混凝土桩柱本身作模板支承。其方法是用两根木梁将整排柱用螺栓相对夹紧，上铺横梁，横梁间衬以方木调节间距，也可用螺栓隔桩柱成对夹紧，在横梁上直接安装底模板。两侧模板借助于横梁、上拉杆和一对三角撑所组成的方框架来固定。所有框架、楔眼及角撑均预先制好，安装时只用木楔楔紧框构四周，就能迅速而正确地使模板定位。

3.钢筋网、预埋件、预留孔等的安装

（1）钢筋网的安装

梁桥墩台帽支座处一般均布设1～3层钢筋网。当墩台帽为素混凝土或虽为配筋混凝土但钢筋网未设置架立钢筋时，施工时应根据各层钢筋网的高度安排墩台帽混凝土的浇筑程序。为了保证各层钢筋网位置正确，应在两侧板上画线，并加设钢筋网的架立钢筋和定位钢筋，以免振捣混凝土时钢筋网发生移动。

（2）墩、台预埋件的种类

①支座预埋件有以下几类：平面钢板支座的下锚栓及垫板，切线式支座的下锚栓及垫板，摆柱式支座的锚栓及垫板，盆式橡胶支座的固定锚栓。②防振锚栓。③装配式墩台帽的吊环。④供运营阶段使用的扶手、检查平台和护栏等。⑤供观测用的标尺。⑥防振挡块的预埋钢筋。

预埋件施工应注意下述各点：①为保证预埋件位置准确，应对预埋件采取固定措施，以免振捣混凝土时发生移动。②预埋件下面及附近的混凝土应注意振捣密实，对具有角钢筋的预埋件尤应注意加强捣实。③预埋件在墩台帽上的外露部分要有明显标识，浇至顶层混凝土时，要保证外露部分尺寸准确。④在已埋入墩台帽内的预埋件上施焊时，应尽量采用细焊条、小电流分层施焊，以免烧伤混凝土。

3.预留孔的安装

墩台帽上的预留锚栓孔须在安装墩台帽模板时，安装好锚栓留孔模板，在绑扎钢筋时注意将预留孔位置留出。预留孔应该下大上小，其模板可采用拼装式。模板安装时，顶面可比支座垫石顶面约低5 mm，以便垫石顶面抹平。带弯钩锚栓的模板安装时，应

考虑钩的方向。为便于安装锚栓后灌实锚栓孔，可在每一锚栓孔模板外侧的三角木块部分预留进浆槽。

（二）附属工程施工

1. 桥台翼墙、锥坡施工要点

（1）翼墙、锥体护坡（简称锥坡）的作用和构造

翼墙、锥坡是用来连接桥台和路堤的防护建筑物，它的作用是稳固路堤，防止水流的冲刷。设翼墙的桥台称为八字形桥台。翼墙设于桥台两侧，在平面上为八字形；立面上为一变化高度的直线墙，其坡度变化与台后路堤边坡的坡度相适应；翼墙的竖直截面为梯形，翼墙顶设帽石。翼墙一般为浆砌片石或浆砌块石结构。根据地基情况，翼墙基础可以采用浆砌片石或片石混凝土。

锥坡一般为椭圆形曲线，锥体坡面坡度沿长轴方向与路基边坡相同，一般为1：1.5，沿短轴方向为1：1，锥体坡顶与路基外侧边沿同高。当台后填土高度大于6 m，路堤边坡采用变坡时，锥坡也应作相应变坡处理。

锥坡内部用砂土或卵、砾石填筑、夯实，表面用片石干砌或浆砌，一般砌筑厚度为200～350 mm。坡脚以下应根据地基情况及流速大小设置基础，或将坡脚伸入地面以下一段，并适当加厚趾部。

在受水流冲刷影响的地方，锥体可以考虑采用铺盖草皮或干砌片石网格代替满铺片石铺砌，也可以将锥坡的下段用片石满铺，上段铺草皮，以节约圬工数量。

（2）锥坡施工要点

①锥体填土应按设计高程及坡度填足，砌筑片石厚度不够时再将土挖去，不允许填土不足，临时边砌石边补填土。锥坡拉线放样时，坡顶应预先放高20～40 mm，使锥坡随锥体填土沉降后坡度仍符合设计规定。②砌石时放样拉线要张紧，表面要平顺，锥坡片石背后应按规定做碎石倒滤层，防止锥体土方被水侵蚀变形。③锥坡与路肩或地面的连接必须平顺，以利排水，避免砌体背后冲刷或渗透导致坍塌。④在大孔土地区，应检查锥坡基底及其附近有无陷穴，并进行彻底处理，以保证锥坡稳定。⑤干砌片石锥坡用小石子砂浆勾缝时，应尽可能在片石护坡砌筑完成后间隔一段时间，待锥体基础稳定后再进行，以减少灰缝开裂。⑥锥体填土应分层夯实，填料以黏土为宜。锥坡填土应与台背填土同时进行，并应按设计宽度一次填足。

2. 台后填土要求

①台后填土应与桥台砌筑协调进行。填土应尽量选用渗水土，如黏土含量较少的砂质土。土的含水量要适宜，在北方冰冻地区要防止冻胀。如遇软土地基，为增大土抗力，台后适当长度内的填土可采用石灰土（掺5%石灰）。②填土应分层夯实，每层松土厚200～300 mm，一般应夯2～3遍，夯实后的厚度为150～200 mm，使密实度达到96%（拱桥要求达到98%），并作密实度测定。靠近台背处的填土打夯较困难时，可用木棍、拍板打紧捣实，与路堤搭接处宜挖成台阶形。③石砌圬工桥台台背与土的接触面应涂抹沥青或用石灰三合土、水泥砂浆胶泥做不透水层，作为台后防水处理。④拱桥台后填土必须与拱圈施工程序相配合，使拱的推力与台后土侧压力保持

一定的平衡。一般要求拱桥台后填土应在主拱圈安装或砌筑以前完成。梁式桥的轻型桥台台后填土应在桥面完成后在两侧平衡地进行。⑤台后填土顺路线方向的长度一般应自台身起，顶面不小于桥台高度加 2 m，在底面应不小于 2 m；拱桥台后填土长度一般不应小于台高的 3～4 倍。

第六章　大跨径桥梁施工技术

第一节　刚构桥的施工技术

一、平衡悬臂施工

平衡悬臂施工可分为：悬臂浇筑法施工与悬臂拼装法施工，前者是当桥墩浇筑到顶以后，在墩顶安装脚手钢桁架，并向两侧伸出悬臂以供垂吊挂篮，实施悬臂浇筑（挂篮是主要施工设备）；后者是将梁逐段分成预制块件进行拼装，穿束张拉，自成悬臂。

二、悬臂梁起步段施工

为拼装挂篮或吊机，需在墩柱两侧先采用支撑托架浇筑一定长度的梁段。其施工托架可根据墩身高度、承台形式和地形情况，分别支承在墩身、承台或经过加固的地面上。挂篮由主桁架、悬吊系统、锚固系统与平衡重、行走系统以及工作平台底模架等所组成。挂篮设置除应保证强度安全可靠外，还应满足变形小、行走方便、锚固、装拆容易以及各项施工作业的操作要求，并注意安全防护设施。

三、箱梁混凝土的浇筑（悬臂浇筑）

可视箱梁截面高度情况采用一次或两次浇筑法。

浇筑肋板混凝土时，两侧肋板应同时分层进行。浇筑顶板及翼板混凝土时，应从外侧向内侧一次完成，以防发生裂缝。

当箱梁截面较大（或靠近悬臂根部梁段），节段混凝土数量较多，每个节段可分两次浇筑，先浇底板到肋板的倒角以上，再浇筑肋板上段和顶板，其接缝按施工缝要求处理。

四、悬臂拼装

悬臂拼装的主要工序包括：块件预制、移运、整修、吊装定位、预应力张拉、施工接缝处理等，各道工序均有其不同的要求，并对整个拼装质量具有密切影响。

五、块件拼装接缝

块件拼装接缝一般为湿接缝与胶接缝两种。湿接缝用高强细石混凝土，胶接缝则采用环氧树胶为接缝料。由于1号块梁段的安装对控制该跨节段的拼装方向和标高非常关键，故1号块梁段与0号块梁段之间的接缝多以采用湿接缝以便于调整1号梁段块位置。

第二节　拱轿的施工特点

一、劲性骨架浇筑拱圈

劲性骨架混凝土拱桥实际上是内填外包式的钢管混凝土结构，其是适应大跨度混凝土拱桥"自架设"应运而生的。其基本原理是利用自重轻、强度与刚度均较大的钢管骨架容易架设，并具有承受后续浇筑混凝土重力的特点，以实现较大的跨越和降低施工费用的目的。劲性骨架混凝土拱桥施工程序包括劲性骨架安装；灌注管内混凝土；灌注钢管管外包混凝土，从而形成钢筋混凝土结构。在这种结构中，先期形成的钢管和钢管混凝土是作为施工的劲性骨架而起作用的，在成桥后，劲性骨架也参与结构受力，但钢管混凝土的结构布置和截面大小一般是由施工受力决定的。

劲性骨架混凝土拱桥的外包拱圈以钢管混凝土劲性骨架为依托，利用吊挂模板浇筑，并按照横向分块、纵向分环和分段的原则外包混凝土。劲性骨架单独承担拱圈第一环的混凝土重力，随后各环混凝土的重力由先期浇筑的混凝土环与劲性骨架形成的组合结构共同承担。这种施工方法的关键是：

第一，大跨度大吨位缆索吊机的设计、安装及操作；

第二，长距离、大落差的混凝土两级泵送和压注工艺；

第三，拱圈混凝土浇筑的多点平衡法浇筑程序设计；

第四，劲性骨架安装及拱圈施工过程中的拱轴线控制；

第五，浇筑拱圈外包混凝土期间的结构强度和稳定性分析。

大跨径劲性拱圈混凝土拱圈（拱肋）的浇筑，可采用分环多工作面均衡浇筑法、水箱压载分环浇筑法和斜拉扣挂分环连接浇筑法。浇筑前应进行加载程序设计，正确计算和分析钢骨架以及钢骨架与先期混凝土层联合结构的变形、应力和稳定安全度，并在施工过程中进行监控。

二、装配式混凝土、钢筋混凝土拱圈

装配式混凝土、钢筋混凝土拱圈适用于箱形拱、肋拱及箱肋组合拱（以下均称箱形拱）的少支架或无支架施工。

（一）无支架安装拱圈

第一，构件拼装应结合桥梁规模、河流、地形及设备等条件采用适宜的吊装机具，各项机具设备和辅助结构的规格、型号、数量等均应按有关规定经过设计计算确定。缆索吊机在吊装前必须按规定进行试拉和试吊。

第二，拱肋吊装时，除拱顶段以外，各段应设一组扣索悬挂。

第三，扣架的布置应符合下列规定：

①扣架一般设在墩、台顶上，扣架底部应固定，架顶应设置风缆。

②各扣索位置必须与所吊挂的拱肋在同一竖直面内。

③扣架上索鞍顶面的高程应高于拱肋扣环高程。

④扣架应进行强度和稳定性验算。

（二）转体施工安装方法

第一，平转施工主要适用于刚构梁式桥、斜拉桥、钢筋混凝土拱桥及钢管拱桥。竖转施工主要适用于转体质量不大的拱桥或某些桥梁预制部件（塔、斜腿、劲性骨架）。

第二，对混凝土拱肋、刚架拱、钢管混凝土拱，当地形、施工条件适合时，可选择竖转法施工。其转动系统由转动铰、提升体系（动、定滑轮组，牵引绳等）、锚固体系（锚索、锚锭顶）等组成。

第三，平、竖转结合。

（三）缆索吊装施工

缆索吊装法是在架设好的缆索吊装设备上设置两个跑车，下面连接起吊滑车组，跑车上安装前后牵引钢丝绳，牵吊预制构件到架设安装孔上空，下落、横移、就位、安装。在峡谷或水流湍急的河段上，或在通航的河流上需要满足船只的顺利通行，缆索吊装由于具有跨越能力大，水平和垂直运输机动灵活，适应性广，施工比较稳妥方便等优点，在拱桥施工中被广泛采用。

预制的拱肋（箱），一般均有起吊、安装等过程，因此必须对吊装、搁置、悬挂、安装等状况下的拱肋进行强度验算，以保证拱肋（箱）的安全施工。拱肋如采用卧式预制，还需验算平卧运输或平卧起吊时截面的侧向应力。

（四）钢管拱肋（桁架）施工

1.钢管拱肋（桁架）安装

（1）安装方法

钢管混凝土拱肋施工中最重要的工序之一就是拱肋安装，安装的方法有：无支架缆索吊装；少支架缆索吊装；整片拱肋或少支架浮吊安装；吊桥式缆索吊装；转体施工；支架上组装；千斤顶斜拉扣挂悬拼等。

（2）拱圈形成

钢管拱肋成拱过程中，应同时安装横向连接系，未安装连接系的不得多于一个节段，否则应采取临时横向稳定措施。节段间环焊缝的施焊应对称进行，施焊前需保证节段间有可靠的临时连接并用定位板控制焊缝间隙，不得采用堆焊。合龙口的焊接或栓接作业应选择在结构温度相对稳定的时间内尽快完成。

采用斜拉扣索悬臂拼法施工时，扣索与钢管拱肋的连接件应进行设计计算。扣索根据扣力计算采用多根钢绞线或高强钢丝束，其安全系数应大于2。

钢管混凝土拱桥的拱圈形成主要分两步，一是钢管拱圈形成，二是在管内灌注混凝土形成最终拱圈，钢管拱既是结构的一部分，又兼作浇筑管内混凝土的支架与模板。采用千斤顶斜拉扣挂悬拼安装就是利用在吊装时用于扣挂钢管的斜拉索的索力来调整控制吊装标高和调整管内混凝土浇筑时拱肋轴线变形，与普通缆索吊装比较具有如下优点：

采用强度高、承载力大、延伸量小、变形稳定的钢绞线作斜拉索，可减少架设过程中的不稳定非弹性变形；

采用千斤顶张拉系统对斜拉索加卸拉力、收放索长，具有张拉能力大，行程控制精度高，索力调整和控制灵活，锚固可靠等优点；

斜拉扣挂体系自成系统，不受缆索吊装系统干扰；

可以准确计算悬拼架设过程中各施工阶段的索力、延伸量以及由此而产生的大段接头预抬高量，作为施工监测适时控制的依据。

2.钢管内混凝土浇筑

（1）浇筑方法与工艺流程

管内混凝土浇筑可采用人工浇筑和泵送顶升压注两种方法，一般应采用泵送顶升压注施工，由两拱脚至拱顶对称均衡地一次压注完成。由于分段浇筑对密封的钢管来讲较为困难，且由此而产生的若干混凝土接缝对钢管混凝土拱肋质量不利。所以，一般采用自拱脚一次对称浇（压）筑至拱顶的方案。

钢管混凝土压注工艺流程为：

堵塞钢管法兰间隙→清洗管内污物、湿润内壁→安设压注头和闸阀→压注管内混凝土→从拱顶排浆孔振捣混凝土→关闭压注口处闸阀稳压→拆除闸阀完成压注。

（2）管内混凝土质量要求

钢管混凝土压注前应清理管内污物，润湿管壁，泵入适量的水泥浆后再压注混凝土，直至钢管顶端排气孔排出合格的混凝土时停止。完成后应关闭设于压注口的倒流截止阀，管内混凝土的压注应连续进行，不得中断。

管内混凝土不能出现断缝、空洞。

管内混凝土不能与管壁分离。

管内混凝土的配料强度比设计强度高 10% ~ 15%。

新灌入钢管的混凝土，3d 内承载量不宜高于 30% 的设计强度；7d 承载量不宜高于 80% 的设计强度。

一根钢管的混凝土的灌注完成时间不得超过第一盘入管混凝土的初凝时间。

一根钢管的混凝土必须连续灌注，一气呵成。

钢管混凝土的质量检测办法应以超声波检测为主，人工敲击为辅。

为保证混凝土泵送工艺的顺利进行，对大跨径钢管混凝土拱桥，需按实际泵送距离和高度进行模拟混凝土压注试验。

钢管混凝土的泵送顺序应按设计要求进行，宜采用先钢管后腹箱的施工程序。

第三节　斜拉桥的施工特点

斜拉桥由梁、塔、索三种基本构件组成桥梁结构体系。

斜拉桥的桥面如同多孔的弹性支承连续梁，斜拉的每根钢索如同桥墩，众多的桥墩斜向集中到一根塔柱上再集中传到地基上。斜拉桥的索承受巨大拉力，塔，梁承受巨大压力，但塔的左、右水平力能够自我平衡。斜拉桥的施工主要包括主塔的施工、主梁的施工、拉索的施工等。

一、索塔

斜拉桥的索塔形式有单柱式、双柱式、门架式、花瓶形（折线 H 形）以及钻石形等。索塔的构造材料主要有钢结构、混凝土结构、预应力混凝土结构。

（一）索塔施工方法及主要设备

1.索塔的施工

可视其结构、体形、材料、施工设备和设计综合考虑选用合适的方法。

裸塔施工宜用爬模法，横梁较多的高塔宜用劲性骨架挂模提升法。

裸塔现浇施工主要采用翻模、滑模、爬模施工方法：

（1）翻模

应用较早，施工简单，能保证几何尺寸（包括复杂断面），外观整洁。但模板高空翻转，操作危险，沿海地区不宜用此法。

（2）滑模

施工速度快，劳动强度小，但技术要求高，施工控制复杂，外观质量较差，且易污染。一般倾斜度较大，预留孔道及埋件多的索塔不宜用此法。

（3）爬模

爬模兼有滑模和翻模的优势，适用于斜拉桥一般索塔的施工。施工安全，质量可靠，修补方便。国内外大多采用此法。

2.索塔施工

主要机械设备一般安装一台塔吊，一台施工电梯。塔吊可安装在二柱中间。混凝土的垂直运输一般采用泵送。泵管一般设在施工电梯旁，便于接管、拆管和采取降温或保温措施，或处理堵管等。

（二）索塔施工要点

第一，索塔的施工，除设置相应的塔吊外，还应设置工作电梯及安全通道。

第二，斜拉桥施工时应避免塔梁交叉施工干扰，必须交叉施工时应根据设计和施工方法采取保证塔梁质量和施工安全的措施。

第三，索塔横梁施工时应根据其结构、质量及支撑高度设置可靠的模板和支撑系统，考虑弹性和非弹性变形、支承下沉、温差及日照的影响，必要时应设支承千斤顶调控，体积过大的横梁可两次浇筑。

第四，斜塔柱施工时，必须对各施工阶段塔柱的强度和变形进行计算，应分高度设置横梁，使其线形、应力、倾斜度满足设计要求并保证施工安全。

第五，索塔混凝土现浇应选用输送泵施工，超过一台泵的工作高度时，允许接力泵送，但必须做好接力储斗的装置，并尽量降低接力站台高度。

第六，宜在索塔施工中设置劲性钢骨架，以保证索管空间定位精度和钢筋架立的精度。

第七，索塔施工组织设计中必须制定整体和局部的安全措施：

①设置运输安全设施，如塔吊起质量限制器、断索防护器、钢索防扭器、风压脱离开关等；

②防范雷击、强风、暴雨、寒暑、飞行器对施工的影响；

③防范吊落和作业事故并有应急的措施；

④应对塔吊、支架安装、使用和拆除阶段的强度稳定等进行计算和检查。

第八，必须避免上部塔体施工时对下部塔体表面的污染。

（三）索塔的施工测量

第一，建立平面控制网，对常用点采取加固、防晒防风措施；

第二，塔底高程测定，塔底轴线与塔根模板轮廓点放样，上、下塔柱及横梁模板各接高轮廓点的放样与标高测定；

第三，塔柱基础沉降观测；

第四，劲性骨架、锚索管与模板安置的调整测量；

第五，考虑张拉引起的收缩偏位以及浇筑混凝土时产生下沉等原因，放样时在设计基础上加入预偏、沉降等。

二、混凝土主梁

（一）主梁的特点及施工方法

由于斜拉桥主梁的支承形式为多点连续支承，而且支承间距小，与梁式桥相比，斜拉桥的主梁梁体高跨比较小，斜拉桥的主梁跨越能力大、建筑高度小，把斜拉索索力的水平分力作为轴力传递。主梁施工方法与梁式桥基本相同，大体分四种：

第一，顶推法；

第二，平转法；

第三，支架法（临时支墩拼装、支架上现浇）；

第四，悬臂法（悬臂拼装、悬臂浇筑）。

（二）主梁的施工要点

第一，一般要求。

①主梁施工时必须进行施工控制，即对梁体每一施工阶段的结果进行详细的检测分析和验算，以确定下一阶段拉索张拉量值和主梁线形、高程及索塔位移控制量值，周而复始直至合龙成桥；

②施工监控测试的主要内容。

变形：主梁线形、高程、轴线偏差、索塔的水平位移；

应力：拉索索力、支座力以及梁塔应力在施工过程中的变化；

温度：温度场及指定测量时间塔、梁、索的变化。

③非与索塔结构固结的主梁，施工时必须使梁塔临时固结，并按要求程序解除临时固结，完成设计的支承体系，必须加强施工期内对临时固结的观察。

第二，混凝土主梁施工。

①主梁零号段及其两旁的梁段，在支架和塔下托架上浇筑时，应消除温度、弹性和非弹性变形及支承等因素对变形和施工质量带来的不良影响。

②采用挂篮悬臂浇筑主梁时，除应符合梁桥挂篮施工的有关规定外，还应按下列规定执行：

挂篮的悬臂梁及挂篮全部构件制作后均应进行检验和试拼，合格后再于现场整体组装检验，并按设计荷载及技术要求进行预压，同时测定悬臂梁和挂篮的弹性挠度、调整高程性能及其他技术性能。

挂篮设计和主梁浇筑时应考虑抗风振的刚度要求。

拉索张拉时应对称同步进行，以减少其对塔与梁的位移和内力影响。

③为防止合龙梁段施工出现的裂缝，应采用以下方法改善受力和施工状况：在梁上、下底板或两肋端部预埋临时连接钢构件，或设置临时纵向连接预应力索，或用千斤顶调节合龙口的应力和合龙口长度。

合龙两端高程在设计允许范围内时，可视情况进行适当压重。

观测合龙前连日的昼夜温度场变化与合龙高程及合龙口长度变化的关系，选定适当的合龙浇筑时间。

合龙梁段浇筑后至纵向预应力索张拉前应禁止施工荷载的超平衡变化。

④主梁采用悬拼时，除应遵守连续梁及斜拉桥主梁悬浇的有关规定外，还应按下列规定施工：

预制梁段，如设计无规定，宜选用长线台座（可分段设置），亦可采用多段的联线台座，每联宜多于5段，先预制顺序中的1、3、5段，脱模后再在其间浇2、4段，使各端面啮合密贴，端面不应随意修补。

应在底模上调整主梁分段形体所受竖曲线的影响。拼装中多段积累的超误差，可用湿接缝调整。

梁段拼合前应试拼，以便及时调整。

湿接缝拼合面应进行表面凿毛和清扫，干接缝应保持结合面清洁，黏合料应涂刷均匀。

采用垫片调整梁段拼装线形时，每次垫片调整的高程不应大于20 mm。

⑤长斜拉索在抗振阻尼支点尚未安装前，应采用钢索或杆件（平面索时）将一侧斜拉索联结以抑制和减小斜拉索的振动。

⑥大跨径主梁施工时应缩短双向长悬臂持续时间，尽快使一侧固定，以减少大风带来的不利影响，必要时应采取临时抗风措施。

（三）钢主梁施工

钢主梁（包括叠合梁和混合梁）施工应注意：

第一，钢主梁应由资质合格的专业单位加工制作、试拼，经检验合格后安全运至工地备用。堆放应无损伤、无变形和无腐蚀。

第二，钢梁制作的材料应符合设计要求。

第三，应进行钢梁的连日温度变形观测对照，确定适宜的合龙温度及实施程序，并应满足钢梁安装就位时高强度螺栓定位所需的时间。

三、斜拉索施工

（一）斜拉索的构造

斜拉索按材料和制作方式的不同可分为以下几种形式：

第一，平行钢筋索；

第二，平行（半平行）钢丝索；

第三，平行（半平行）钢绞线索；

第四，单股钢绞缆；

第五，封闭式钢缆。

（二）索体制作、防护与安装

1.斜拉索制作

为保证质量，斜拉索不宜在现场施工制作，要求工厂化或半工厂化施工，其制作工艺流程为：钢丝经放线托盘放出粗下料（设计索长＋施工工作长度）→编束→钢束扭绞成型→下料齐头→分段抽检（成型后的直径误差及扭绞角）→焊接牵引钩→绕缠包带→热挤 PE 护套→水槽冷却→测量护套厚度及偏差→精下料（计算长度＋镦头长度）→端部入锚部分去除 PE 套→锚板穿丝→分丝镦头→装冷铸锚→锚头养护固化→出厂检验（预张拉等）→打盘包装待运。

2.斜拉索防护

斜拉索是斜拉桥的主要受力构件，它的防护质量决定整个桥梁的安全和使用寿命。由于斜拉桥的斜拉索全部布置在梁体外部，且处于高应力状态，对锈蚀比较敏感，而锈蚀是斜拉桥劣化的起因。因此，斜拉索防护对斜拉桥有着十分重要的意义。

斜拉索防护可分为临时防护和永久防护两种，防护类型主要有以下几种：

第一，封闭索防护；

第二，平行索用塑料罩套保护；

第三，套管压浆法；

第四，预应力混凝土索套防护；

第五，直接挤压护套法。

3.斜拉索的安装

（1）放索及索的移动

将斜拉索运输到施工现场，通常采用类似电缆盘的钢结构盘，对于短索，也可采取自身成盘，捆扎后运输，放索方法主要有立式转盘和水平转盘放索。在放索和安索过程中，需要将斜拉索拖移，由于索自身弯曲或者与桥面直接接触，在移动中可能损坏拉索的防护层或损伤索股。因此，施工过程中必须采取措施予以保护，主要方法有滚筒法、移动平车法、导索法和垫层法等。

（2）斜拉索的安装

一般根据斜拉索张拉端的位置确定安装顺序，如果拉索张拉端设于塔部，则先安装梁部，反之则先于塔部安装，塔部安装锚固端的安装方法主要有吊点法、吊机安装法、脚手架法、钢管法，塔部安装张拉端的安装方法有分步牵引法和桁架床法，对于两端均为张拉端的斜拉索，可选用其中适宜的方法。梁部斜拉索的安装有吊点法和拉杆接长法，步骤与塔部安装相同。

（三）斜拉索施工要点

1.斜拉索和锚具的制作

第一，斜拉索及其锚具应委托专业单位制作，严格执行国家或部颁的行业标准和规格生产，并应进行检测和验收。

第二，斜拉索成品、锚具交货时应提供下列资料：

产品质量保证书、产品批号、设计索号及型号、生产日期、数量、长度、质量等；

产品出厂检验报告及有关数据。

第三，斜拉索的运输和堆放应无破损、无变形、无腐蚀。

2.斜拉索的安装与张拉。

第一，斜拉索安装可根据塔高、布索方式、索长、索径、索的刚柔程度、起重设备和施工现场状况等综合选择架设方法。

第二，安装前应根据索长、索重、斜度和风力等因素来计算其安装过程中锚头距索管口 2.0 m、1.0 m，距锚板 0.70 m 以及锚头带锚环时的牵引力，以综合选择架设方案和设备。

第三，施工中不得损伤索体保护层和索端锚头及螺纹，不得堆压弯折索体。

不得用起重钩或易于对索体产生集中应力的吊具直接挂扣拉索，宜用带胶垫的管形夹具尼龙吊带或设置多吊点起吊。

放索时索体应贴在特制的滚轮上拖拉，并应控制索盘的转速，防止转速突变或倾覆。

为防止锚头和索体穿入塔、梁索管时的偏位和损伤，应在放管处设置控制的力点或限位器调控。

安装过程中锚头螺纹应包裹，及时清除拉索的包护物。斜拉索防护层和锚头损伤应及时修补并计入有关表格存档以便跟踪维护。

第四，施工中，斜拉索抗振的约束环和减振器未安装前，必须确保索管（特别是梁上索管）和锚端的防水、防腐和防污染。

第五，斜拉桥斜拉索的张拉应按下列各项执行：

张拉施工的设备和方法应根据设计的索型、锚具、布索方式，塔和梁的构造确定。

斜拉索张拉的顺序、级次数和量值应按设计规定执行。应以振动频率计测定的索力或油压表量值为准，以延伸值作校核，并应视拉索防振圈以及弯曲刚度的状况对测值予以修正。

斜拉索张拉可于塔端或梁端单端进行，也可顶升索鞍支座进行。平行钢丝拉索宜采用整体张拉，平行钢绞线拉索可用整体或分索张拉，分索张拉应按"分级""等力"的原则进行，每根同级的索力允许误差为 ±1%。

索塔顺桥向两侧的斜拉索（组）和桥横向对称的斜拉索（组）必须对称同步张拉；同步张拉的不同步索力的相差值不得超出设计规定；两侧不对称的或设计拉力不同的斜拉索，应按设计规定的索力分级同步张拉，各千斤顶同步之差不得大于油表读数的最小分格，索力终值误差小于 ±2%。

斜拉索锚固时不宜在锚环与承压板间加垫，需要加垫时，其垫圈材料和强度应符合承压要求，并应设成两个密贴带扣的半圈。

斜拉索张拉完成后，悬臂施工跨中合龙前后，当梁体内应力预应力钢筋全部张拉完且桥面及附属设备安装完时，应采用传感器或振动频率测力计检测各拉索力值，同时应视防振圈及索的弯曲刚度等状况对测值予以修正。每组及每索的拉力误差超过设计规定时进行调整，调整时可从超过设计索力最大或最小的斜拉索开始（放或拉），直调至设计索力。调索时应对塔和相应梁段进行位移检测，并做出存档记录，记录内容包括日期、时间、环境温度、索力、索伸缩量、桥面荷载状况、塔梁的变位量及主要相关控制断面应力等。

第四节　悬索轿的施工特点

一、悬索桥分类及施工内容

（一）悬索桥分类

大跨径悬索桥的结构形式按吊索和加劲梁的形式可分为以下几种形式：

第一，竖直吊索，钢桁架作加劲梁；

第二，三角形布置的斜吊索，以扁平流线型钢箱梁作加劲梁；

第三，竖直吊索和斜吊索的混合型，流线型钢箱梁作加劲梁；

第四，除了具有一般悬索桥的缆索体系外，还设有若干加强用的斜拉索。

按照加劲梁的支承结构不同悬索桥可分为单跨两较加劲梁、三跨两皎加劲梁和三跨连续加劲梁悬索桥。

悬索桥下部工程包括锚锭基础、锚体和塔柱基础等施工，上部工程包括主塔、主缆和加劲梁的施工。施工架设主要工序为：基础施工→塔柱和锚锭施工→先导索渡海工程→牵引系统和猫道系统→猫道面层和抗风缆架设→索股架设→索夹和吊索安装→加劲梁架设和桥面铺装施工。

（二）悬索桥的施工内容

悬索桥的施工主要分四部分：

第一，锚锭施工；

第二，主塔和索鞍施工；

第三，加劲梁施工；

第四，主缆施工。

二、锚锭施工

锚锭是悬索桥的主要承重构件，主要抵抗来自主缆的拉力，并传递给地基基础，按受力形式的不同可分为重力式锚锭、隧道式锚锭等。重力式锚锭依靠自身巨大的重力抵抗主缆拉力，隧道式锚锭的锚体嵌入地基基岩内，借助基岩抵抗主缆拉力，隧道式锚锭只适合在基岩坚实完整的地区，其他情况大多采用重力式锚锭或自锚式悬索桥。

（一）锚锭体基础

锚锭的基础有直接基础、沉井基础、复合基础、隧道基础等形式。

（二）主缆锚固体系

根据主缆在锚块中的锚固位置不同，主缆锚固体系可分为后墙式和前墙式。前墙式的索股锚头在锚块前锚固，通过锚固系统将缆力作用到锚体；后墙式是将索股直接穿过锚块锚固于锚块后面，前墙式由于具有主缆锚固容易、检修保养方便等优点而广泛运用于大跨径悬索桥中。

前墙式锚固系统可分为型钢锚固系统和预应力锚固系统两种类型。

1. 型钢锚固系统

锚固系统主要由锚架和支架组成。锚架包括锚杆、前锚梁、拉杆、后锚梁等，是主要的传力构件；支架是安放锚杆、锚梁并使之精确定位的支撑构件。

施工程序：锚杆、锚梁制作→现场拼装锚支架（部分）→安装后锚梁→安装锚杆于锚支架→安装前锚梁→精确定位→浇筑锚体混凝土。

2. 预应力锚固系统

锚固系统的索股锚头由两根螺杆和锚固连接器相连，再对穿过锚块混凝土的预应力束施加预应力，使锚固连接器与锚块连接成整体承受索股的拉力。锚固系统的加工件必须进行超声波和磁粉探伤检查。

预应力锚固系统施工程序：基础施工→安装预应力管道→浇筑锚体混凝土→穿预应力筋→安装锚固连接器→预应力筋张拉→预应力管道压浆→安装与张拉索股。

3. 锚锭体施工

悬索桥锚锭属于大体积混凝土构件，混凝土施工阶段水泥会产生大量的水化热，引起变形及变形不均，从而产生温度应力及收缩应力，当应力大于混凝土本身的抗拉强度时，构件就会产生裂缝，影响混凝土质量。因此，水化热的控制是锚锭混凝土施工的关键。

锚锭锚体混凝土施工除按 1B413031 有关规定执行外，还应符合以下要求：

第一，尽量降低水泥用量，掺入符合质量要求的粉煤灰和矿粉，粉煤灰和矿粉用量一般分别为胶凝材料用量的 30% 左右，水泥用量为 40% 左右。混凝土可按 60d 的设计强度进行配合比设计。

第二，采取适当措施降低混凝土混合料入仓温度。对准备使用的骨料采取措施避免日照，采用冷却水作为混凝土的拌和水，一般选择夜晚温度较低时段浇筑混凝土。

第三，在混凝土结构中布置冷却水管，设计好水管流量、管道分布密度，混凝土初凝后开始通水冷却以降低混凝土内部温升速度及温度峰值。进出水温差控制在 10℃ 左右，水温与混凝土内部温差不大于 20℃。混凝土内部温度经过峰值开始降温时停止通水，降温速度不宜大于 2℃/d。

第四，大体积混凝土宜采取水平分层浇筑施工。每层厚度应视混凝土浇筑能力、配合比水化热计算及降温措施而定，混凝土层间间歇宜为 4～7d。如需要竖向分块施工，块与块之间应预留后浇湿接缝。

第五，每层混凝土浇筑完后应立即遮盖塑料薄膜减少混凝土表面水分挥发，当混凝土终凝时可掀开塑料薄膜在顶面蓄水养护。当气温急剧下降时须注意保温，并应将混凝土内表温差控制在 25℃ 以内。

4.隧道锚锭混凝土施工特点

第一，隧道式锚锭在隧道开挖时应采用小型爆破，且不得损坏周围岩体。开挖后应正确支护并进行锚体灌筑；

第二，在混凝土中应掺入微膨胀剂，防止混凝土收缩与拱顶基岩分离；

第三，混凝土浇筑完成后，立即在端模挂草袋保温，将洞口封闭，减少空气流通，达到减少混凝土内外温差的目的；

第四，严格控制洞内排水和通风。

（5）散索鞍安装

第一，底座板定位。底座板通过在散索鞍混凝土基础中精确预埋螺栓而固定在基础上，调整好板面标高与位置，在底板和四周浇筑高强度膨胀混凝土。

第二，安装散索鞍及精度控制。安装好底座板经检验符合要求后，开始安装散索鞍，施工精度要求为：纵横向轴线误差最大值 3 mm；标高误差最大值 3 mm。

三、索塔施工

索塔按材料划分有钢塔和钢筋混凝土塔，钢筋混凝土索塔一般为门式刚架结构，由两个箱形空心塔柱和横系梁组成；钢塔主要有桁架式、刚架式和混合式等结构形式。

塔顶钢框架的安装必须在索塔上系梁施工完毕后方能进行。索塔完工后，须测定裸塔倾斜度、跨距和塔顶标高，作为主缆线形计算调整的依据。

（一）混凝土塔身施工

大跨度悬索桥塔身国内主要采用钢筋混凝土塔，国外主要采用钢塔，钢塔施工主要有浮吊、塔吊和爬升式吊机等架设方法。钢塔架制作工艺程序主要包括放样尺寸→冲孔→拼装→焊接→定中线→切削试拼。

混凝土塔柱施工工艺与斜拉桥塔身基本相同，施工用的模板工艺主要有滑模、爬模和翻模等类型，塔柱竖向主钢筋的接长可采用冷压套管连接、电渣焊、气压焊等方法。混凝土运送方式应考虑设备能力采用泵送或吊罐浇筑，施工至塔顶时，应注意索鞍钢框架支座螺栓和塔顶吊架、施工猫道的预埋件的施工。

（二）主索鞍施工

安装索鞍时必须满足高空吊装重物的安全要求，一般选择在白天晴朗时连续完成工作。

索鞍安装时应根据设计提供的预偏量就位，加劲梁架设、桥面铺装过程中按设计提供的数据逐渐顶推到永久位置。顶推前应确认滑动面的摩阻系数，严格掌握顶推量，确保施工安全。

1.主索鞍施工程序

主索鞍施工程序包括安装塔顶门架→钢框架安装→吊装上下支承板→吊装鞍体等。

2.主索鞍施工要点

第一，吊装及所有吊具均要经过验算，符合起重要求；

第二，吊装过程必须设专人指挥，中途要防止扭转、摆动和碰撞；

第三，所有构件接触面销孔系精加工表面，必须清理干净，不得留有砂粒、纸屑等，并且在四周两层接缝处涂以黄油，以防水汽侵入锈蚀构件。

四、主缆施工

主缆架设工程包括架设前的准备工作、主缆架设、防护和收尾工作等，主缆施工难度大、工序多，其主要施工程序如下：

（一）牵引系统

牵引系统是架设于两锚锭之间，跨越索塔用于空中拽拉的牵引设备，主要承担猫道架设、主缆架设以及部分牵引吊运工作，常用的牵引系统有循环式和往复式两种。

牵引系统的架设以简单经济，并尽量少占用航道为原则。通常的方法是先将先导索渡海（江），再利用先导索将牵引索由空中架设。

索股牵引应符合下列规定：

第一，牵引过程中应对索股施加反拉力；

第二，牵引最初几根时，宜压低牵引速度，注意检查牵引系统运转情况，对关键部位进行调整后方能转入正常架设工作；

第三，牵引过程中发现绑扎带连续两处被切断时，应停机进行修补，监视索股中的着色丝，一旦发生扭转，须采取措施予以纠正；

第四，牵引到对岸，在卸下锚头前须把索股临时固定，防止滑移，索股后端宜施加反拉力；

第五，索股两端的锚头引入锚固系统前，须将索股理顺，对鼓丝段进行梳理，不许将其留在锚跨内；

第六，索股横移时，须将索股从猫道滚筒上提起，确认全跨径的索股已离开猫道滚筒后，才能横向移到索鞍的正上方，横移时拽拉量不宜过大，任何人不允许站在索股下方。

（二）猫道

猫道是供主缆架设、紧缆、索夹安装、吊索安装以及主缆防护用的空中作业脚手架。

猫道的主要承重结构为猫道承重索，一般按三跨分离式设置，边跨的两端分别锚于锚锭与索塔的锚固位置上，中跨两端分别锚于两索塔的锚固位置上。其上有横梁、面层、横向通道、扶手绳、栏杆立柱、安全网等。为了抗风稳定，一般设有抗风缆、抗风吊杆等抗风构件。

中跨、边跨猫道面的架设进度，要以塔的两侧水平力差异不超过设计要求为准。在架设过程中须监测塔的偏移量和承重索的垂直度。

猫道形状及各部尺寸应能满足主缆工程施工的需要，猫道承重索设计时应充分考虑猫道自重及可能作用其上的其他荷载，承重索的安全系数不小于3.0。

猫道承重索可采用钢丝绳或钢绞线，采用钢丝绳时须进行预张拉以消除其非弹性变形。预张拉，荷载不得小于各索破断荷载的 1/2，保持 60 min，并进行两次。

猫道架设时总的原则：做到对称施工，边跨与中跨作业平衡，减少对塔的变位的影响，控制裸塔塔顶变位及扭转在设计允许范围内。猫道承重索架设后要进行线形调整，应预留 500 mm 以上的可调长度，各根索的跨中标高相对误差宜控制在 ±30 mm 之内。承重索在边跨与中跨应连续架设。

主缆防护工程完成以后，可进行猫道拆除工作，拆除时严禁伤及吊索、主索和桥面。

（三）主缆架设

锚锭和索塔工程完成、主索鞍和散索鞍安装就位、牵引系统架设完成后，即可进行主缆架设施工，主缆架设方法主要有空中纺丝法（AS 法）和预制平行索股法（PPWS 法）。美国和欧洲等地主要采用 AS 法；中国和日本等亚洲国家主要采用 PPWS 法。

PPWS 法是在工厂将钢丝制成束，用卷筒运至桥位安装在一侧锚锭的钢丝松卷轮上，通过液压无级调速卷扬机用拽拉器将钢丝束吊起拉向对岸，对牵引系统所需动力要求较大。

钢丝束的张拉、移设就位、固定作业和调整作业对每束钢丝束都要进行，最后用紧缆机将钢丝束挤紧为圆形，成为主缆。施工工序主要包括牵引系统及机具布置、主缆索股牵引、索股整形入鞍等。

AS 法的特点是主缆钢丝逐根或几根（一般最多 4 根）牵引，然后编束，相对于 PPWS 法，所用的牵引机械动力较小，而且可以编成较大的索股，因而锚头数量较少，但其设备一次性投资较大，而且制缆的质量相对 PPWS 法差些，空中作业时间较长。

安装索力的调整以设计提供的数据为依据，其调整量应根据调整装置中测力计的读数和锚头移动量双控确定。

（四）紧缆

索股架设完成后，需对索股群进行紧缆，紧缆包括准备工作、预紧缆和正式紧缆等工序。

预紧缆应在温度稳定的夜间进行，预紧缆时宜把主缆全长分为若干区段分别进行，以免钢丝的松弛集中在一处。索股上的绑扎带采用边紧缆边拆除的方法，不宜一次全部拆除。预紧缆完成处必须用不锈钢带捆紧，保持主缆的形状，预紧缆的目标空隙率宜为 26% ~ 28%。

正式紧缆宜用专用的紧缆机把主缆整成圆形。其作业可以在白天进行，正式紧缆宜向塔柱方向进行。当紧缆点空隙率达到设计要求时，在靠近紧缆机的地方打上两道钢带。

正式紧缆质量控制要求：

第一，空隙率须满足设计要求，空隙率偏差为 ±2%；

第二，不圆度（紧缆后主缆横径与竖径之差）不宜超过主缆设计直径的 5%。

紧缆作业程序包括索股架设完成→猫道门架、牵引系统拆除→简易缆索天车组装→主缆引进部位临时紧固→主缆引进设备解体→预紧缆→紧缆机组装→正式紧缆→紧缆机解体→形状计测。

（五）索夹安装与吊索架设

索夹安装前须测定主缆的空缆线形，提交给设计及监控单位，对原设计的索夹位置进行确认。然后在温度稳定时在空缆上放样定出各索夹的具体位置并编号，清除油污，涂上防锈漆。

索夹在运输和安装过程中应注意保护，防止碰伤及损坏表面。索夹安装方法应根据索夹结构形式、施工设备和施工人员的经验确定。当索夹在主缆上精确定位后，即固紧索夹螺栓。紧固同一索夹螺栓时，须保证各螺栓受力均匀，并按三个荷载阶段（索夹安装时、钢箱梁吊装后、桥面铺装后）对索夹螺栓进行紧固，补足轴力。

索夹安装应注意测量放样、索夹上架与清理、安装与，紧固和螺栓轴力控制等，安装时中跨从跨中向塔顶进行，边跨从散索鞍向塔顶进行。

吊索根据其长度不同，由塔顶吊机运至塔顶解开，用托架运至预定位置，并在猫道上开孔，吊索钢丝绳穿过徐徐放下，将吊索钢丝绳跨挂在主缆索夹上。

吊索运输、安装过程中应保证吊索不受损伤，安装时须采取措施防止吊索扭转。

五、加劲梁施工

加劲梁分为钢桁架、钢箱梁和混凝土箱梁等形式，钢桁架一般采用工厂焊接、工地高强螺栓连接施工。

（一）加劲梁架设

钢桁架加劲梁按架设单元可分为单根杆件、桁片、节段架设施工方法。单根杆件架设使用小型施工架设机械，受施工架设地形影响小，但现场接头多，架设工期长；桁片架设法使用中型施工架设机械，受施工架设地形影响小，现场接头少，架设误差小，可以缩短工期；节段架设施工方法架设质量大，要使用大型架设机械受架设地点的地形和江海面条件影响大，节段一般在工厂预制拼装，可提高架设精度、缩短工期。

加劲梁按架设施工中的连接状态可分为全铰法、逐次刚接法和有架设铰的逐次刚接法。全铰法施工的主梁反应单纯，不需对构件进行特别补强，但架设过程中抗风性能差；逐次刚接法施工架设刚性大，抗风稳定性好，但架设时在加劲桁架中会产生由自重引起的局部变形和安装应力，但该应力超过设计范围值时，需要验算并在必要时采取临时措施；有架设铰的使用逐次刚接法是前两种施工方法的折中方法，即在应力过大的区段设置减小架设应力的架设铰。

钢箱梁和混凝土箱梁的架设一般采用节段架设法，即在工厂预制成梁段并进行试拼，然后将梁段运至架设现场，用垂直起吊法架设就位。一般使用跨缆起重机吊装，这种方法对通航的限制小，在水文、气象条件较好的地方施工效果好；预应力混凝土箱梁架设就位后节段之间要进行湿接缝处理，节段之间浇筑湿接缝混凝土，根据设计要求穿预应力钢丝束，预应力张拉。

试拼装要求：加劲梁应按拼装图进行厂内试拼装，试拼不少于 3 个节段，按架梁顺序试拼装。

吊装作业过程中占用江海面时，要在施工作业区域内指定警戒，设置警戒船，防止一般船舶进入限制通航的地带，确保作业船与一般航行船舶的安全。

吊装作业施工要点：

第一，吊装过程应观察索塔变位情况，应根据设计要求和实测塔顶位移量分阶段调整索鞍偏移量，以保证工程质量和施工安全。

第二，安装前应确定安装顺序，一般可以从中跨跨中对称地向两边进行，安装完一段跨中梁段后，再从两边跨对称地向索塔方向进行。

第三，钢箱梁水上运输必须由有经验的人员担任。架设前，宜进行现场驳船定位试验，以保证定位精度。

第四，各工作面上，吊装第二节段起须与相邻节段间预偏一定间隙（0.5～0.8 m），至标高后，牵拉连接，避免吊装过程与相邻节段发生碰伤，影响吊装工作顺利进行。

第五，安装合龙段前，必须根据实际的合龙长度，对合龙段长度进行修正。

（二）加劲梁节段工地焊接

工地焊接一般是指加劲钢箱梁的工地大接头焊接，钢桁梁一般采用工厂焊接、工地高强螺栓连接施工。

工地焊接应注意控制焊接变形和焊接应力，为减少焊接变形和有利于焊接应力释放，工地焊接的顺序应与工地吊装大致相同，可以以桥跨中间为中心，向桥塔方向分两个工作区同时进行对称拼装、焊接，完成工地焊缝的装配、焊接、探伤、修磨、涂装等工作。工地焊接质量要求高，施工环境差，工艺要求严格，施工前应做好充分准备，编写详尽的施工组织设计；准备好临时机具设备、工作台架、焊接设备、焊接材料、通风设备、防风防雨设备、除锈除尘设备、气刨切割工具等；做好动能配置、用电及消防管理工作，施工时应充分考虑高空、水上作业等因素。

工地焊接主要包括环缝、嵌补段及附件的焊接。环缝焊接是指各梁段之间的箱形横截面的板缝对接，包括桥面板、桥底板、上下斜腹板的板缝对接；嵌补段焊接是指梁内加强结构（加劲肋）的嵌补，包括桥板纵肋嵌补段与桥板的角接、纵肋嵌补段与纵肋的对接；附件焊接是指附属构件的焊接，包括工作孔、检查小车路轨等的焊接。

工地焊接施工要点：

第一，地焊缝焊接前应钢丝砂轮进行焊缝除锈，并在除锈后24 h内进行工地焊接。

第二，焊接前应检查接头坡口、间隙和板面高低差是否符合要求，同时检查环境是否满足工地焊接的环境要求，如不满足应采取措施。

第三，工地接头焊接时，应注意温度变化对接头焊接的影响。安装时须有足够数量的固定点并保证足够的强度，当工地焊缝形成并具有足够的刚度和强度时，方能解除安装固定点，防止焊缝裂纹及接口处错边量超差。

第四，箱内焊接须有通气排尘措施，钢桥上应有安全用电措施，确保施工安全。

第五，桥面板和桥底板应使用单面焊双面成形技术，其他结构应尽可能采用高效焊接以减少焊接变形。当箱内采用CO_2气体保护焊时，应采取通风防护安全措施。

第六，为控制变形，应对施焊顺序进行控制，横向施焊顺序宜从桥面中轴线向两侧焊接，并尽量做到对称施焊。

第七，工地焊接头应进行100%的超声波探伤，抽其中30%进行X光探伤拍片检查，当有一片不合格时则对该焊缝进行100%的X光拍片，纵向加劲肋的对接接缝只做超声波探伤。

六、防腐涂装

悬索桥的防腐涂装是一项技术性、专业性、工艺性要求很强的工程，为确保质量，应委托专门从事防腐工程的技术部门进行设计；选用质量优良的制造厂家生产的涂料，选拔过硬的施工队伍，在施工中必须聘请有涂装专业技术的人员进行严格监理。

防护与涂装要点：

第一，主缆防护应在桥面铺装完成后进行，主缆涂装应按涂装设计进行；防护前必须清除主缆表面灰尘、油污和水分等污物，临时覆盖，待对该处进行涂装及缠丝时再揭开；

第二，缠丝工作宜在二期恒载作用于主缆之后进行，缠丝材料以选用软质镀锌钢丝为宜，缠丝工作应由电动缠丝机完成；

第三，工地焊接后应及时按防腐设计要求进行表面处理；

第四，工地焊接的表面补涂油漆应在表面除锈后24 h内进行，分层补涂底漆和面漆，并达到设计的漆膜总厚度；

第五，根据技术文件的要求，工地焊接完成后，应按涂装工艺文件的要求涂箱外装饰面漆。

第五节 桥梁施工监控

一、桥梁监测

桥梁监测是通过对桥梁结构状态的监控与评估，为桥梁在特殊气候交通条件下或桥梁运营状况严重异常时触发预警信号，为桥梁维护、维修与管理决策提供依据和指导。监测系统对以下几个方面进行监控：桥梁结构在正常环境与交通条件下运营的物理与力学状态；桥梁重要非结构构件（如支座）和附属设施（如振动控制元件）的工作状态；结构构件耐久性；桥梁所处环境条件等。

（一）监测范围

1.敏感部位监测

一般只在桥梁内力、应变、位移变化和裂纹产生对桥梁影响至关重要的（敏感）部位进行监测。

2.总体监测

特大桥梁构造复杂，难以做地毯式人工监测。鉴于特大桥梁的重要性，需要适时地得到桥梁正常工作的总体状况。通过对可能取得的桥梁工作参数，采用不同的方法进行"识别"，找到桥梁异常的一个或几个可能部位，再由配备检测设备的专业人员到可能异常部位检测。

（二）监测方式

1.人工监测

配备简单的仪器，用人工作地毯式监测，用模糊分级描述桥梁状况，一般可作为定期监测、突发性事件后的特别监测。

2.自动监测

用固定在桥梁上的专用设备，实时地监测桥梁的工作参数；由专用设备和软件对工作参数进行识别加工，得到能反映桥梁工作状态的状态信息；再用特定的方法分析这些状态信息并与桥梁的健康档案相比较，给出桥梁的健康状况或损伤状况。一般适用于特大的或重要的桥梁在线监测。这种方法自动化程度高，是当前研究热点与发展方向；但是难度大，目前使用尚少。

3.联合监测

考虑到前两种方法的实际情况，用各种小型的自动化程度较高的仪器，配合人工监测，是一个比较可行的方案。

（三）监测的状态

1.静态

监测桥梁结构的静态几何和力学参数，用以分析桥梁结构的工作状态。静态监测比较困难，一般都是加载检测。但是静态参数比较直观地反映了桥梁的工作状态。

2.动态

监测桥梁结构的动态几何和力学参数，用以分析桥梁结构的工作状态。动态监测适于运营监测。

（四）常规监测的工作参数及桥梁监测系统与手段

1.常规监测的工作参数。

（1）位移

包括绝对位移和相对位移，静位移和动位移。

（2）变形

如静动挠度、静动应变等。

（3）力

如索的张拉力。

（4）动力参数

如速度、加速度，可转换成频率、振型，再转换成张力、位移。

（5）外观和完整率

如气蚀、磨损、裂缝、剥落。

（6）物理化学现象

如混凝土碱骨料反应、混凝土中性化（碳化、酸雨、氯蚀）、钢材锈蚀。

（7）环境

如风速（向）、空气（或桥体）温度、地震、交通量（和荷载）。

2.桥梁监测系统与手段

桥梁监测系统由传感器（包括倾角传感器、加速度传感器、温度传感器、应力传感器、拉力传感器、压力传感器、位移传感器、温度传感器、湿度传感器等）、信号调理模块、传输模块、数据采集系统、健康监测模型、预警模块等组成。桥梁健康监测模型如图9-3所示。主要仪器包括：位移（量程）计、倾斜仪、（高程、方位、距离）测量设备、GPS、数字成像机；位移传感器、电阻应变仪、压电式应变仪、振弦应变仪、分布式光纤应变计；压力环、磁弹性张力计、油压计、剪力销等；速度计、伺服（或压电）加速度计算；刻度放大镜、数字成像机、超声探测仪、地面雷达等；钢筋锈蚀仪；风向（速）计、空气（或埋入式）温度计、交通量观测仪、埋入（或移动）式称重仪、摄像机。

首先，使用各种传感器采集桥梁运行过程中的各种形态变化，经过信号调理后，通过传输模块传输回总控监测室，总控中心有大型的数据采集系统针对桥梁总体的各种信号进行采集，将采集到的信息记录并由健康监测模型分析，当桥梁变形超差、振动超差、位移超差、应力超差时，启动预警模块，为桥梁维护人员提供维修维护信息，避免桥梁因在非健康状态下使用而导致垮塌引起的财产损失。

二、桥梁施工控制

桥梁施工控制技术，就是把现代控制理论应用在桥梁施工工程中，确保施工过程中，桥梁结构的内力、变形一直处于允许的安全范围内，确保最终的实际桥梁变形和内力符合设计理想的变形和内力的要求。主要包括变形控制、应力控制、稳定控制和安全控制，而桥梁施工安全是变形控制、应力控制、稳定控制的综合体现。

（一）桥梁施工控制方法

桥梁施工控制方法可分为事后控制法、预测控制法、自适应控制法和最大宽容度控制法几种。

第一，事后控制法是指在施工中，当已成结构状态与设计要求不符时，可通过一定手段对其进行调整，使之达到要求，这种方法现已应用不多。

第二，预测控制法是在考虑施工方案和影响桥梁状态的诸因素而确定桥梁的应变和应力的理想状态后（称控制理想状态），针对施工过程中，由于实际情况和假定诸因素之间不一致而产生误差（这些误差值由监测测试系统反馈后），在调试系统中进行修正，再给定下一步的数据，对结构的每一个施工阶段形成的前后的状态进行预测，使实际施工沿着预定的理想状态进行的控制方法。这种方法是采取纠偏终点控制的方法，即在施工过程中，对产生主梁线形偏差的因素跟踪控制，随时纠偏，最终达到理想线形，这种方法常用卡尔曼滤波法和灰色理论等。

第三，自适应控制法也称为参数识别修正法，是指在控制开始时，控制系统的某些设计参数与实际情况不完全相符，系统不能按设计要求得到符合实际的输出结果，但是在系统的运行过程中，通过系统识别或参数估算，不断修正参数，使设计输出与实际输出相符，从而得到控制。这种方法是应用现代控制理论中的自适应控制方法，即对施工过程中的标高和内力的实测值与预计值进行比较，对桥梁结构的主要基本设计参数进行识别，找出产生实测值与预计值（设计值）产生偏差的原因，从而对参数进行修正，达到双控的目的。

第四，最大宽容度控制法是误差的容许值法，即在设计时给予主梁标高和内力最大的宽容度，这种做法减少了控制的难度。

影响桥梁施工控制的因素主要有结构参数、施工误差因素、监测因素和结构分析计算模型、温度变化与材料收缩影响、徐变因素等。结构参数包括材料密度、结构部件截面尺寸、材料弹性模量、材料的热膨胀系数、施工荷载及预加应力或索力等，监测包括温度、应力和变形监测等内容。

（二）各种桥梁的施工控制特点

施工控制最基本的要求是保证施工中的安全和结构恒载内力及结构线形符合设计要求。由于桥梁结构形式和施工方法有许多，对于具体某一座桥梁的施工控制又有它的侧重点。

第一，斜拉桥施工时，在主梁悬臂浇筑或悬臂拼装过程中，确保主梁线形和顺、正确是第一位的，施工中以标高控制为主。二期恒载施工时，为了保证结构的内力和变形处于理想状态，拉索再次张拉时以索力控制为主。所谓以标高控制为主，并非只控制主梁的标高，而不顾及拉索索力的偏差。施工中应根据结构本身的特性和施工方法的不同，采取相应的控制策略。若主梁刚度较小，斜拉索索力的微小变化将引起悬臂端挠度的较大变化，斜拉索张拉时应以高程测量为主进行控制，但索力张拉吨位不应超过容许范围，确保施工安全。若主梁刚度较大，斜拉索索力变化了很多，而悬臂端挠度的变化却非常有限，施工中应以拉索张拉吨位进行控制，然后根据标高的实测情况，对索力作适当的调整。此时标高、线形的控制主要是通过混凝土浇筑前底模标高的调整（悬臂浇筑方法）或预制块件接缝转角的调整（悬臂拼装方法）来加以实现的。

第二，悬索桥的主要承重结构是主索，主索在施工中又是悬索桥吊装的主要承重结构，主索一经架好，它的长度和线形调整甚小，为了确保悬索内力和线形符合设计要求，主索的无应力长度（下料长度）要严格加以控制，尤其对基准束的尺寸要更加重视。对于加劲梁的拼装，为保证符合设计线形，吊杆的下料长度（无应力长度）将又是一个控制重点。可以看出，为了使在无应力状态下结构各部分的尺寸准确无误，故要有一个符合结构实际的计算程序。在施工过程中，除了主索和加劲梁外，对桥塔受力、索鞍偏移、吊杆和主索索股受力均匀性等应严加跟踪控制，保证应力和线形的双控实现。

　　第三，大跨度混凝土拱桥同样按安全、线形和恒载内力的要求进行施工控制。由于大跨度混凝土拱桥拱肋截面多采用底板、侧板、顶板分次浇筑完成的组合截面，必然造成结构挠度和内力的重新分布，为确保拱肋应力和变形符合设计要求，要严格进行双控，但拱肋的形成一般要靠劲性骨架进行浇筑，其拱肋各段是在工厂放样加工制作的（无应力长度），骨架一经合龙，今后就无法进行大的调整，所以大跨度混凝土拱桥的施工控制，首先要把好骨架无应力长度控制这一关，然后，做好拱肋混凝土浇筑的跟踪施工、控制，确保拱肋应力和标高符合要求。拱桥是以受压为主的结构，对于施工过程中结构的稳定性要给予关注。

　　第四，预应力混凝土连续梁或连续刚构相对斜拉桥而言，没有斜拉索，其施工控制与斜拉桥主梁相同。

　　凡是以悬臂浇筑或悬臂拼装施工的桥梁，都是逐节段向前推进的，施工控制中常采用逐节段跟踪控制的方法。

第七章 斜拉桥和悬索桥施工

　　斜拉桥的上部结构由主梁、桥塔和斜拉索三大部分组成。各部分的结构可采用的材料和形式多种多样，因此其施工的方法也有许多种。斜拉桥主梁的施工方法，除要考虑施工技术设备和现场环境条件等因素外，还与桥梁结构特点如结构体系、索型、索距和主梁断面形式等密切相关。一般大跨度斜拉桥主梁多采用悬臂浇筑或悬臂拼装的方法施工。中小跨度的斜拉桥，则可根据桥址处的地形水文气象条件和结构自身的特点，采用支架法、顶推法或平转等施工方法。需要强调的是，不同的施工方法，在各施工阶段的内力是不同的，有时结构设计往往由施工内力所控制，所以结构设计必须考虑施工方法、施工内力与变形。而施工方法的选择，应符合设计要求。新颖的设计构思，能推动施工技术的进步；而先进合理的施工技术和经验，也能推动设计理论的发展。

　　悬索桥的施工主要包括：锚碇、桥塔、主缆、吊索和加劲梁等的制作和安装。其中锚碇结构分重力式、隧道式及岩锚式三种，以前两种为主。岩锚式一般与隧道式相组合。大跨度悬索桥塔采用钢或混凝土材料建造，小跨度悬索桥则有采用圬工材料建造的实例。悬索桥的主缆架设一般采用空中纺线法（air spinning）或预制平行丝股法（prefabricate parallel wire strands）施工。加劲梁的架设则一般采用预制拼装施工。

　　本章主要介绍斜拉桥与悬索桥上部结构的施工，包括桥塔施工、悬索桥锚碇施工、斜拉索（主缆）的制作与架设、主梁（加劲梁）的施工等内容。桥塔与锚碇基础的施工，与其他桥型基础施工相同，本章不再重复。

第一节 桥塔的施工

大跨度斜拉桥与悬索桥一般采用钢桥塔或混凝土桥塔；在混凝土桥塔中，也有采用钢结构的横系梁的结构形式。对钢桥塔，一般采用预制吊装的施工方法进行架设。而对混凝土桥塔，则采用现场浇筑的方式进行施工。斜拉桥与悬索桥的桥塔结构形式虽然有较大差异，但施工方法则一般是相同的，因此在本节一起介绍。

一、钢桥塔的施工

根据其规模、形状、施工地点的地形条件，以及其经济性，可以采用浮式吊机施工法、塔式吊机施工法、爬升式吊机施工法等。

浮式吊机施工法，是将桥塔施工的部件或桥塔节段，由水上浮吊架设施工。其优点是可以大大缩短施工期。对于高度较小的桥塔（一般在80m以下）或较高桥塔的底部节段，可以采用陆上或海上的起重设备架设。20世纪70年代以来，大型起重机和浮吊的发展，使桥塔可分少数节段进行吊装。例如进行塔高126m的东京港湾桥钢桥塔的架设时，将桥塔分为两段，重量分别为1850t和3400t，采用浮吊进行安装。

塔式吊机施工法，是在桥塔侧旁预先安装塔式吊机，以其进行桥塔节段的起吊架设施工。由于施工机具和设备与桥塔无关，所以桥塔施工的垂直度容易得到控制。

爬升式吊机施工法，是在桥塔塔柱上安装爬升导轨。爬升式吊机沿此导轨，随桥塔的施工增高而向上爬升的施工方法。由于施工中吊机的重量和吊机的爬升是靠塔柱支撑的，所以塔柱施工中的垂度要严格控制。

目前，对很高的桥塔，斜拉桥多采用塔式吊机起重法。悬索桥多采用爬升式吊机施工法施工。

采用爬升式吊机施工法进行悬索桥桥塔的施工，一般是先作爬升式吊机的安装，而后作桥塔底部的施工、塔柱的施工及附属工程施工。

（一）桥塔底部的施工

1.吊机锚固底架的安装

吊机锚固底架定位准确与否，对以后桥塔施工的精度影响很大，因此其安装精度应严格控制。首先在安装基础中预埋螺栓，并在灌注基础混凝土时，保证其位置不变。然后用汽车吊或浮吊安装吊机底架和爬升式吊机，位置可采用千斤顶调整。

2.基顶混凝土的施工精度

因基顶混凝土面的施工精度直接影响着桥塔的标高和垂直度，所以其施工精度应严格控制。为此，整个基准面范围内的不平整度应控制在2mm以下，而垂直度控制在1mm之内。

3.爬升式吊机安装

爬升式吊机由吊机底座和吊机机身两部分组成。桥塔施工时是先在锚固底架上安装桥塔 3～4 节段，以后就是靠吊机底座沿两根塔柱不断爬升进行施工作业。

4.桥塔底板安装

在进行塔柱施工前，先由塔位旁吊机安装塔底板，底板一般厚约 70～100mm，其位置可用千斤顶调整。

（二）桥塔塔柱的施工

桥塔底部施工完成后，就可用爬升式吊机进行桥塔塔柱的施工，其步骤如下：

1.第 1 节段的施工

桥塔的第 1 节段由塔位旁吊机吊至桥塔底板上。同样用千斤顶调整其安装位置。最后由桥塔基础中的预埋螺栓，将其与桥塔基础相连。预埋锚固螺栓的施拧顺序，应从对称位置对称向角点进行。

施拧分三次进行：第一次施拧力，为螺栓设计轴力的 40%；第二次为 70%；第三次为设计轴力。每个螺栓的实际轴力，都应用轴力计认真检测。

2.第 2 节段以后的施工

如上所述，自第 2 节段后至 3～4 节段桥塔的施工，都是由塔位旁吊机在其锚固底架上进行吊装。而再后的节段施工，是爬升式吊机靠其底座在塔柱上，随塔柱的增高而爬升进行。塔柱节段的连接是用高强螺栓。其施拧也分两次，第一次施拧力为设计轴力的 80%，第二次达设计轴力。节段拼装施工中，对其拼接面的密贴度和塔柱的垂直度，都需随时进行严格监测和精确控制。

3.水平横撑的施工

钢桥塔的水平横撑一般分为左、右和中间三段。施工中首先在塔柱上拼装左、右两段。此时，水平横撑在塔柱上为两悬臂梁；其变形受温度影响较大，所以应在温度较高时作中段的拼接施工。

4.施工精度的检查

因为桥塔施工的精度对今后加劲梁的架设影响很大，所以桥塔的施工精度应随时监测。对塔柱连接面的密贴度，应该用厚度为 0.04mm 的塞片规进行检查。对桥塔的高度和垂直度，应随时用钢尺和经纬仪进行测量。

（三）桥塔附属工程的施工

当桥塔的主体工程完成后，就要进行塔顶主索鞍的安装、爬升式吊机的撤除、抗风减振装置的安装，以及钢塔油漆和电梯、电路的安装等附属的施工工作。

我国的泰州长江大桥的悬索桥桥塔为钢桥塔。斜拉桥中南京三桥则采用了钢桥塔，以缩短施工工期。

二、混凝土桥塔的施工

（一）塔柱的施工

混凝土桥塔常采用滑模法、爬模法、翻转模板法和提升支架法等与高桥墩相同的方法进行施工。对高度较小的桥塔，也可采用搭支架法施工。

1.翻转模板法

首先在两塔柱外侧的塔座上安装附着式塔吊和电梯，用于塔身材料及设备的垂直运输以及人员的自由上下。塔身混凝土采用泵送运输，泵管可分别布置在两塔柱内侧，随着浇筑高度增长而接长，混凝土直接泵送入模。泵送混凝土可一次泵送至200m的高度。混凝土强度等级可达C50级。塔柱混凝土施工时，将爬架系统与模板系统分离，爬架高可为20m左右。翻模每节段高5m左右，通过预留螺栓与塔柱相锚固。塔柱内进行竖向钢筋的绑扎，也可在塔内埋设劲性骨架。钢筋接头可采用焊接接长或冷挤压、钢套筒接长等技术。塔柱内混凝土泵送浇筑后，由插入式振捣器振捣密实。每节段混凝土浇筑完成后，应洒水保湿养护。

2.爬模法

爬模系统由模板、爬升架、工作架、附着架组成。爬模系统通过附着架，附在已灌注完毕并具有足够强度的塔柱混凝土节段上，为下一节塔柱灌筑提供空中作业面。如汕头海湾大桥和西陵长江大桥的混凝土塔柱，均采用爬模法施工。根据桥塔的实际情况，可将爬模的每一爬升高度设定为4.5m左右。按底塔柱→下横梁→中塔柱→中横梁→上塔柱→上横梁的顺序进行施工。当爬模遇横梁时则暂停爬升，待施工完横梁后再继续爬升。其他工艺同上面翻模法要求。

3.滑模法

是利用混凝土随时间硬化的性质，将混凝土浇入模板内，经一定时间待混凝土强度达到能自立时–利用油压千斤顶使模板上滑–进行连续混凝土施工。

4.提升支架法

提升支架由钢筋柱、顶框、中框、底框、顶紧器、提升支架的滑车组并通过横、斜撑连接成整体。钢筋柱一般可用部32钢筋焊接成三角形组成，每节长约6m，用法兰盘接高。每一塔柱内外侧，一般可各设2根钢筋柱。桥塔柱外侧是斜腿时，外侧钢筋柱可用钢轴铰接接高，使钢筋柱能随塔柱高度的倾斜度自由变化。顶框、中框及底框均用型钢组成，采用滑车组提升支架。

（二）横系梁的施工

混凝土桥塔的横系梁，一般采用支架法现浇施工。支架的材料可采用钢管、万能杆件、贝雷梁、型钢等。根据桥塔的受力特点–横系梁一般均是预应力混凝土结构，因此应按相关规范进行施工。

在高空进行大跨度、大断面现浇高强预应力混凝土梁施工难度很大，施工过程中要考虑到模板支承系统的连接间隙变形、弹性变形、支承的不均匀沉降变形，混凝土梁、柱与钢支撑之间不同的线膨胀系数影响。日照温差对混凝土、钢的不同时间效应等产生的不均匀变形的影响，以及相应的调整措施。混凝土横系梁可根据设计要求、构造特点和施工机具设备能力一次或多次浇筑完成。

（三）桥塔施工的起重设备

桥塔施工属于高空作业，工作面狭小，其施工工期将直接影响到全桥的总工期。在制定桥塔施工方案时，起重设备的选择和布置，是桥塔施工的关键。目前大多数桥塔施工均是采用塔吊辅以人货两用电梯的起重设备。

一般采用附着式自升塔吊。可根据桥塔结构构造特点、工期要求、塔柱施工方法等因素确定应选用的塔吊型号和布置方式。塔吊选择应考虑如下几点：塔吊的性能参数满足施工要求；起吊能力和生产效率满足施工的进度要求，匹配合理，功能大小合适；适应施工现场的环境，便于进场、安装架设和拆除退场。

在有些 H 形塔柱施工中，也有先在桥塔基础上设置一塔吊进行施工，待横系梁建完后，再在横系梁上设置另一塔吊。多数桥塔的施工中，采用在塔柱一侧附着塔吊，另一侧附着人货两用电梯的布置方案。

三、桥塔施工中的制振减振问题

大跨度悬索桥和斜拉桥的塔很高时，在缆索体系尚未就位时，在风荷载作用下有可能会发生较大的振动，特别是桥塔将要到顶的时候。在考虑施工方案时，应对可能出现的振动进行分析或风洞试验，设计减振装置或采取必要的减振措施。目前工程中应用的减振措施，有被动阻尼减振和半主动减振等。也有采用张拉抗风索、将两岸塔柱用缆索联成一体，以减小振动等形式的减振措施。

第二节 悬索桥锚碇的施工

悬索桥的锚碇是支承主缆的重要结构之一。大跨悬索桥的锚碇由锚块、锚块基础、主缆的锚室及固定装置、散索鞍支墩等部分组成。在小跨径悬索桥中，除了锚块外其他部分可作简化。重力式锚块混凝土的浇筑，应按大体积混凝土浇筑。注意水化热影响，防止锚块产生裂缝。锚块与基础应形成整体。隧洞式锚块应注意隧洞中排水和防水措施。对于岩洞式锚块，在开挖岩石过程中，不应采用大药量的爆破，应尽量保护岩石的整体性。对岩洞周围裂缝较多的岩石应加以处理。隧洞内的岩面，开挖到设计截面后，应迅速加设衬砌，避免岩面风化影响锚块质量。

一、锚碇混凝土结构的施工

锚碇一般是大体积混凝土结构。施工中要根据施工单位的能力和温度控制的可行方案，对锚块进行平面分仓和竖向分层。施工时按照一定的施工计划分期分层进行浇筑和养护。以下以厦门海沧大桥锚碇的施工为例。

厦门海沧大桥东锚碇长 74m，宽 52m，标高 10 ~ 61.5m，混凝土总方量 7.5 万 m³。其中南北锚块纵向长 32m，横向宽 25m，最大竖向高度 35.96m，混凝土总方量 3.75 万 m³。混凝土强度等级 C30，标高 +6.00m 以下为防海水腐蚀的 C30 抗渗混凝土，抗渗等级 P12。

该项工程分三期进行施工。首先单独浇筑南北锚块混凝土，然后浇筑南北箱式基础，最后浇筑四个分项工程之间的后浇段，形成锚碇整体。南北锚块混凝土采用平面分仓、竖向分层、平行对称方式浇筑。

箱形基础单个仓面面积为 1150m，竖向分 5 层，底板层厚 1.2m，顶板层厚 1.0m，一次浇筑；腹板分三层浇筑，每层厚 2.6m。

分块浇筑完成后，待南北锚块混凝土温度降至 20.8℃并且稳定后，采用微膨胀混凝土浇筑后浇段。后浇段的浇筑顺序是：先浇南北箱形基础和锚块之间的纵向后浇段（桥轴线位置部分），后浇锚块与箱形基础之间的横向后浇段。同样需要分层浇筑。

二、大体积混凝土温度控制

锚碇大体积混凝土施工阶段产生的温度应力，往往超过外荷载引起的结构应力，使混凝土块产生温度裂缝，影响锚碇的使用寿命。因此大体积混凝土施工中的温度控制，是保证质量的非常关键的一项内容。在国内外大跨度悬索桥的施工中，都采取了多项措施来控制混凝土体内外的温度。这些措施包括：

（一）砂石料与拌合水预冷却

第一，冷却拌合用水；
第二，集料预冷。

（二）混凝土入泵温度控制

根据施工期间的大气温度，制定相应的各阶段混凝土入泵温度控制值。为了达到温控要求，一般需要采取以下温控措施：

第一，混凝土搅拌站生产出的商品混凝土经过搅拌运输车运到现场，随着运输距离的增加和运输车停置时间增长则温度升高，故运输过程中采用洒冰水用麻袋覆盖、减少现场停滞时间等措施，降低入泵混凝土温度。在入泵前测量每车混凝土的入泵温度，超标者坚决拒收。

第二，在高温季节浇筑混凝土时，在泵管上覆盖湿麻袋，以降低混凝土在泵送过程中的摩擦发热和吸收太阳的辐射热。

第三，在当日 19：00 至次日 7：00 间气温较低时进行混凝土的浇筑。

（三）利用冷却水管通水降低混凝土内部温度

第一，冷却系统。针对锚块现场的实际情况，可采用海水或河水作冷却水。先将海水或河水抽至锚坑内蓄水池，再由蓄水池抽水至锚块冷却管供水泵后接入可调安全阀；调节系统压力，另接 4 个闸阀调整供排水方向。冷却水不循环，经过一次冷却流通后便汇集至排水总管，引至排水沟流走。

第二，冷却管布置。冷却管采用蛇形布置，上下层间间距 1.0mo 冷却管距混凝土边缘约为 50cm。冷却管一般采用小直径的钢管，利用相应直径的网纹胶管套接，并以铁丝扎紧，上、下层冷却管以竖管连接。

锚碇其余部分的混凝土浇筑，与其他形式桥梁的混凝土施工相似。预应力锚固体系的施工与一般后张预应力混凝土的施工类似。

第三节　斜拉桥主梁的施工

一、斜拉桥主梁施工的常用方法

斜拉桥主梁施工方法与梁式桥基本相同，大体上可以分为顶推法、平转法、支架法（临时支墩拼装和临时支架上现浇）和悬臂法（分悬臂拼装和悬臂浇筑，悬臂拼装又有吊机拼装、浮吊拼装、缆索起吊和千斤顶起吊等几种形式）等 4 种方法。其特点及适用性简述如下：

（一）顶推法

顶推法的特点是施工时需在跨间设置若干临时支墩，顶推过程中主梁要反复承受正、负弯矩。该法较适用于桥下净空较低、修建临时支墩造价不高、支墩不影响桥下交通、抗压与抗拉能力相同、能承受反复弯矩的钢斜拉桥主梁的施工。对混凝土斜拉桥主梁而言，由于拉索水平分力能对主梁提供预应力，而利于顶推，但若在拉索张拉前顶推主梁，临时支墩间距又超过主梁负担自重弯矩能力时，施工中需设置临时预应力束，在经济上不太合算。

法国 2004 年建成的米约高架桥，为全长 2460m 七塔高墩斜拉桥，经多种架设方法的比较，最终选择顶推法施工。预先将 2000 块桥面板焊接成每块 32m 的钢板，运到桥两端的谷地同其他构件焊接起来后，缓慢地吊到安装平台进行组拼，然后将钢箱梁顶推到位。国内近些年也有采用顶推法施工的斜拉桥，例如 1995 年底竣工的衡山湘江大桥、2008 年建成的青银高速公路济南黄河大桥以及石济黄河大桥等。

（二）平转法

将上部构造分别在两岸或一岸顺河流方向的矮支架上现浇，并在岸上完成所有的安装工序（落架、张拉、调索等），然后以墩、塔为圆心，整体旋转到桥位合龙。平转法适用于桥址地形平坦，墩身较矮和结构体系适合整体转动的中小跨径斜拉桥。比利时 1988 年建成的跨越默兹河的邦纳安桥，是一座 3×42m+168m 的独塔斜拉桥，其主梁在平行于河流的岸边制造。在斜拉索安装和调整后，将整个桥塔—斜拉索—梁体以塔轴为中心转体 70° 就位。我国四川马尔康地区的金川桥是一座跨径为 68m+37m，塔、梁、墩固结体系的钢筋混凝土独塔斜拉桥。塔高 25m，中跨为空心箱梁，边跨是实心箱梁。由于桥址处河滩平整且墩身较矮，适合于平转法施工。施工方法是先在河滩上搭设低支架浇筑梁身，索塔卧地预制。梁、塔预制完成后，将索塔竖转与主梁固接并安装斜拉索后，平转到设计位置。1997 年建成的位于秦皇岛站疏解线上的汤河大里营铁路混凝土斜拉桥（50m+40.75m），也是采用转体法施工的。

（三）支架法

有在支架上现浇、在临时支墩间设托架或劲性骨架现浇、在临时支墩上架设预制梁段等几种施工方法。其优点是施工最简单方便，能确保结构满足设计线型，但仅适用于桥下净空低、搭设支架不影响桥下交通的情况。我国天津永和桥（主跨 260m）是在临时支墩上拼装主梁的。昆明市园通大桥是一座跨径为 70.5m+70.5m、全宽 24m 的独塔单索面斜拉桥，采用支架法现浇。

支架法的施工步骤为（见图 7-1）：

阶段 1：在永久性桥墩和临时墩上架设主梁。其施工方法与一般梁的架设一样 - 因而可以应用梁桥施工中所用的任意一种架设方法。

阶段 2：从已完成主梁的桥面上安装塔柱。

阶段 3：安装拉索。在此阶段内只需适度地张拉钢索，最终的张拉将在下一阶段内实现。

阶段 4：全部拉索安装完毕后拆除临时墩，使荷载传至缆索体系。在此过程中梁将向下挠曲 . 因此需要先将梁架设在提高的位置，以便当全部恒载传至拉索时，梁达到最终所要求的几何形状。

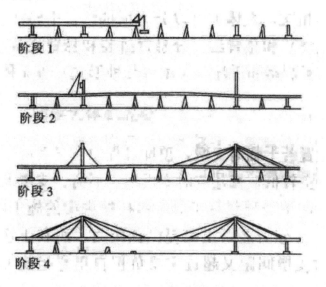

图 7-1 支架法架设斜拉桥

日本在六甲桥的施工中采用上述的架设步骤。该桥由于两层桥面的桁架具有很大的弯曲刚度，就可能在主跨内只用两个临时墩，同时能用浮吊来架设很大的节段。而且，由于此桥修建在神户港，在施工期间无繁忙船舶往来于填筑地点，便于应用临时墩。

（三）悬臂法

悬臂法一般是在支架上修建边跨，然后中跨采用悬臂施工的单悬臂法，也可以是对称平衡施工的自由悬臂法。悬臂施工法一般分为悬臂拼装法和悬臂浇筑法两种。

第一，悬臂拼装法，一般是先在塔柱区，现浇一段放置起吊设备的起始梁段。然后用起吊设备从塔柱两侧依次对称安装节段，使悬臂不断伸长直至合龙（见图7-2）。

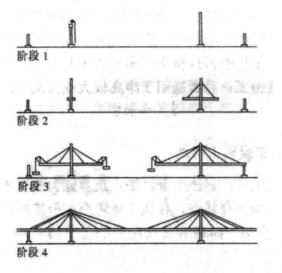

图7-2　自由悬臂法架设斜拉桥

采用自由悬臂法架桥，可完全避免临时墩，架设步骤包括下列阶段：

阶段1：在桥墩上安装墩柱和主墩上的梁段并（临时）固定之。

阶段2：利用在桥面上操作的动臂起重机，起吊用驳船运至施工地点的梁段，进行平衡的自由悬臂施工。

阶段3：随着悬臂的伸展，安装拉索，并经初步张拉以降低梁内弯矩。往往先对半座桥完成悬臂施工过程，然后将起重机移至另外半桥。

阶段4：桥梁在主跨中央合龙，进行桥面铺装、安装栏杆等附加荷载。

采用这种架设步骤时，在整个施工期间使上部构造与主墩具有十分有效的固结作用是很重要的。因为在梁达到边墩之前，整个稳定性依赖于这一固结作用。而且梁的横向弯曲刚度一定要足以保证长度为主跨长度一半的悬臂的稳定性。因而对于梁的宽跨比大的桥梁，这种架设步骤特别有利。

采用悬臂拼装法架设时，设计中应将拉索锚固点的间距，选得使加劲梁从一个拉索锚固点至下一锚固点的自由悬出，可不需要临时支承（如用临时钢索）。因而从这一方面来说，也更宜采用密索体系。

应当强调指出，为了能传递在紧接着张拉拉索时所引起的轴力，斜拉桥要求在梁段就位时就封合全部梁段的接头。

在许多情况下可将图7-1和图7-2的两种架设方法结合起来，形成以下的四个施工阶段（见图7-3）：

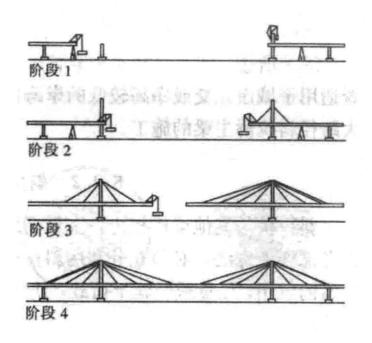

图7-3　边跨支架主跨悬臂的施工方法

阶段1：利用临时墩架设边跨加劲梁，当达到桥墩时即安装塔柱。

阶段2：单侧悬臂施工主跨加劲梁。当悬拼至主跨内相应锚固点时安装主跨拉索和相应的边跨拉索。

阶段3：完成桥的半跨之后，进行另外半跨的悬臂施工。

阶段4：在主跨中央使桥合龙。

对于这一架设方法，宜采用带临时墩的边跨。并且主跨的悬臂施工，可以从支承于主墩，同时也支承于边墩的边跨加劲梁，构成的十分稳定的体系开始。因此不需要与主墩临时固结。

如果边跨可不用临时墩来架设（或本身设计有辅助墩），在主跨内用单侧悬臂施工的方法会特别有利。只要边跨主梁具有足够强度而作为边墩和主墩间跨越的梁来承受其自重的话，这将是可能的。

上海洲港大桥是采用单悬臂法，即利用挂篮和拼装吊机悬臂拼装预制梁段，节段间用现浇混凝土湿接缝相连。

美国哥伦比亚（PK）桥，采用双悬臂拼装法。即把钢吊架安装并锚固在架好的梁上，由塔顶的辅助钢束保持平衡。钢架上安装与吊杆相连的千斤顶，当驳船将预制块件运至桥下时，吊杆与预制梁段校结，通过千斤顶起吊，使杆件缓缓提升到桥面标高就位。节段间用环氧树脂和预应力相连。待环氧树脂凝固后，张拉斜拉索，重复上述步骤，安装下一节段。

广东九江大桥（2×160m）预制梁段，是用大型浮吊进行悬臂拼装的。对于中小跨径斜拉桥，当构件重量不大时，也可采用缆索吊装，并利用已浇好的塔柱兼作安装索塔，利用缆索吊进行主梁拼装。浮吊和缆索吊的最大优点是施工荷载最轻，不会控制设计。

第二，悬臂浇筑法是从塔柱两侧用挂篮对称逐段就地浇筑混凝土。我国大部分混凝土斜拉桥主梁都是采用悬臂浇筑法施工的。斜拉桥主梁的悬臂施工与连续梁和连续刚构桥类似，不同的是如果能利用斜拉索，可以采用更轻型的挂篮施工。

综上所述，可见支架法和悬臂施工法是目前斜拉桥主梁施工的主要方法。前者适用于城市立交或净高较低的岸跨主梁施工；后者适用于净高较大或河流上的大跨径斜拉桥主梁的施工。

二、斜拉桥主梁施工特点

斜拉桥与其他梁桥相比，主梁高跨比很小，梁体十分纤细.抗弯能力差。所以考虑施工方法，必须充分利用斜拉桥结构本身特点，在施工阶段就充分发挥斜拉索的效用，尽量减轻施工荷载，使结构在施工阶段和运营阶段的受力状态基本一致。

对于单索面斜拉桥，一般都需采用箱形断面。如全断面一次浇筑，为减少浇筑重量，要在一个索距内纵向分块，并需额外配置承受施工荷载的预应力束。所以，一般做法是将横断面适当地拆分为三部分，即中箱、边箱和悬臂板。先完成包含主梁锚固系统的中箱，张拉斜拉索，形成独立稳定结构。然后以中箱和已浇节段的边箱为依托，浇筑两侧边箱。最后用悬挑小挂篮浇筑悬臂板，使整体箱梁按品字形向前推进。如重庆石门桥的施工，中箱采用桁梁作劲性骨架，斜拉索与劲性骨架先连接，然后利用劲性骨架作支撑，架立模板进行施工。边箱则滞后于中箱，利用中箱作支撑进行施工。

对于双索面斜拉桥，如上海沸港大桥，把主梁节段在横断面方向，划分为二个边箱和中间车行道板共三段。边箱安装就位后张拉斜拉索，利用预埋于梁体内的小钢箱传递斜拉索的水平分力，使边箱自重分别由二边拉索承担。从而降低了挂篮承重要求，减轻了挂篮自重。最后安装中间桥面板并现浇纵横接缝混凝土。

随着扁平双主肋断面的出现，美国 Dames Point 桥开创了新的挂篮型式，如图 7-4 所示。挂篮后端锚固在已浇梁段上，把待浇段斜拉索通过工具式连杆锚固到挂篮前端，由斜拉索和已浇梁段共同承担待浇节段混凝土重量。待混凝土达到强度后，拆除连杆，让节段重量转换到斜拉索上，再前移挂篮.重复上述施工步骤。20 世纪期间建成的重庆长江二桥、铜陵长江大桥、重庆大佛寺长江大桥等几座大跨度预应力混凝土斜拉桥，主梁均采用双主肋断面，其施工挂篮也都采用这种构思。

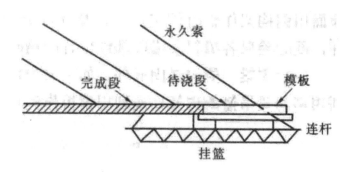

图7-4　挂篮形式构思

第四节　斜拉桥斜拉索的施工

斜拉索一般采用高强度钢筋、钢丝或钢绞线制作。主要有平行钢筋索、平行钢丝索、钢绞线索和封闭钢丝绳等几种形式（如图7-5所示）。在我国的大跨度斜拉桥中，主要采用平行钢丝索和钢绞线索。目前，我国已有专门生产制作这类拉索的工厂，且遵循有关标准生产。

斜拉索的架设包括设置锚固部件、架设斜拉索、斜拉索张拉和调整以及斜拉索防护等施工工序。斜拉索的架设方法要考虑桥梁规模（斜拉索长度）、桥塔形状、斜索的布置形状和斜索的材料和防锈方法等因素后，进行综合研究确定。

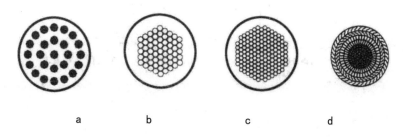

a　　　　　　b　　　　　　c　　　　　　d

图7-5　斜拉索的基本类型

一、设置锚固部件

斜拉索两端安装在钢结构上或埋置于混凝土中的锚固件位置应精确定位。一般将桥塔一侧的锚固部件先在钢塔柱上安装就位。如为混凝土塔柱时．则先在地面用钢构架作临时固定后．再整体或分批起吊就位。这样只要将钢构架固定好，就能确保各根斜索锚固部件位置的精确度。

位于主梁一侧的锚固部件，如主梁为钢结构，则在工厂内事先安装就位，可利用移动式吊篮的构架，或利用模板作支点予以固定。

二、斜拉索的引架

斜拉索的引架作业，是将斜拉索引架放到桥塔锚固点与主梁锚固点之间的位置上。斜拉桥中使用的拉索可以分为两大类，一类是在工厂内制造后，运到现场的"预制索"，另一类是与主梁及桥塔的施工同时进行的，在现场直接制造的"现场制索"。

预制索常常是直接用吊机将斜拉索起吊就位，或用导向缆绳及绞车等引拉就位的方法架设。现制索则常用导索缆绳等将保护管先架设好，然后再将斜索本身插入保护管。斜拉索的引架一般有4种方式：

（一）塔顶直接引架

此法是使用塔顶吊机，将在主梁桥面上展开的斜拉索，通过导向滑轮及引拉装置等直接引拉就位。当斜拉索被吊拉到桥塔锚固点附近时，即利用设在塔上的引拉装置将斜索锚头引拉到锚固构件上。此法工作效率较高，一般适用于由单根钢索组成的斜拉索。如果用于引拉由多根钢索组成的斜拉索时，则必须有工作猫道。

（二）设置临时索和滑轮吊索引架

此法为在塔顶与主梁前端之间设置临时钢索，然后用若干根滑轮吊索，引拉预先已展开好的斜索。滑轮吊索的下端将斜索吊起，上端则有滑轮可沿临时钢索向上滑行。此法的缺点是，临时钢索要随着主梁的伸出经常变换位置，架设效率稍低。但它可架设大截面的斜索。

（三）设置临时索和垂直吊索引架

此法与（二）法同样，先要设置临时钢索。临时钢索上设置若干根带有滑车组的垂直吊索。依靠这些吊索将在梁上已展开的斜索垂直地起吊就位，并引入塔内锚固。此法的缺点也是临时钢索的位置要随着主梁的伸出而变化。如果斜索可以按从上到下的次序逐根安装，则也可利用上面已安装好的斜索代替安装下一根斜索所需的临时钢索。

（四）在工作猫道上引架

此法将若干个滑轮安装在工作猫道上。然后将展开的斜索放在这些滑轮上向上引拉就位，此法常与（二）法一起使用，即塔方向的斜索锚头同时由临时钢索的吊索来吊拉。

三、斜拉索的张拉

斜拉索的张拉作业，是在斜索引架完毕后导入一定的拉力，使斜拉索开始受力而参与工作。为5种张拉作业的方法。

（一）用千斤顶直接张拉

此法在斜索的梁端或塔端的锚固点处装设千斤顶直接张拉斜索。采用此法时，设计中要考虑千斤顶所需的最小工作净空。目前，国内几乎都是工艺。

（二）　用临时钢索将主梁前端拉起的方法

此法依靠主梁伸出前端的临时钢索，先将主梁向上吊起。待斜索在此状态下锚固完毕后，再放松临时钢索，使斜索中产生拉力。实际上是将临时钢索中的拉力以大于1倍的数值转移到需要张拉的斜索中去。

此法虽可省去大规模的机具设备，但仅靠临时钢索，有时很难满足主梁前端所需的上移量。因此常在最后还需用其他方法来补充斜索的拉力。所以此法较少采用。

（三）　用千斤顶将塔顶鞍座顶起的方法

安装塔顶鞍座时，先将鞍座放置在低于设计高度的位置上。待斜索引架到鞍座上之后，再用千斤顶将鞍座顶高到设计标高，由此使斜索得到所需的拉力。当斜索长度很大时，采用此法进行张拉，有时鞍座的顶高量达2m之多。

（四）　梁先架设在高于设计标高位置上的方法

主梁的架设标高，先高于设计位置，待全部斜索安装锚固后，再用放松千斤顶落梁，并由此使斜索中得到所需的拉力。

（五）　在膺架上将主梁前端向上顶起的方法

此法实际上与（二）法相似，仅仅是向上拉与向上顶的区别而已。但此法只适用于主梁可用膺架架设的斜拉桥。主梁前端在水面上时，也可采用浮吊，将主梁前端吊起或借助于驳船的浮力来完成此项工作的方法。当然也可以在驳船上将主梁前端顶高。

四、斜拉索索力的调整与控制

斜拉索的张拉一般可分为拉丝式（钢绞线夹片群锚）锚具张拉和拉锚式锚具张拉两种。其中拉锚式锚具张拉因施工操作方便及现场工作量较少等优点被更多地采用。根据设计要求及现场实际情况，有采用塔部一端张拉的，有采用梁部一端张拉的，也有采用塔、梁部两端张拉的，其中以塔部一端张拉使用最为广泛。

（一）　拉丝式夹片群锚钢绞线斜拉索的张拉

对于配装拉丝式夹片群锚锚具的钢绞线斜拉索，挂索时先要在拉索上方设置一根粗大钢缆作为辅助索。拉索的聚乙烯套管，先悬挂在辅助索上，然后逐根穿入钢绞线，用单根张拉的小型千斤顶，调好每根钢绞线的初应力，最后用群锚千斤顶整体张拉。新型的夹片群锚拉索锚具，第一阶段张拉使用拉丝方式，调索阶段使用拉锚方式。

（二）　拉锚式斜拉索的张拉

拉锚式斜拉索张拉均为整体张拉。根据目前的技术水平，国内外拉索锚具、千斤顶、拉索的设计吨位已达到"千吨"级水平。大吨位拉索整体张拉工艺已十分成熟。无论是一端张拉还是两端张拉，一般情况下都需在斜拉索端头接上张拉连接杆。之后使用大吨位穿心式千斤顶实施斜拉索的张拉调索。为方便施工，张拉杆大都采用分节接长，而非整根通长。拉锚式斜拉索张拉调索施工要点如下：

第一，对张拉千斤顶和配套油泵进行标定。同时对预计的调整值划分级别，根据标定得出的张拉值和油表读数之间的直线关系，计算并列出每级张拉值和相应的油表读数。

第二，对索力检测仪器进行标定。

第三，计算各级调整值，并列出相应的延伸量。

第四，做好索力检测和其他各种观测的准备工作．

第五，将张拉工具、设备一一就位。先将千斤顶撑架用手拉葫芦等固定在斜拉索锚固面上，然后将千斤顶用螺栓连接支撑在撑架上；将张拉杆穿过千斤顶和撑架．旋接在斜拉索锚头端，再将张拉杆上的后螺母从张拉杆尾端旋转穿进；将千斤顶与油泵用油管接好，开动油泵，使千斤顶活塞空升少许，如调索要求降低索力，可根据情况多升一定量；接着将后螺母旋至与活塞接触紧密。如调索是在斜拉索锚头还未被牵出锚固面的情况下进行，则上述过程已在牵索过程完成。如索力检测采用测量张拉杆拉力的方式，则应在张拉杆后螺母间安装穿心式压力传感器测量张拉力，需先将传感器从张拉杆后端插入，再将张拉杆后螺母旋入。

第六，按预定级别的相应张拉力，通过电动油泵进油或回油逐级调整索力。如果是降低索力，则先进油拉动斜拉索，使锚环能够松动，在旋开锚环后可回油使斜拉索索力降低。在调索过程中，如千斤顶达到行程允许伸长量后，即可将斜拉索锚头的锚环旋紧，使其临时支承于锚固支承面上。这时千斤顶可回油并进行下一行程的张拉。如果调索是在斜拉索锚头还未牵出其锚固面的情况下进行，则临时锚固由叠撑在锚环上的张拉杆前螺母即两半边螺母承担临时锚固。

张拉调索过程中，应以检测、校核数据配合油表读数共同控制张拉力，并通过对结果的随时观测，防止不正常情况的发展。

（三）斜拉索的索力量测

斜拉索的索力，是斜拉桥设计的一个重要参数．必须确保准确可靠。而采用可靠的索力量测手段及工具，是确保索力准确的根本。根据国内外多座斜拉桥的施工实践，目前比较常用且成熟的索力量测方法有压力表测定法、压力传感器测定法和频率振动法等三种。

1.压力表测定法

是利用张拉千斤顶的液压与张拉力之间的关系，通过测定张拉过程中的油压，而后换算成索力的一种索力测定方法。采用此法测定索力时－需使用 0.3～0.5 级精密压力表，使得压力表测定的索力精度达到 1%～2%。此法测量索力简单易行，是斜拉桥施工过程中，最为常用的一种索力测量方法。

2.压力传感器测定法

是在张拉连接杆套一个穿心式压力传感器。张拉时处在千斤顶和张拉螺母之间的传感器受压发出电讯号，在配套的二次仪表上读出千斤顶张拉力，从而得到索力值。采用此法精度较高，可达到1%以下，但价格比较昂贵，只能在特定条件下使用。

3.频率振动法

是利用斜拉索振动频率和索力之间的关系，通过测定频率间接换算索力的办法量测索力。采用此法量测索力时，首先要根据不同工况及拉索相应的约束条件，准确设定拉索的计算长度。其次要准确测定拉索频率，特别是低阶频率。目前随着科技发展，测定拉索频率的电子仪器日趋成熟化，整套仪器携带、安装都十分方便，测量结果也比较准确，故采用此法量测索力比较普遍。

五、斜拉索的防腐

斜拉索是斜拉桥的主要受力构件，全部布置在梁体外部，且处于高应力状态，对锈蚀比较敏感。它的防护质量，决定整个桥梁的安全和使用寿命。斜拉桥是按照超静定结构体系设计的，它虽能经受某单根拉索的突然损坏，但如果破坏是由于腐蚀引起的，那么锈蚀产生以后，则直接影响了钢丝的疲劳抗力。而力的进一步重分配，可能引起更多拉索的破坏，剩余拉索结构的整体性也会被损害。在此情况下结构有可能渐渐崩溃。因而，拉索防护有着十分重要的意义。

斜拉索防护可分为临时防护和永久防护两种。

（一）临时防护

第一，钢丝或钢绞线从出厂到开始作永久防护的一段时间内，所需要的防护称为临时防护。国内目前采用的临时防护法一般是将钢丝（多为镀锌钢丝）纳入聚乙烯套管内，安装锚头密封后喷防护油，并充氮气，以及涂漆、涂油、涂沥青膏处理等。具体实施可根据防锈蚀效能、技术经济比较、设备条件及材料种类决定。

第二，通常在钢丝或钢绞线穿入套管前，每根钢丝或钢绞线应在水溶性防腐油中浸泡或喷一层防腐油剂。

第三，在临时防护中，镀锌钢丝的锌层应均匀连续，附着牢固，不允许有裂纹、斑痕和漏块。另外，不镀锌处理的钢丝，在贮存和加工期间应进行其他涂漆、涂油等临时防护措施。

（二）永久防护

从拉索钢材下料到桥梁建成的长期使用期间，应做永久防护。永久防护应满足防锈蚀、耐日光曝晒、耐老化、耐高温、涂层坚韧、材料易得、价格低廉、生产工艺成熟、制作运输安装简便、更换容易等要求。永久防护包括内防护与外防护。内防护是直接防止拉索锈蚀，外防护是保护内防护材料不致流出、老化等。

内防护所用的材料一般有沥青砂、防锈脂、黄油、聚乙烯塑料泡沫和水泥浆等。外防护所用的材料有：聚氯乙烯管，其质较脆，抗冻和抗老化性能差，且易破裂失效；

铝管则需注水泥浆，而水泥浆的碱性作用易使铝管腐蚀；钢管作外套时本身尚需防腐蚀且笨重；多层玻璃丝布缠包套，目前效果尚可，但价格高，施工繁琐。我国目前一般采用碳黑聚乙烯，在塑料挤出机中旋转挤包于拉索上而成的热挤索套防护拉索方法，即 PE 套管法。所用高密度聚乙烯（PE）与其他方法所用材料相比具备以下优点：

第一，在设计寿命期限内，能抵抗循环应力引起的疲劳；

第二，在聚乙烯树脂中加碳黑，能有效抵抗紫外线的侵蚀；

第三，与灌浆材料和钢材无化学反应；

第四，在运输、装卸、制造、安装和灌注时能抗损坏；

第五，能防止水、空气和其他腐蚀物质的入侵；

第六，徐变小；

第七，对周围环境有一定的适应性。

同时，黑色 PE 管的热膨胀系数大约是水泥浆和钢材的 6 倍。因此，为了控制温度变化，并减小可能导致 PE 管损坏的不均匀应力，通常在 PE 管上缠绕或嵌套一层浅色胶带或 PE 面层。采用热挤索套不像 PE 管压浆工艺那样，存在拉索钢丝早期锈蚀问题。它可在很短的时间内完成防腐、索套制作、拉索密封等工艺。

总之，绝大多数拉索防护是在生产制作的过程中完成的。与生产材料、工艺以及生产标准、管道等密切相关。故此，要做好拉索的防护工作，就必须严格控制好生产的各个环节、工序，以确保拉索的质量。

第五节　悬索桥主缆的施工

一、缆索工程概要

（一）准备工作

在架设缆索之前的准备工作有：安装塔顶吊机、塔顶主鞍座、支架副鞍座、散索鞍座以及包括各种绞车和转向设备等的驱动装置。

（二）架设导索

导索是缆索工程中最先拉过江河（或海湾）的一根钢丝绳索，也是缆索工程中的第一道难关。一般架设导索有如下几种方法。

1. 海底拽拉法

较早时期的导索架设用的办法，是将导索从一岸塔底临时锚固；然后将装有导索索盘的船只驶往彼塔，并随时将导索放入水底，然后封闭航道，用两端塔顶的提升设备，将导索提升至塔顶，置入导轮组中，并引至两端锚碇后，再将导索的一端引入卷扬机筒上，另一端与拽拉索（主或副牵引索或无端牵引绳）相连。接着开动卷扬机，通过导索将拽拉索牵引过河。此时，若采用往复式拽拉系统，则拽拉索（主或副）与等候在此的牵引索（副或主）通过拽拉器相连。若采用环状无端牵引绳系统，则将牵引绳的两端绕过卷扬机 – 同时与导索相连，并将其牵拉过河，然后将两端连接形成环套的无端牵引绳。

2. 分段牵引江中对接

将两岸先导索都拖至江中定位驳船上临时固定，再用绳卡对接，然后启动两端卷扬机完成先导索架设。此法可缩短封航时间，但需要的船只数量较多。该法在宜宾长江大桥、武汉阳逻长江大桥、广州珠江黄埔大桥得到应用。

3. 浮子法

将准备渡江（或海）的导索每隔一定距离装上一个浮子，使导索由浮子承重而不下沉水中。然后由曳船将导索的一端，从始发墩旁浮拖至需到达的墩旁，再由到达墩的塔顶垂挂下来的拉索直接拉到塔顶。此法在潮流速度缓慢且无突出岩礁等障碍物时，是较为可靠的。日本的关门桥和因岛桥均采用此法。

4. 自由悬挂法

当桥位处水流较急时，采用浮子法会使水面上拖运的导索流散得较远，同时导索所受水流的冲击力也大，故导索所需截面也大。另外，当桥位附近有岩礁时，导索流散越远，它被挂阻于岩礁的可能性也越大，此时就可用自由悬挂法。自由悬挂法是在桥台锚碇墩附近 . 设置可连续发送导索的一种装置。从此装置引拉出的导索，经过塔顶后其前端固定在曳船上。随着曳船横越水面，可使连续发送出来的导索不沉落到水中，并在始终保持悬挂状态下来完成导索的渡架。为提高安全度，有时还用重锤作平衡重，以调整导索在引拉过程中的拉力。

5. 火箭发射牵引法

将先导索拴在经过改良的火箭尾部，火箭发射时先导索随弹头被带上另一岸。火箭速度快，飞行时间仅为几秒，但落点误差较大，可达 40 ~ 80m，火箭发射时，火焰温度在 1000℃ 以上，与火箭尾部相连的钢丝绳必须是特制的，其后再接工作索，该法适用于山区，湖北四渡河大桥先导索采用该方法架设。

6. 遥控飞艇牵引法

飞艇气囊充入密度较小且难燃的氦气通过空气浮力和发动机推力，遥控实现垂直升降、定点悬浮、转向、仰俯等姿态飞行，吊仓抛绳机将绳头抛落至指定位置，实现一级绳架设，1000m 左右跨度的飞行时间大约为十几分钟。飞艇的体积较小，不需要专用起降场，操作简便 . 落点准确，并且安全环保经济。飞艇抗风和载重能力不如直升飞机，与飞机、火箭相比，飞艇携带的先导索直径和重量都较小，需多级转换。此法适用范围较广，贵州坝凌河大桥采用该方法架设先导索。

7. 直升飞机牵引法

日本明石海峡大桥采用直升机空中牵引架导索的方法获得成功。此法回避了通航及潮流条件的限制，由直升飞机直接从空中放索架设。导索垂度最低点，始终满足桥下通航净空。

通常悬索桥两侧主缆的两根导索都用同法渡架。但当渡架作业较为困难时，也可只渡架一根导索；而另一根导索可直接在第一根完成后设法在高空横渡。

（三）架设曳拉索及猫道

曳拉索是布置在两岸之间的一根环状无端头的钢丝绳索，可由两岸的驱动装置来使曳拉索走动，从而一来一往地引拉其他需要架设的缆索或钢丝。曳拉索架设完毕后，首先要架设猫道。所谓猫道，就是悬索桥架设施工中，为其空中架设的工作走道。它是主缆编制和架设必不可少的临时设施。每座悬索桥的施工，一般设有两个猫道。每个猫各供一侧主缆施工所需。因猫道是悬索桥施工的特有设备，下面加以简介。

1. 猫道的构造与布置

猫道由猫道承重索、猫道面层结构（包括栏杆立柱及扶手索等）、横向天桥及抗风索等组成。猫道承重索是猫道的承重构件。悬索桥的两侧猫道，各有若干根猫道承重索。猫道面层结构（包括横梁及面层）可以吊挂于猫道承重索之下，如旧金山一奥克兰海带桥。也可固接在猫道承重索之上，如日本关门桥及大鸣门桥等。

猫道空间位置的决定，应使猫道面与主缆之间的净空均匀一致。主缆中心与猫道面的位置关系由主缆截面尺寸及主缆捆紧机和缠绕机的尺寸等决定。

2. 猫道面层结构

当每个猫道的若干根猫道索，由曳拉索引拉架设完之后，即可铺设猫道面层及架设横向天桥。横向天桥是沟通两个猫道之间的空中工作走道。它除了工作所需之外，还有增加猫道横向稳定的作用。

猫道面层结构包括横梁及面层铺料。面层铺料早期采用木板材，后来为了防火、减轻重量和阻风，以及施工方便和经济等原因，一般均改用在焊接钢丝网上再加铺合成纤维网或钢丝网布。焊接钢丝网钉在横木梁上，它已有足够的支承强度，但其孔眼尺寸对工作走道面来说过于粗大，故在它上面用小孔眼的网材覆盖以提供良好的走道面，并可防止小工具的掉落。

猫道面层结构，一般先将横木和面材预制成可折叠并能卷起的节段，然后由塔顶吊机将它吊到塔顶后，沿着猫道索逐节滑下。在下滑过程中，各节之间进行逐节连接，待全部铺到最后位置时，再将横木固定在猫道索上。然后，再在横木端部装上拦杆立柱，并在立柱上安装扶手索及栏杆横索等。为了架设主缆工作的需要，沿猫道相隔一定距离还设置有门式框架。在猫道面上还铺设有各种管路和照明系统。在两侧猫道之间的横向天桥也可和面层结构一起铺设。

3. 抗风索的布置

设置抗风索的目的是提高猫道的抗风稳定性，同时还可调整猫道的曲线形状。猫道的抗风体系除抗风索外，还包括连接猫道索与抗风索之间的垂直吊索或斜吊索。

为了减小猫道承重索的荷载，同时在某些通航的水域内由于净空等限制不能布置抗风索，近期的发展趋势是在保证猫道抗风稳定性的条件下，不设抗风索。国内的厦门海沧大桥、重庆鹅公岩大桥等桥的猫道，都没有设置抗风索。

（四）架设主缆

在猫道架设全部完成后，就可在猫道上正式开始架设主缆。主缆的架设方法目前有两种：一种为空中编缆法（简称 AS 法）含送丝、纺丝、纺线、架线之意；另一种为预制丝股法（简称 PS 法，也有简称 PWS 法），此为 Parallel Wire Strand 之意。这里，AS 法是以钢丝为单元，先在空中编成丝股，然后再由若干丝股组成主缆；PS 法则是以工厂预制成的股缆在空中组成主缆。

（五）架吊索

主缆架设完毕，将猫道转载于主缆后，拆除抗风索，并在猫道上开始架设吊索。全桥主缆缠丝防护工作完成后，即可拆除猫道。至此，悬索桥的缆索工程遂告全部完成。

二、空中编缆（AS）法

用 AS 法架设主缆之前，先要在猫道上编制组成主缆的钢丝索股。然后，再将若干根钢丝索股捆紧扎成主缆。编制钢丝索股的施工步骤如下：

第一，将出厂的成卷钢丝用钢丝连结器接长后，卷入专用卷筒运至悬索桥一端锚碇旁。

第二，利用无端头的环形曳拉索，将接长的钢丝引拉到猫道上。引拉的方法是，将两个编丝轮分别连于环形曳拉索的两个分支上。当曳拉索受动力机驱动引拉作环状运动时，两个编丝轮即作一来一往的走动。编丝轮上带有绕挂钢丝的槽口，将置于桥两端的接长钢丝从卷筒中拉出，并绕挂在编丝轮的槽口内。此时，先将钢丝端头临时固定，然后由曳拉索带动一个编丝轮从桥的一头走到另一头。此编丝轮即在猫道上拉铺有 2 根钢丝。与此同时，另一编丝轮从另一头走到此一头，它也带来 2 根钢丝，故共拉铺有 4 根钢丝。如果每个编丝轮改单槽为双槽时，每走动一次拉铺的钢丝根数也加倍增加。当钢丝根数达到能组成一股钢丝股时，即可捆紧成股。当丝股数达到可以组成一根主缆的数量时，即可捆紧成主缆。

维拉扎诺海峡桥该桥每根由 61 股钢丝索股组成，每股有 428 根钢丝，共计有钢丝 26108 根。6 号镀锌钢丝的公称直径镀锌前为 4.87mm，镀锌后为 4.97mm，4 根主缆的钢丝总重为 282000kN。主缆挤紧后直径为 89.6cm，每对两根主缆中至中间距为 2.7m，两索对间距为 31.3m。我国江阴长江公路大桥（1385m），每根主缆中跨为 169 股，每索股含 127 根镀锌高强（1600MPa）钢丝。

一根索股的具体编制过程见图沿着主缆设计位置，从锚到锚，布置一无端环形牵引索，也称曳拉索。这无端环形牵引索，实际上就是将两牵引绳的端头互相连接起来，共同形成一从这岸到那岸的长绳圈，且在牵引索上安设有编丝轮。然后由一岸锚碇旁设置的卷丝筒中抽出一钢丝头，将其暂时固定在某梨形丝股蹄铁上（可编为 1 号），也称此为"死头"。继续将钢丝向外抽，将由此形成的钢丝套圈套在编丝轮的槽路上。由牵引机驱动牵引索，将编丝轮带着钢丝套圈送到对岸。这里，不断从卷筒放钢丝的一头称"活头当每套圈送到对岸锚碇时，将套圈从编丝轮上取下，并将其套到对应的梨形蹄铁上（相应编号为2）。与此同时，对岸的一组钢丝卷筒和编丝轮也同样带着一钢丝套圈过来，从而完成编号为3、4梨形蹄铁间的编股。随着牵引索的驱动，两编丝轮就这样不断将钢丝套圈"活头"抽出的丝，形成下一个套圈带到对岸，并套在对岸相应的梨形蹄铁上。当编丝轮这样走行几百次，在其套在两岸对应梨形蹄铁（如1、2号）上的丝数达到绳股钢丝的设计数目时，就将钢丝"活头"剪断，并将该"活头"同上述暂时固定的"死头"用钢丝连结器连起来。这样一根丝股的空中制作即告完成。

三、预制丝股法（PS法）

预制丝股法，是在工厂或桥址旁的预制场事先将钢丝预制成平行丝股，利用拽拉设施将其通过猫道拽拉架设。其主要工序为：丝股牵引架设→测调垂度→锚跨拉力调整。其与AS法比较，由于每次牵拉上猫道的是丝股而不是单根钢丝，故重量要大数倍，所需牵引能力也要大得多，一般采用全液压无级调速卷扬机。牵引方式则有门架支承的拽拉器和轨道小车两种。

无论采用何种方式，都必须在猫道上设导向滚轮，以支撑丝股并使其顺利前行。每丝股牵引完成后，即将其从滚轮上移入鞍座，然后调整主跨及边跨的垂度（调整应在夜间温度稳定时进行）。对中上层丝股，为观察其丝股垂度，需将其位置稍微抬高。调好后再落下。

至今我国所建的大跨度悬索桥，都是采用的预制平行丝股法架设，以下从丝股制造、架设施工、线形调整与控制等方面对该方法进行介绍。

（一）平行丝股的制造

丝股制造前对原材料——高强钢丝、锚杯和合金填料、定型带等按设计的各项技术指标进行检验，应保证所提供的材料和构件是合格品。

根据各桥的具体情况，制定严格的生产工艺流程，并在生产过程中严格执行。

1.标记丝制作

为了在架设主缆时检测平行钢丝束的扭曲，在平行钢丝束六角形截面的一顶点设置一根着色醒目的标记钢丝（采用涂漆工艺）。标记钢丝的制作长度，须与生产束股时钢丝的倍尺相匹配。

2.标准丝制作

为了控制平行钢丝束的长度精度，在平行钢丝束六角形截面的另一顶点，设置一根标准钢丝。标准钢丝长度精度，一般要求不低于1/15000。

标准钢丝的制作方法有两种，一是基线测长法；二是直流脉冲磁信号测长法。相对而言，磁信号测长法测长精度较基线测长法低，但基线测长法占地大、人员多。在我国制作的平行丝股中，为了保证标准钢丝的制作精度，都是采用基线测长法或分段基线测长法制作。

3.平行钢丝束制作

（1）工艺流程

其工艺流程为：放线→分丝→聚并→整形→矫直→绕包→颜色标记→牵引→成盘。

在整个制束过程中，牵引是保证丝股长度精度的关键。生产厂家一般采用一套机械自动装置作牵引，在保证束股长度精度的同时，还解决了其与成盘之间速度同步的问题，及绕包时束股扭转的问题。

（2）制锚

主缆丝股通过热铸锚工艺使平行钢丝束与锚具相固接，其原理是，依靠锌铜合金对钢丝的粘结力以及热铸料锥体镶入锚杯的共同作用达到锚固目的。合金成分的配比、钢丝表面的处理、合金浇铸时的温度及速度、合金的冷却方式与速度都会影响合金对钢丝的粘结力。因此，在制作时须严格按工艺规程操作。具体要点是：

第一，锚杯内腔用清洗液清洗干净，并灌水测量容积；

第二，用配制的清洗溶液去除钢丝表面的杂质和油污；

第三，钢丝穿入锚杯并固定－按工艺卡控制伸入锚杯的钢丝长度；

第四，锚杯与钢丝束用夹具垂直固定，并用角尺校正，钢丝束的轴线与锚杯的前表面成直角，其公差应小于0.5；

第五，锚杯预热至 175 ± 25℃，并用温度控制仪进行控制；

第六，合金在一个有温控仪控制的容器中加热；灌入温度为 480 ± 10℃，并为连续浇铸，注入合金的数量不少于理论数量的 92%；

第七，冷却通过空气和水来冷却。先进行空气冷却至 170℃，然后进行水冷却；

第八，反顶进行反顶压检验。

主缆丝股热铸锚的锚固力，由锌铜合金的致密性和粘结力决定。而测量锌铜合金致密性的一项重要指标是合金铸入率。每个锚具的合金铸入率，是通过锚杯腔体注水法测定。用量杯灌水测量出锚杯的内腔容积，乘以锌铜合金的比重即为合金理论铸入重量，再称量合金浇包在铸入锚杯前后的重量差，即为合金的实际铸入量，由此得出锚具的合金铸入率。

（二）丝股的架设

预制平行丝股法架设主缆的作业工序。

索股锚头引出→把锚头连接在拽拉器上→索股牵引→索股前端到达西锚碇→检查索股的扭曲并校正→把前端锚头从拽拉器上卸下→前端、后端锚头安装引入装置→鞍座部位安装临时拽拉装置→中跨上提横移→边跨上提横移→塔顶鞍座部分整形就位→与固定侧塔顶标记对合→散索鞍部分整形就位→端锚头引入、临时锚固→确认向上的抬高量→索股线形调整。

1. 丝股牵引

架设 PPWS 索股的牵引系统，根据猫道承载装置的不同，可分为三种：架空索道牵引系统、轨道小车牵引系统和门架式牵引系统。

（1）门架式牵引系统

该系统除猫道滚筒外．还需在猫道上设置若干猫道门架（一般间距 40m 左右），并在猫道门架、塔顶门架、锚碇门架上，安装相应的门架导轮组。牵引索通过这些导轮组。牵引索上固接有拽拉器，通过牵引索带动拽拉器．穿过这些导轮作往复运动。

索股前端锚头与拽拉器相连，使得索股前端约30m长的索股在空中运行，其余部分则支承在猫道滚筒上运行。这种索股拽拉系统，源于空中送丝法（AS法），后来通过改进应用于平行丝股架设。

该系统具有技术要求高、系统结构复杂、自动化程度高、机加工件多、造价昂贵等特点。我国的虎门桥、厦门海沧桥及润扬大桥等桥的施工中，都采用了此种牵引法。

（2）轨道小车牵引系统

轨道小车丝股架设系统是针对架设预制平行丝股而设计的。它的牵引索运行于猫道滚筒上。小车运行于铺在猫道滚筒两边的轨道上。索股前端锚头置于小车上。小车与牵引索固接，通过卷扬机牵引，使牵引索带着小车在轨道上作反复运动。这种系统自丹麦首次采用以后，得到了进一步完善和发展，轨道由初期的木质轨道发展为采用钢丝绳作为小车运行轨道，大大提高了系统运行的稳定性。但该系统仍存在系统要求高、加工件偏多等缺点。

（3）架空索道牵引系统

架空索道牵引拽拉法与架空索道运输方式相同。承重绳载着运输小车将丝股前端锚头吊起一定的高度。牵引索与丝股前端锚头相连并运行于猫道滚筒上。我国的江阴长江大桥、丰都长江大桥的主缆架设采用了此种方法。

以下以江阴长江大桥为例，简要介绍丝股的牵引过程。

江阴大桥丝股的牵引方向由北（靖江）向南（江阴）。牵引开始前，将索盘吊上放索架，使放索架与刹车装置连接好。引出一定长度的索股，将前锚头装入承载架，利用北锚碇后部斜面中央的转臂吊机，配合一套3t短距牵引系统，使前锚头通过锚跨到达散索鞍后部，用设于该处钢结构下方的辅助设施，牵引锚头过散索鞍。将锚头承载架与7.5t主牵引系统连接，通过2台7.5t卷扬机的协作，经过在北塔顶、南塔顶、南散索鞍三次锚头重量的转移，前锚头到达南锚碇后墙，完成一根索股的牵引。

在猫道上，每隔约60m布置了一个主缆成形夹，其底部的形状与主缆断面相同，为六角形，在索股牵引完成并入鞍后置于成形夹内。一定编号的丝股，被固定在成形夹上，以保证索股按照六角形排列。索股牵引时，将成形夹上方的联系梁与成形夹，用束紧钢丝绳箍紧在猫道上，以增加猫道刚度。调索时，放松束紧钢丝绳，使索股处于自由状态，便于调索。

2.索股提升、横移和入鞍

（1）索股提升和横移

牵引结束后，索股是位于猫道一侧的滚轮上。需要将其从滚轮上提起，并移至其正确的位置。该操作一般是通过设于塔顶及锚上的拽拉装置，或钢索张拉千斤顶来完成的。如江阴桥的索股提升过程如下：

第一，在主鞍两侧，散索鞍之前各30m的地方，将索股局部整圆安装握索器；

第二，将握索器连接到张拉千斤顶上，张拉使索股脱离滚轮；

第三，继续张拉，直到索股在每一跨的跨中，位于其最终水平高度的上方，呈"自由悬浮状态"，3个跨度的张拉可同时进行，但主跨的张拉应比边跨先完成；

第四，利用鞍座处的倒链葫芦，将丝股提升横移至鞍座上方，准备入鞍。

（2）整形入鞍

预制平行丝股的外形，为保持其截面稳定性和排列密实，一般截面是正六边形。但在鞍座内为了排列最紧密和保持索股的位置，应将其丝股形状改为四边形。由六边形改为四边形的过程就是整形。只有在鞍座附近被改为四边形后，才能放入鞍座内。

丝股提起移到排放位置后，在索鞍区段内处于无应力状态下进行整形。目的是在索鞍前3m至索鞍后3m段，将正六边形的丝股整成矩形。散索鞍处整形方向，从锚跨向边跨方向进行。而主索鞍处整形方向，是从边跨向中跨前进。整形分为初整形和连续整形两个阶段。

初整形是用整形器在局部把正六边形的丝股整理成矩形丝股。

连续整形是用连续整形器－将用初整形器整成的局部矩形索股往前延伸．把索鞍段索股全部整成矩形。

整形后进行入鞍。入鞍时，先主鞍，后散索鞍。在主鞍处，从边跨端向主跨方向进行；在散索鞍，从锚跨端向边跨方向进行。入鞍时要严格控制索股的着色丝在鞍槽中的位置，以防索股扭转。为防止已入鞍索股的侧向力使隔板变形，应在该索股的相邻鞍槽内填进锲形块。

入鞍后，索股高于其最终位置。一个桥塔处的索股标记．处在鞍座的中线上，而另一桥塔处索股标记向边跨偏离主鞍中线一定的距离。

3.丝股线形控制

为了使架设后的主缆线形与设计一致，必须在施工中对主缆的形成进行控制。主缆由基准丝股和非基准丝股组成。丝股线形控制，就是指丝股架设时，基准丝股的跨中绝对标高和非基准丝股的跨中相对标高及锚跨张力的控制。

基准丝股是非基准丝股调整的基础。因此，首先要选定和监控好基准丝股。基准丝股的选择原则是：丝股要处于相对自由状态，周围丝股对其干扰性最小；便于测量其他丝股；每根基准丝股，管理一定数量的非基准索股。丝股应分组以减少误差累积。

一般选择第一根丝股作为主缆的基准丝股，如果主缆中丝股数较多，或者根据施工需要，也可设置第二根甚至多根基准丝股。

丝股矢度的调整，一般选择在温度相对稳定、风力不大的夜间进行。调整前要事先进行外界气温和丝股温度的测量，一般桥的丝股调整时间选择在晚上12点到第二天凌晨6点，主要根据当地气候条件确定。温度对丝股的线形影响很大。如广东虎门大桥，中跨为±40mm/℃，边跨为±2.4mm/℃，线形调整前先要监测好温度。索股温度的测定用接触温度计，沿长度方向布置，一般是边跨1/2处，东、西塔顶处及中跨1/4、1/2、3/4处。沿断面方向布置为索股上缘、下缘的点。每隔5～10min同时读数一次，并注意不要让灯光直接照射索股。判定索股温度稳定的条件：

长度方向索股的温差：ΔT_n 2℃

断面方向索股的温差：ΔT_n 1℃

不符合温度稳定的条件，或者当风力超过12m/s（索股摆动太大），以及雾太浓（测量目标不清楚）时都不能进行索股调整。

在满足温度的稳定条件下，根据监控给定的在不同温度下的设计垂度－调整丝股的垂度及锚固张力。

基准丝股中跨与边跨跨中垂度调整方法一般是采用三角高程法测量。利用在跨中悬挂反光棱镜，测出基准丝股跨中点高程，计算出丝股跨中点垂度，与设计垂度比较。依据垂度调整表，计算出丝股需移动调整长度，同时进行温度修正，来进行垂度调整。

调整时，首先锚固一侧塔顶主索鞍鞍槽内的丝股（固定侧），适当放松另一塔主索鞍处的锚固点，利用倒链葫芦及专用夹具，调整中跨丝股长度，并用木榔头敲打索鞍附近的丝股，使丝股在鞍槽内滑动，直至调整好中跨丝股。为了加快调整速度，在进行中跨索股的垂度调整的同时调整靠丝股固定塔侧的边跨丝股的垂度。在中跨跨中垂度符合设计要求后，活动侧塔主索鞍处丝股锚固好，不产生移动，进行另一边跨丝股垂度调整。

中边跨垂度调整好，然后调整锚跨拉力。施工中专用千斤顶顶压丝股锚头.通过松紧拉杆螺母使锚跨索股拉力达到设计要求。为了确保基准丝股拉力值的精度，一般还利用传感器及索力仪进行双重校核。

在稳定的温度时间内，多次观察索股垂度，并连续观察三个夜晚以上，确认基准丝股垂度稳定度达到要求。如观察中，因天气或其他原因引起变化，需重新调整直至达到设计要求。

在单根基准丝股的绝对垂度满足要求的同时要调整两根丝股的相对垂度。通过横向通道桥上设置的连通器水管，利用钢板尺测量水管内液面距基准丝股的高度，调整两根基准丝股的相对高度差。

一般丝股的架设方法、垂度调整顺序同基准丝股。垂度调整方法.采用相对垂度调整法；在各跨垂度调整点，利用专用大型卡尺测出待调索股与基准索股之间相对垂度差。根据垂度差计算调整量，并结合温度修正，利用手拉葫芦纵移索股，直至相对垂度差满足 0 ~ 5mm 之间。

垂度调整过程中，根据中、边跨的垂跨比，在索股整形入鞍固定前，均进行不同程度预抬高，以确保索股不至于压在已调好的索股上。调整好的索股及时采用硬柞木块填压，并在鞍槽上部施以千斤顶反压索股进行固定，防止产生移动。

索股架设过半时，每隔 80m 设置 V 形保持器，同时在 V 形保持器之间，设置主缆竖向形状保持器，并间隔 20m 用麻绳捆绑，防止大风吹动索股相互撞击、摆动，影响已调索股精度。用此法架设所有主缆索股，施工期间，需要对基准索股进行多次复测。

四、主缆紧缆

无论 AS 法还是 PPWS 法，在主缆丝股架设完毕后，都要对相应部位各丝股排列顺序进行检查，复测基准索股垂度，对有问题的钢丝进行处理，并全面复测锚跨拉力。如有变化适当进行调整后，接下来的工作是紧缆。紧缆的目的是为了使主缆压紧成圆形，达到设计要求的空隙率，以满足安装索夹和以后的长期防护。一般紧缆的过程有初紧缆和正式紧缆两阶段。

（一）初紧缆

紧缆工作应在夜间气温稳定时段进行。利用手拉葫芦、千斤顶对主缆进行初整圆，同时拆除形状保持器、V形保持器及捆绑绳。初紧缆按照先疏后密原则进行，每间距5m用临时钢带捆扎。在挤压过程中拆除表面缠包带－用大木锤敲打，直至主缆表面平顺。主缆初紧缆后的孔隙率，控制在28%～30%之间。

（二）正式紧缆

初紧缆完成后，利用紧缆机进行正式紧缆。4台紧缆机分别从两条主缆中跨跨中，向塔顶方向进行挤紧作业。首先由跨中一侧的两台紧缆机正式紧缆，紧至5m左右，另一侧两台紧缆机向已紧缆一侧回退至跨中的第一条钢带就位，开始紧缆。正式紧缆挤紧间距为10m，每距1m打一标志点，并统一编号。当紧缆机挤压蹄块挤压后，在紧靠挤压蹄处用打带机连续打两道3cm宽的镀锌钢带，对主缆进行捆扎。双钢带间距为5cm，这样钢带受力均匀。紧缆过程中测量主缆横径和竖径，计算出空隙率，与设计空隙率比较，使得空隙率符合要求。考虑主缆重力和刚度影响，紧缆时通过液压系统适当调整6块挤压蹄块上下两块高度，克服打带后主缆直径回弹影响。由于主缆横径超过竖径对安装索夹产生影响，则采用特殊工装克服。当中跨正式紧缆完毕，移至边跨进行，紧缆顺序由锚跨向塔顶进行。紧缆过程中，靠近索鞍处挤压力较大。

五、索夹、吊索安装和缠丝

紧缆后，就可进行装索夹铸件的施工。由于每个索夹在主缆上位置处，主缆的斜度各不同，所以夹紧两半索夹所需螺栓数量亦不同。这样索夹铸件的长度也不相同。以下以维拉扎诺桥为例介绍索夹和吊索的安装。

该桥的索夹分为上下两半结构。下索夹从塔顶运送到在主缆上的安装位置后，安放在主缆索对上装有4小轮的框架小车上。框架设计为能装载136kN，并带有一台小型吊机和倒链滑车．能提升最重的索夹安装就位。小车由在主塔顶上的吊机装载，然后从主塔溜放至主缆的索夹安装处。小车的返回，是用安装在塔顶上的一台卷扬机拉回的。

为确定索夹在主缆上的准确位置－首先应在夜间温度均衡和主缆摇摆最小时准确确定主缆的竖向中心线，且测量时要解除主缆与猫道的连接，使其处于不受约束的状态。然后，沿主缆用测链测定，以准确定出索夹位置。

索夹螺栓的施拧分三个阶段。首先，所有螺栓初拧至498kN。以后随着架梁和载重增加，主缆伸长、钢丝在索夹压力下重新排列、镀锌层变形等，使螺栓初始轴力逐渐降低。在灌注桥面混凝土前应使每个螺栓轴力恢复到498kN。在上层桥面混凝土灌注完后，开始终拧。此时所有螺栓轴力拧紧至544kN±10%。

第一次和第二次拧紧后，与模型缆索中取得的试验结果相同。在拧紧后约3星期，达到稳定的螺栓轴力，很快降至初轴力的70%。终拧后，松弛的值是早期示值之半。

配装好索套的吊索，每根单独卷好，装在甲板式平底驳船上，拖运至其需安装位置下，系靠于那里的一艘铁驳上。吊索在平底驳甲板上摊开后，从猫道上的一台卷扬机放下一根钢丝绳，其端部系在吊索钢丝绳的中点。提升吊索的一端，并带着它的索套通过主缆夹箍槽口。当吊索的中心与索夹中心相吻合时，解掉提升绳。在主缆的中心线下 2.1m 处装上吊索夹紧器。

梁架设完成，主缆索力已达恒载拉力的 75%，开始缠缆。及早缠缆可提前拆除猫道和加快随后的工序，并加快施工进度。

8 台缠丝机，每台都是由 2 个可以开闭的钢环组成，打开是为着能越过索夹，闭合是为着缠缆。钢环是隔着圆弧形衬板而骑在主缆上。绕在环外的软钢丝，被一由电动机驱动而迅速旋转的飞轮抽出，并且紧紧缠在主缆之外。

缠丝机沿主缆的前进，是靠支承在已包缠表面的压力支脚．及手动牵引器的一根拉绳牵引。其缠绕走向总是沿上坡向前进。这样也可用机器重量压紧包缠线。缠丝顺序，是先缠边跨，后缠中跨。

缠丝之前，要在主缆钢丝表面涂防护腻子。在缠丝过程中，应随时将挤出的腻子刮去。缠丝后还要进行索夹嵌缝。两个半索夹间顶部接缝，用一层麻絮嵌缝，再用铝绒盖顶。对底部接头，只从索夹铸件每端嵌缝至第一个螺栓－以利主缆的排水。嵌缝用人工和风动工具进行。

包缠的嵌缝完成后．在每个索夹处安装支柱及扶手钢丝绳。安装主缆的轮廓照明，及航空标志的电器设备。最后进行主缆油漆和猫道拆除。

第八章　路基常见病害与措施

第一节　路基养护内容及要求

一、路基养护内容

路基养护应对公路各部分进行日常巡视和定期检查,发现病害时要及时查明原因,采取有效措施进行修复或加固,消除病害根源。其作业范围主要包括:维修、加固路肩、边坡;疏通、改善排水设施;维护、修理各种防护构造物;清除塌方、积淤,处理塌陷,检查险情,防治水毁;观察和预防、处理翻浆、滑坡、泥石流等病害;有计划、有针对性地对局部路基进行加宽、加高,改善急弯、陡坡和视距不良路段,使之逐步达到所要求的技术标准。

根据交通运输部发布的《公路养护工程管理办法》和《公路养护技术规范》规定,路基养护工程的分类见表8-1。

表 8-1　路基养护工程分类

工程分类	小修保养	中修工程	大修工程	改建工程
养护内容	保养： 1. 整理路肩、边坡，修剪路肩、分隔带草木，消除杂物，保持路容整洁； 2. 疏通边沟，保持排水系统畅通； 3. 消除挡土墙、护坡滋生的有碍设施功能发挥的杂草，修理伸缩缝、疏通泄水孔及清除松动石块。 小修： 1. 小段开挖边沟、截水沟或分期铺砌边沟； 2. 清除零星塌方，填补路基缺口，轻微沉陷翻浆的处理； 3. 桥头接线或桥头、涵顶跳车的处理； 4. 修理挡土墙、护坡、护坡道、泄水槽、护栏和防冰雪设施的局部损坏； 5. 局部加固路肩	1. 局部加宽、加高路基，或改善个别急弯、陡坡、视距； 2. 全面修理、接长或个别添建挡土墙、护坡、护坡道、泄水槽及铺砌边沟； 3. 清除较大塌方，大面积翻浆、沉陷处理； 4. 整段开挖边沟、截水沟或铺砌边沟； 5. 过水路面的处理； 6. 平交道口的改善； 7. 整段加固路肩	1. 在原有技术等级内整段改善线形； 2. 拆除、重建或增建大挡土墙、护坡等防护工程； 3. 大塌方的清除及善后处理	1. 整段加宽路基、改善公路线形，提高技术等级

二、路基养护要求

路基是公路的重要组成部分，是公路的基础。它与路面共同承担车辆荷载，并把车辆荷载传递到地基。路基的强度和稳定性直接影响路面的平整度和强度，是保证路面稳定的基本条件，因此必须保持路基土密实，排水性能良好，各部分尺寸和坡度符合要求，及时消除不稳定因素。

路基养护工作应符合下列基本要求：

第一，路基各部分经常保持完整，各部分尺寸保持规定的标准要求，不损坏变形，经常处于完好状态。

第二，路肩无车辙、坑洼、隆起、沉陷、缺口，横坡适度，边缘顺适，表面平整坚实、整洁，与路面接槎平顺。

第三，边坡稳定、坚固、平顺，无冲沟、松散，坡度符合规定。

第四，边沟、排水沟、截水沟、跌水井、泄水槽（路肩水簸箕）等排水设施无淤塞、无高草，纵坡符合要求，排水畅通，进出口维护完好，保证路基、路面及边沟内不积水。

第五，挡土墙、护坡及防雪、防沙等设施保持完好无损坏，泄水孔无堵塞。

第六，加强不良地质路基边坡崩塌、滑坡、泥石流等灾（病）害的巡查、防治、抢修工作。

第二节　路基的日常养护

一、路肩的养护

路肩是保护路面和为保证临时停车所需两侧余宽的重要组成部分。路肩及其横坡应整形顺适。其养护措施是：路肩应保持适当的横坡，坡度顺适。硬路肩横坡与同类型路面横坡相同；土路肩或草皮路肩的横坡应比路面横坡大 2%，以利于排水。

当路肩的横坡过大或过小时，应及时整修陡坡路段的路肩，防止被暴雨冲成纵横沟槽。正确的防护措施如下：

第一，自纵坡坡顶起，每隔 20 m 左右两侧交叉设置 30 ~ 50cm 的斜向截水明槽，并用碎（砾）石填平，同时在路肩边缘处设置高 10cm、顶宽 10cm、底宽 20cm 的拦水土坡，在每条截水明槽处留一淌水缺口，其下边的边坡用草皮或砌石加固，使雨水集中在截水明槽内排出。

第二，在暴雨中，可沿路肩截水明槽下侧临时设置阻水坡，迫使雨水从槽内排出，但雨后应立即铲除。中、低级路面的路肩上自然生长的草皮也应予保留。植草皮应选择适宜于当地土壤的草籽，成活后需加以维护和修整，使草高不超过 15cm. 丛集的杂草应铲除重铺，以保持路容美观。如路肩草中淤积沙土过多妨碍排水时，应予立即铲除，恢复路肩应有的横坡度。

第三，路肩外侧易被洪水冲缺或牲畜踩踏形成缺口，可结合实施 GBM 工程，用石块、水泥混凝土预制块（或现浇）砌筑宽 20cm 左右的路肩边缘带（护肩带），以保护路肩，美化路容。

为减少路肩养护工作量，对于行车密度大的路线，应利用当地出产的砂石等材料，有计划地将土路肩进行加固，或用沥青、水泥混凝土材料改铺成硬路肩。硬路肩的横坡度应与路面的横坡相同。硬路肩的类型大体可分为以下几种：砂石加固的硬路肩，如泥结碎（砾）石、烧陶粒；稳定类硬路肩，如石灰土二灰碎石、泥结碎（砾）石、水泥土等；综合结构硬路肩，如在基层上做沥青表面处治的综合结构路肩。采用草皮来加固路肩，但草高不得高于 10cm，否则应进行修剪。

路肩上严禁堆放任何杂物。对于养路材料，应在公路以外的相连路肩处，根据地形情况，选择适宜地点设置堆料台，堆料台的间距以 200 ~ 500 m 为宜。

二、边坡的养护

边坡包括路堑边坡和路堤边坡，是保护路基的重要组成部分。边坡养护与维修的要求是坡面保持平顺、坚实无冲沟，其坡度符合设计规定。应经常观察路堑，特别是深路堑边坡的稳定情况，以便及时处理边坡病害。

对于石质路堑边坡，应经常观察坡面岩石风化情况，以及危岩、浮石的变动，发现问题，及时采取适当的措施处理，如清除、抹面、喷浆、勾缝、嵌补、锚固等，避免危及行车、行人安全和堵塞边沟，影响排水。

土质路堑边坡出现冲沟时，应及时用黏土填塞捣实；如出现潜流涌水，可开沟隔断水源，将水引向路基以外。

对于填土路堤边坡形成冲沟和缺口，应及时用粘结性良好的土修补拍实。对较大的冲沟和缺口，修理时应将原边坡挖成台阶形，然后分层填筑压实，并注意与原坡面衔接平顺。对路堤中间部分用粉煤灰填筑的路基，尤其应注意加强边坡的养护。发现存在冲沟、缺口应及时修理，以防止粉煤灰流失，影响路基整体强度和稳定。

对于边坡、碎落台、护坡道等易出现缺口、冲沟、沉陷、塌落或受洪水及边沟流水冲刷时，应根据水流、土质等情况，采取种草、铺草皮、栽灌木丛、铺柴束、篱格填石、投放石笼、干砌或浆砌片石护坡等措施，进行防护和加固。

边坡上的植被对保护边坡大有益处，不能铲除，并禁止在边坡上割草、放牧。同时，严禁在边坡上及路堤坡脚、护坡道上挖土取料或种植农作物。

目前，土工合成材料的发展为边坡防护、加固提供了新材料、新技术和新方法。常用于边坡防护、加固的土工合成材料有：土工网、土工格栅、防老化的塑料编织布、土工膜袋等。使用上述材料进行边坡防护和加固的优点是施工简便、进度快、造价低、效果好。

三、排水设施的养护

路基排水系统能否正常工作，直接影响到路基的稳定性。因此，加强对各排水设施的日常养护与维修，是确保路基稳定的关键环节。

在春融前，特别是汛前、雨期，应全面对边沟、截水沟以及暗沟（管）等排水设施进行检查疏通，保持水流通畅，防止雨水集中冲坏路堤。暴雨后应重点检查，如有冲刷、损坏，须及时修理加固，如有堵塞应立即疏通。

对土质边沟，应经常保持设计断面，满足排水要求，并应特别注意排水口的设置和排水畅通。沟底应保持不小于 0.5% 的纵坡，在平原地区排水有困难的路段，不宜小于 0.3%。边沟内不能种植农作物，更不能利用边沟做排灌渠道。边沟外边坡也应保持一定的坡度，以防崩塌，阻塞边沟。

在养护工作中，要针对现有排水系统不完善的部分逐步加以改进、完善，充分发挥各种排水设施的功能。例如，对有积水的边沟，应将水引至附近低洼处；对疏松土质或黏土上的沟渠，需结合地形、地质、纵坡、流速等实际情况，综合考虑加固。

如发现渗沟、盲沟出水口处长草、堵塞，应进行清除和冲洗；对有管渗沟应经常检查疏浚，以保证管内水流通畅；如发现反滤层淤塞失效，则应翻修，并剔除其中较小颗粒的砂石，以保证其孔隙能便利地排水；如位置不当，则应另建渗沟或盲沟。

可使用针刺无纺布作反滤层，针刺无纺布的规格可选用 $200 \sim 300 \text{ g/m}^2$，使用时，应注意无纺布的有效孔径要小于渗流粘粒的粒径。

四、挡土墙的养护

挡土墙是支承路基填土或山坡土体，以防填土或土体失稳的构造物，是公路的重要组成部分。其技术措施的好坏对公路有较大的影响，有时甚至造成阻车现象。因此，必须认真进行养护，除经常检查外，每年还应在春、秋两季进行定期检查。另外，在反常气候或地震、重车通过的异常情况下，应进行特殊检查，发现有裂缝、倾斜、鼓肚、滑动、下沉或表面风化、泄水孔不通、墙后积水、地基错台或空隙等情况，应查明原因，观察其发展情况，并根据结构种类，针对损坏实情，采取合理的措施进行修理加固，同时建立技术档案备查。损坏严重时，可考虑全部或部分拆除重建。重建或增建挡土墙，应根据公路所在地区地形及水文地质等条件合理选择挡土墙类型。挡土墙工程的养护针对不同的情况有不同的技术措施。

（一）坊工或混凝土砌块石挡墙裂缝、断缝的处理

如裂缝、断缝已停止发展，则应立即进行修理、加固，应将裂缝缝隙凿毛，用水泥沙浆填塞；对混凝土挡墙裂缝，可采用环氧树脂胶合。

（二）挡土墙发生倾斜、鼓肚、滑动或下沉的处理

挡土墙发生倾斜、鼓肚、滑动或下沉时，可采取以下措施：

1.锚固法

适用于水泥混凝土挡墙或钢筋混凝土挡墙。采用高强钢筋作锚杆，穿入预先钻好的孔内，用水泥沙浆灌满锚杆插入岩体部位，固定锚杆，待砂浆达到一定强度后，对锚杆进行张拉，然后用锚头固紧。

2.套墙加固法

在原墙外侧加宽基础，加厚墙身，按图纸施工时，应挖除一部分墙后回填土，减小土压力，同时，应注意新旧基础和墙身的结合。套墙加固法是凿毛旧基础利旧墙身，必要时设置钢筋锚栓或石桦，以增强连接。墙后回填土必须分层填筑并夯实。

3.增建支撑墙加固法

在挡墙外侧，每隔一定的间距增建支撑墙。支撑墙的基础埋管深度、尺寸和间距应通过计算确定。

4.重砌处理

原挡土墙损坏严重，采用以上加固方法不能达到设计强度要求时，则应考虑将损坏部分拆除重建。为防止不均匀沉降，新旧挡墙之间应设置沉降缝，并应注意射旧挡墙接头的协调。

5.砌石或石笼处理

对滑动、下沉破坏的挡土墙，如地基处理工程复杂，为防止危及未损坏部分，可采用干砌块石或堆码石笼的方法进行加固。

（三）泄水孔病害的处理

泄水孔如有堵塞，应及时疏通。如疏通工程艰巨或困难，应针对地下水情况，另行选择适当位置增设泄水孔，或在墙背后沿挡墙增设墙后排水设施，一般可增设盲沟将水引出路基以外，以防止墙后积水，引起土的压力增加或冻胀。

（四）挡土墙工程其他病害的处理

第一，挡土墙表面出现风化剥落时，应将风化表层凿除，喷涂水泥沙浆保护层。当风化剥落严重时，应将风化部分拆除重砌。

第二，添建或接长挡墙，应与线路或原挡土墙协调。对挡墙两端连接的边坡，若被水流冲成槽或缺口，应及时填补、夯实，恢复原状。

第三，锚杆式及加筋土挡土墙，应经常注意有无变形、倾斜或肋柱、挡板损坏、断裂。如有损坏，应及时修理、加固或更换。对暴露的锚头、螺母、垫圈应定期涂刷防锈漆，同时，应经常检查锚头螺母是否有松动、脱落，如有松动、脱落应及时紧固和补充。

第三节 常见路基病害的处理

一、路基沉陷

（一）路基沉陷的原因

路基层位不同，承受载荷情况及受外界气候变化影响就不同，因此路基沉陷的原因也是多方面的。一般认为路基沉陷由以下原因造成：

1. 地质地形自身的缺陷

公路沿线所在地域往往地质条件恶劣，承载力达不到要求，特别是在流沙、泥沼等劣质土壤地段。填料土壤中混入这些腐殖土、泥沼土、冻土等，容易导致填料的规格不一，填料间的空隙大，最终使得填料约束能力有限，地基压实程度达不到工程质量要求，在外界因素的刺激下，原公路路基土壤易下沉和移位，造成路基的沉陷。

2. 气候或天气的影响

公路所在地区的气候条件、降水量大小、洪涝干旱、季节温差等都会对路基造成不同程度的影响。极端的天气，不是造成了路面下毛细水上升，就是温差过大，造成土壤结构的破坏、强度降低，使得公路路堤产生不均匀下沉，导致路基沉陷。

3. 荷载车辆的影响

公路在建成通车后，车流量会随着交通的完善比原设计中预计的流量有所增加；在我国，车辆超载现象也比较常见，无疑会给公路路基造成超负荷影响。渗透性材料一般选用公路路基填土材料，这种材料的空隙率很大，在大量的超载车辆和公路自身的重量作用下，填料的密实度会逐渐增大，而空隙率会逐渐减小，从而造成公路路基沉陷。

4.公路设计中存在的缺陷

公路路基的设计质量是其日后稳固支撑的关键，设计不合理或设计缺陷都会直接导致日后路基的沉陷。在公路的勘察设计阶段，对地质资料的审查不周密，对外界环境迫害力估计不足，或对路基的防护措施不到位，最终将导致路基在环境因素的干扰下，出现不同程度的沉陷或其他路基灾害。在设计中，路基的排水设计也应该充分考虑到当地降水量的影响，一旦有过多的水分侵入路基，就会使得路基填料的含水量增加，降低路基的强度和稳定性。排水不畅通极易造成路基的下沉，形成路基沉陷。

（二）路基沉陷的防治对策分析

路基沉陷的成因反应了其具有很多不确定性，因此对路基的危害防治应从公路工程的设计中就予以充分考虑，并在工程施工中严格按照设计要求来实现质量达标，还要在公路路基养护中制定科学合理的养护方案，使路基始终保持健康的状态，从而避免路基灾害的发生或降低路基灾害带来的损失。为防治路基沉陷常采用以下对策：

1.勘察设计阶段重视路基的灾害预防

公路勘察设计中的不规范和不到位是路基沉陷的重要原因。在公路的勘察设计阶段，不能仅依靠设计者的经验和设计原则来确定路基的施工标准；还要结合路基所处地质环境和所承受的车辆载荷情况，来实际分析路基应当具备的抗压迫和承载能力，再进一步做出优化设计方案。部分业主往往在施工中只注重工程成本的控制，在公路设计阶段忽视或放弃了地质资料的整理，也没有给设计单位提供必要的路基所处地质环境资料，导致设计人员在设计过程中对路基沉陷没有做出必要的考虑，引起后期公路通行中发生路基灾害事故。因此，在工程设计过程中有必要对公路沿线的地质资料进行有效的审视，并在公路纵横断面设计时，有目标的地选取典型的区段进行沉陷技术设计。

2.路基加固技术措施

公路施工质量是保证路基良好的关键环节，施工队伍的管理水平、技术水平和作业水平都是工程质量的内在核心。其中技术管理和技术措施的采用十分关键。为了保证公路通车后的安全稳定性，对公路路基的沉陷危害必须采用科学、合理、有效的技术措施进行加固防治。

（1）换填法

填土换填法主要是针对路基沉陷不深且面积较小时采用。它将原受损路基中的填料挖除，更换成符合规范的填料重新整平压实。所用换填土宜选择塑性指数优良的粉质黏土或沙砾土；挖除病害的路基时面积应适当扩大，并呈台阶形状，填土时由下往上逐层填筑，碾压密实，压实度应较之原来的基础高出1%～2%。这种方法简便易行，没有太多的技术要求，在实际中应用较为广泛。

2.固化剂法

固化剂分为液态和固态两类。液态的固化剂主要是水玻璃；固态的固化剂有石膏、石灰、水泥等。作为一种特殊的建筑材料，固化剂可以在多种场合发挥作用。当路基沉陷发生时，假若路基填料受限，且要求数量较小时，可以在原填料中混合一些固化剂进行加固处理。液态的固化剂的使用，往往是通过将浆液打入填料使填料产生凝结达到固化效果，适用于深层土的固化凝结；固态固化剂的使用是与填料混合加压来形成固结硬化，主要适用于浅层填料的固化。固化剂的种类和用途不同，在公路工程施工中应根据不同的需求及填料图的性质来选择固化剂。

3. 成桩加固法

成桩加固法主要有粉喷桩法，生石灰桩及灰土、碎石和干拌水泥碎石桩挤密法等。对于处理 10 m 以内路基下沉的病害，采用粉喷桩加固技术是十分有效的。粉喷桩是通过固体固化剂的注入，在软基之间进行一定的物理和化学变化，形成具有一定强度和硬度的桩体；同时，在桩体周围的土质也随之发生变化，并与桩体仪器承担载荷，起到加固的作用。采用这种方法时，应仔细分析路基沉陷的状况，严格按照规范要求进行粉喷桩的施工设计和施工作业。粉喷桩的处理过程存在隐秘性，因此，应特别注意施工中的质量控制和检验。

4. 压力注浆法

压力注浆法通过注浆管使浆液在一定压力的作用下渗透、充填进路基的空隙或砂石间的空间，在经过一段时间的人工控制，使原本松散的路基变成强度高、结构成一体的新路基实体，实现路基强度的提高。这种方法适用于路基沉陷面积大、深度大的情况，注浆的扩散情况受到灌浆压力的影响，实际应用中可以根据填料的种类、受损形状及路基的密实度、强度等因素，具体确定注浆的形式和灌浆压力，必要时还应进行现场试验。

二、路基翻浆

当排水不畅、路基土质不良、含水过多，经行车反复作用，路基会出现弹簧、鼓包、裂缝、冒浆、车辙等现象，称为翻浆。

路基翻浆根据导致其发生的水类来源和翻浆时路面的变形破坏程度，可分为五种类型和三个等级，分别见表 8-2，表 8-3。

表 8-2　翻浆分类

序号	翻浆类型	导致翻浆的水类来源
1	地下水类	受地下水的影响，土基经常处于潮湿状态，导致翻浆。地下水包括上层滞水、潜水、层间水、裂隙水、泉水、管道漏水等。潜水多见于平原区，层间水、裂隙水、泉水多见于山区
2	地表水类	受地表水的影响，土基潮湿，导致翻浆。地表水主要指季节性积水，也包括路基、路面排水不良而造成的路旁积水和路面积水
3	土体水类	因施工遇雨或用过湿的土填筑路堤，造成土基原始含水量过大，在负温度作用下使上部含水量显著增加导致翻浆
4	气态水类	在冬季强烈的温差作用下，土中水主要以气态形式向上运动，聚积于土基顶部和路面结构层内，导致翻浆
5	混合水类	受地下水、地表水、土体水或气态水等两种以上水类综合作用产生的翻浆。此类翻浆需根据水源主次定名

表 8-3 翻浆分级

翻浆等级	路面变形破坏程度
轻	路面龟裂、潮湿、车辆行驶时有轻微弹簧
中	大片裂纹、路面松散、局部鼓包、车辙较浅
重	严重变形、翻浆冒泥、车辙很深

翻浆现象是一个四季都在发生变化的过程，应根据各个季节不同的现象，采取适当的养护措施和加强预防性的防治工作，以防止或减轻翻浆病害。

（一）路基翻浆的春季养护

春季是翻浆的暴露时期，在天气转暖的情况下，翻浆发展很快，养护工作的主要内容是抢防。

一旦发现路面有潮湿斑点，发生龟裂、鼓包、车辙等现象，表明路基已发软，翻浆已经开始露头。此时应对其长度、起讫时间、气温变化、表面特征等进行仔细的调查分析，找出原因，及时采取养护措施，防止翻浆加重。

第一，在路肩上开挖横沟，及时排除表面积水。横沟间距一般为 3～5 m，沟宽为 30～40cm，沟深至路面基层以下，高于边沟沟底。

第二，及时修补路面坑槽和路肩坑洼，保持路面和路肩平整，以利于尽快排除表面积水。

第三，如条件许可，应控制重型车辆通过或令车辆绕道行驶。

第四，在交通量较小、重车通过不多的公路上，用木料、树枝等做成柴排，铺于翻浆路段，上面再铺碎石、砂土，临时维持翻浆期间的通车。

第五，砂桩防治。当路基出现翻浆迹象时，在行车带部位开挖渗水井，井深至冰冻层以下，当渗水基本停止后，淘干渗水，填入粗砂或碎（砾）石，形成砂桩。

2.路基翻浆的夏季养护

夏季是翻浆的恢复期，这时养护的主要内容是修复翻浆破坏的路基、路面，采取根治翻浆的措施。

当路基翻浆停止渐趋稳定时，对维持通车的临时设施，应立即拆除或填平，恢复原状。治理翻浆，首先是分析翻浆原因，根据不同情况采取下列治理措施：

第一，因路基偏低，排水不良而引起的翻浆，若地形条件许可，可采用挖深边沟，降低水位的方法进行治理，或用透水性良好的土提高路基，保持路基上部土壤干燥。

第二，路基土透水性不良，提高路基又困难时，宜将路基上层挖除，换填 40-60cm 厚的砂性土和碎（砾）石，压实后重铺路面。

第三，设置透水性隔离层。其位置应在地下水位以上，用粗集料铺筑，厚度为 10～20cm，分向路基两侧做成 3% 的横坡。为避免泥土堵塞，隔离层的上下两面各铺筑 1～2cm 厚的苔藓、泥炭、草皮或土工布等其他透水性材料作为防淤层。连接路基边坡的部位，应铺大块片石防止碎落。隔离层上部与路基边缘的高差力不小于 50cm，底部高出边沟底 20～30cm。

第四，设置不透水隔离层。在路面不透水的路基中，设置不透水隔离层。隔离层横跨全路基，称为贯通式；隔离层铺至延出路面边缘外 50 ~ 80cm，称为不贯通式。不透水隔离层所用材料和厚度为：

①沥青含量为 8% ~ 10% 的沥青土或 6% ~ 8% 的沥青砂，厚度为 2.5 ~ 3.0cm；②沥青直接喷洒，厚度为 2 ~ 5 mm。③用油毛毡（一般为 2 ~ 3 层）或不易老化的特制塑料薄膜摊铺。

第五，为防止水的冻结和土的膨胀，可在路基中设置隔温层，以减小冰冻层深度。厚度一般不小于 15cm。隔温材料可用泥炭、炉渣、碎砖等，直接铺在路面下。其宽度为每边宽出路面边缘 30 ~ 50cm。

第六，设置盲沟以降低地下水位，截断地下水潜流，使路基保持干燥。

①在路肩上设置横向盲沟。其位置应与路中心线垂直。当路基纵坡大于 1% 时，则与路中心线构成 60° ~ 75° 的斜度，两侧相互交错排列，间距为 5 ~ 10 m，沟底宜做成 4% ~ 5% 的坡度；②当地下水潜流顺路基方向从路基外侧向路基流动，可在路基内设横向截水盲沟或在路基外设纵向渗沟，不使其侵入路基。盲沟的设置应与地下水含水层的流向成正交，并浑入该层底部，以截断整个含水层。③如地下水位较高，可在路基边沟底下设置纵向盲沟。其深度一般为 1 ~ 2 m，但应根据当地毛细作用高度和需要降低的水位要求而定；④盲沟应选择渗水良好的碎（砾）石填充。对较深的截水盲沟，则应按填充料颗粒的大小分层填入（下大、上小）；也可埋设带孔的泄水管。沟面用草皮反铺掩盖，覆以密实的结合料，以防止地面水渗入。

第七，改善路面结构层。铺设砂（砾）垫层以隔断毛细水上升，增进融冰期蓄水、排水作用，减小冻结或融化时水的体积变化，减轻冻胀和融沉作用。铺设水泥稳定类、石灰稳定类、石灰工业废渣类等路面基层结构层，以增强路面的板体性、水稳性和冻稳性，提高路面的力学强度。

3. 路基翻浆的秋季养护

秋季养护的主要内容是排水．防止水分进入路基，保持路基处于干燥状态，减少冬季冻结过程中由于温差作用向路面下土层聚流的水分。所以秋季养护要做好下列工作：

第一，随时整修路面、路肩、边坡面，要维护好路拱和平整度，如有裂纹、松散、车辙、坑槽、搓板、纵向冲沟等病害，应及时处理，避免积水。

第二，路肩要保持规定的排水横坡，尤其应在雨后夯压密实，保持路肩坚实平整。边坡要保持规定坡度，拍压密实，防止冲刷和坍塌阻塞边沟，造成积水。

第三，修整地面排水设施，保证地面排水通畅。

第四，检查地下排水设施，保证地下水能及时排出。

4. 路基翻浆的冬季养护

冬季养护的主要内容是采取措施减轻路基水分在温差作用下向路基上层聚积的程度，同时防止水分渗入路基。冬季养护的主要工作如下：

第一，及时清除翻浆路段的积雪。防止路基下层水分大量聚积到路基上层，致使翻浆加重。

第二，经常上路检查，发现路面出现裂缝、坑槽等要及时修补，及时排除融化雪水。

第三，对往年有翻浆而尚未根治的路段以及发现翻浆苗头的路段，应在翻浆前做好准备工作，包括准备好抢防的用料。

三、路基滑坡和塌方

滑坡、塌方成因复杂，因此，在防治和处理滑坡、塌方时，要针对各种不同的情况采取不同的防治措施。公路上的滑坡多发生于路基上的边坡，这是因为修筑公路破坏了地貌自然的平衡。因此，防治滑坡的措施应以排水疏导为主，再配合抗滑支撑措施，或上部减重来维持边坡平衡。为防止地表水和潜流水流入坍体，可采取表8-4中的措施。

表8-4 滑坡排水措施参考表

名称	适用条件	布置及设计施工原则
环形截水沟	滑体外	截水沟应设在滑坡可能发展的边界5 m以外，根据需要可设数条，分段拦截地表水，向一侧或两侧的自然沟系排出。在坡度陡于1∶1的山坡上，常采用陡坡排水槽来拦截山坡上方的坡面径流。沟槽断面以满足宣泄坡面径流为准，如土质渗水性强，应采用黏性土、石灰三合土或浆砌片石铺砌防渗层
树枝状排水系统	滑体内	结合地形条件，充分利用自然沟系作为排水渠道，汇集并旁引坡面径流于滑坡体外排出，排水布置应尽量避免横切滑体，主沟宜与滑移方向一致。支沟与主沟斜交30°～45°。如土质松软，可就土夯成沟形，上铺黏性土或石灰三合土加固。通过裂缝处，可采用搭叠式木质水槽或陶管，混凝土槽、钢筋混凝土槽，以防山坡变形拉断水沟，使坡面水集中下渗
明沟与渗沟相配合的引水工程	滑体内的含水或湿地	目的在于排除山坡上层滞水和疏干边坡土体含水，埋入地下部分类似集水渗沟，露出地面部分是排水明沟
平整夯实自然山坡坡面	滑体内	如山坡土质疏松，坡面水易于阻滞下渗，应对坡面整平夯实，填塞裂缝，防止坡面径流汇集下渗
绿化工程（植树、铺种草皮）	山坡滑体内	绿化工程是配合表面排水的一项有效措施，特别对渗水严重的黏性土滑坡和浅层滑坡，效果显著。在滑坡面种植灌木及阔叶果树，可疏干滑体水分，根系起加固坡面土层的作用。铺种草皮可滞缓坡面径流流速，防止冲刷，减少下渗，避免坡面泥土淤塞沟槽

少量的塌方，要及时清除；大的坍塌，要先疏通单车道维持通车，同时做好排水和安全行车。

对边坡裂缝，应用胶泥或砂浆填塞捣实，防止雨水渗入基体。

滑坍边坡上坍落的悬岩、危石，要严格注视其变化，对可能发生的崩塌，宜采取预先爆破或刷坡的方法处理，以免危及行车和行人安全。

设置支挡工程，维持土体平衡，支挡工程有以下几类：

第一，抗滑垛，一般用于滑体不大，自然坡度平缓，滑动面位于路基附近或坡脚下部较浅处的滑坡。它是依靠片石垛的自重以增加抗滑力的一种简易抗滑措施。

第二，抗滑挡土墙，在滑坡下部修建抗滑挡土墙，是整治滑坡常用的有效措施之一。抗滑挡土墙一般多采用重力式结构，其尺寸应根据坍滑情况，经过计算确定。

第三，抗滑桩是一种用桩的支撑作用来稳定滑坡的有效抗滑措施。一般适用于非塑性体层和中厚度滑坡前缘，以及使用重力式支撑建筑物土亏工量过大，施工困难的场合。

四、排水设施病害

路基地面排水结构物，一般包括边沟、截水沟、跌水、急流槽、倒虹吸管、渡槽等，统称沟渠。不同的结构形式，养护方法也不同。

（一）边沟的养护

第一，路肩有高草影响路面排水时，应根据草的生长情况经常修剪，使其不高于15cm，以不阻水为宜。

第二，当边沟纵坡大于3%～4%时，沟底应用片石铺砌加固，冰冻较轻地区也可用三合土或四合土加固。

第三，边沟进出口应经常检查，发现有堵塞物应及时清除，使水流畅通。

（二）截水沟（天沟）的养护

第一，在春融前，特别是汛前，应全面进行检查、疏浚。

第二，雨中及时排除堵塞物，疏导水流、保持水流畅通，防止水流集中冲坏路基。

第三，暴雨后应重点检查，如有冲刷损坏，必须及时修理加固。

（三）排水沟、跌水及急流槽的养护

排水沟、跌水及急流槽的养护办法与边沟、截水沟相同。

（四）暗沟的养护

第一，应经常进行检查，如发现堵塞、淤积，应进行及时冲洗。

第二，雨季应保证流水畅通。

（五）渗沟的养护

第一，如发现沟口长草、堵塞，应及时清理和冲洗。

第二，如碎（砾）石层淤塞不通时，应翻修，并剔除颗粒较小的砂石。

第三，如位置不当，应根据情况另行修建。

（六）排水沟的加固

边沟、截水沟、排水沟等，应结合地形、地质、纵坡、流速等实际情况，综合考虑加固。对松软土（细沙质土或粉砂土），当流量较大或纵坡度为1%～2%时；或黏性较大的土（粉砂质黏土或砂质黏土）纵坡度为 3% ~ 4% 时，沟底可用片石铺砌加固，沟壁用草皮加固。

疏松土，纵坡度大于 3% 时，或黏性较大的土，纵坡度大于 4% 时，沟底及沟壁，均应用片石或水泥混凝土预制块铺砌加固或设置跌水。冰冻较轻地区也可用三合土或四合土捶面方法加固。

五、防护与加固工程损坏

一般来说，把用作防止路基被冲刷和风化，主要起隔离作用的设施称为防护工程。防护与加固工程损坏主要是指挡土墙、驳岸等防护工程，在受到水流不断的冲刷下，基础失稳产生滑移破坏。防护与加固工程的养护应根据其损坏的原因采用不同的处理措施。

（一）防护与加固工程损坏的原因

第一，防护与加固工程所处地基软弱或基础设置不深。

第二，加固工程位置选择不合理，挤压河道，引起局部冲刷。

第三，对山区小型排水构造物的测设，缺乏系统设计。山区排水构造物不但要排水，还要考虑输沙因素，因此容易造成堵塞，水漫路面，冲毁路基。

（二）防护与加固工程损坏的防治

第一，防护与加固工程处在不坚固的地基时，要采用换土或采用砂砾、碎石、灰土等进行填筑。

第二，防护与加固工程基础埋深，对于无冲刷地基，应在天然地基以下至少 1m；有冲刷时，应在冲刷线以下至少 1 m。

第三，挡土墙应设置排水设施，以排除墙后填料中的水分，防止墙后积水致使墙身受到额外的静水压力，减少冬季冰冻地区填料的冻胀压力，消除黏土填料浸水的膨胀压力。

第四，路堑挡土墙后的地面应做好排水处理，设置排水沟，必要时夯实地表土以减少雨水和地面水下渗。而墙趾前的边沟，则应予以铺砌加固以防边沟水进入基础。

第五，浆砌片（块）石墙身，泄水孔尺寸可为 5cm×10cm、10cm×10cm、15cm×20cm 或直径为 5 ~ 10cm 的圆孔，视泄水量大小而定，泄水孔的间距一般为 2 ~ 3 m，上下泄水孔宜错开布置，最下层泄水孔的出口应高于地面。若为路堑墙，出水口应高于边沟水位 0.3 m；若为浸水挡土墙，设在常水位以上 0.3 m。

第六，沿河路堤设置挡土墙时，应结合河流情况布置，注意墙后仍需要保持水流顺畅，不要挤压河道，引起局部冲刷。

第四节　特殊地区路基的养护

一、软土地区路基的养护

泥沼和软土具有含水丰富、透水性小、压缩性大、抗剪强度低、承载能力差等特性。我国东北的大小兴安岭、长白山、三江平原、松辽平原及青藏高原和西北地区的湖盆洼地、高寒山地均有泥沼分布；在内陆湖塘盆地、江河湖海沿岸和山河洼地则分布有近代沉积的软土。

泥沼软土地带的路基容易出现路基基底土被压缩而产生较大的沉降，基底土被挤压塑流，向两侧或路堤下坡一侧隆起使路堤下陷、滑动以及因冰冻膨胀而产生弹簧、翻浆等病害。泥沼和软土地带路基的病害，应根据不同情况采取下列防治措施：

（一）降低水位

视情况加深路堤两侧边沟，以降低水位，促进路基土渗透固结。

（二）反压护道

当路堤下沉，两侧或路堤下坡一侧隆起时．采取在路堤两侧或一侧填筑适当高度与宽度的护道，使路堤两侧（或单侧）被挤出隆起的趋势得以平衡。

（三）换土

将病害处路堤下软土全部挖出，换填强度较高、渗透性较好的砂砾石、碎石。抛石挤淤为强迫换土的一种形式，适用于软土液性指数大、层厚较薄、片石能沉达下卧硬层者。

（四）侧向压缩

在路堤坡脚砌筑纵向结构，限制软土侧向挤出，可采用板桩、木排桩、钢筋混凝土桩、片石齿墙等。

（五）其他治理方法

砂石垫层、石灰桩、砂井（桩）以及土工织物等。

（六）路堤两侧边坡

宜栽植柳、枫、杨等亲水性好、根系发达的树木，以增强路基抵抗冲刷和侵蚀的能力。

二、黄土地区路基的养护

（一）黄土具有疏松、湿陷、遇水崩解、膨胀等特性，处于黄土地区的路基有下列常见病害：

第一，路堤沉陷。

第二，路缘石周围渗水。

第三，路肩和边坡在经历多次干湿循环后，出现裂缝、小块剥落、小型塌方、沟槽、陷穴、滑塌或在地下水及地面水的综合作用下形成泥流，使路肩、边坡受到破坏。

第四，边沟被水冲深、蚀宽，使路肩、边坡受到破坏。

（二）对病害的治理，应针对不同情况，采取不同的加固措施

第一，公路通过纵向、横向沟壑时，对边坡病害的治理可采取下列措施：

①沟壑边坡疏松土层，采用挖台阶的办法清除。台阶宽度不小于1m；②对疏松的坡面，应拍打密实，或用轻碾自坡顶沿坡面碾实；如坡度缓于1∶1，雨量适宜草类生长的，可用种草、铺草皮等方法加固；③雨量较小、冲刷不严重时，可采用黏土掺拌铡草进行抹面，并每隔一段距离打入木楔，增强草泥与坡面的结合；④雨雪量较大的地区，应采用石灰、黄土、细砂三合土或掺加炉渣的四合土进行抹面加固；⑤高路堤边坡防护加固：植物护坡，以选用根系发达、茎干低矮、枝叶旺盛、生长为强、多年生植物为宜；葵花拱式浆砌铺块，材料可采用混凝土块或块片石等，然后可考虑播种草秤和种植小灌木。

第二，路基出现的陷穴，应查清水的来源、水量、发展情况等，采用灌砂、灌泥浆填塞或挖开填塞孔道后再回填夯实，但事先要做好导水或排水措施。

第三，因地表水侵蚀，路肩上出现坑凹时，可采取下列措施：

①用砂、土混合料改善表层；②路肩硬化采用无机结合料稳定类半刚性基层、沥青表处面层或其他硬化结构；③路肩未硬化地段，为防止地表水渗入路面底层中，每隔20～30 m设一处盲沟。盲沟口与边坡急流槽相接，盲沟与盲沟之间铺设塑料薄膜防水层；在高路堤（大于12 m）地段，为防止路基下沉，应在垫层下铺设塑料薄膜防水层（塑料薄膜厚度不小于0.14 mm），并必须设盲沟。路面应采用水泥混凝土预制块铺砌；⑤通过沟壑时，如未设置防护工程，应在上游一侧路基边坡底部先铺设塑料薄膜或其他隔水材料，然后贴在隔水层上铺砌浆砌片石坡脚，铺砌高度应高于常水位20～50cm。

三、红黏土地区路基的养护

红黏土为碳酸盐岩系出露的岩石经红土化作用形成的棕红、褐黄等色的高塑性黏土。其裂隙发育，液限一般大于50，虽然强度较高，压缩性较小，但因与岩溶伴生，且含水量、液限均较一般黏土高，具有胀缩性。具有胀缩性的红黏土填筑路堤最显著

的病害，是形成于路基表面和边坡坡面的收缩裂缝。收缩裂缝的发育程度与土性、填料的含水量、含水量的均匀性、气候条件以及胀缩循环的次数关系密切。土的膨胀性越强，失水后的收缩性也越强，即裂缝越发育；气候越干燥，水分在土中分布越不均匀，其裂隙也越发育；红黏土经历的胀缩循环次数越多，土的结构强度就越低，其收缩裂隙越发育。

对于红黏土地区的路基一般采取以下方式进行养护：

第一，对红黏土路堤边坡，采用非胀缩性的黏土作为包边土，包边土厚1.5 m左右，夯实后应防止坡面开裂及地表水的渗入。

第二，对于高路堤也可采用土工格栅加固边坡，约束红黏土的侧向膨胀。将土工格栅分层摊铺，与过湿的红黏土层一道填筑压实。土工格栅沿横断面的铺设宽度应不小于2 m，铺网垂直间距为两层填土填筑压实厚度，土工格栅应反包坡面，用U形钉固定，并种植草皮。良好的草皮覆盖，能有效地抑制坡面开裂。

四、膨胀土地区路基的养护

膨胀土是一种颗粒高分散、成分以黏土矿物为主、对环境的湿热变化敏感的高塑性黏土，具有吸水膨胀、脱水收缩的特点。在这种地区建设工程往往会带来一系列的问题或事故，如地基隆起、路基开裂、边坡失稳等病害。

膨胀土路基边坡的完好率很低，病害较多。根据路基边坡破坏机理的不同，发生的部位和变形的形态特征也有所区别，一般可将膨胀土路基边坡的破坏类型分为以下几类。

（一）坡面冲蚀

坡面冲蚀是膨胀土路基边坡坡面变形的常见现象，其影响深度一般在0.5 m以内，常见的深度为0.2 m或0.3 m。

（二）表层溜坍

表层溜坍是膨胀土路基边坡大层土体变形的一种极为普遍的现象，主要发生在边坡的强风化层内，深度通常为0.5～1.0m，很少超过1.5 m。溜坍只能在雨季产生，发生在很缓的边坡上。

（三）边坡坍滑

边坡坍滑是膨胀土路基边坡的一种主要变形形式，是影响膨胀土边坡设计的主要因素。

它以旋转滑动的方式出现，破坏面形状为上陡下缓，近似圆柱形曲面，深度一般为3～5m。同时，对于边坡坍滑与表层溜坍有着不同的发生原因和破坏特征，防治措施也不同，应根据不同情况采取相应措施。

（四）工程滑坡

由于边坡开挖切断了软弱层以及其他原因致使堑坡土体滑动出现变形现象，最后出现以整体形式下滑的变形现象。一般情况下其规模较小、厚度不大，多呈牵引式出现，变形以平移为主。

调查表明，工程滑坡的产生与边坡的开挖有着密切的关系，但与边坡的坡度并无直接联系，如仅放缓边坡，并不能阻止滑坡的产生，必须将滑坡与边坡坍滑加以严格区别。根据上述膨胀土路基边坡的破坏类型以及特征，可以发现，受膨胀土的影响因素和破坏程度的不同可归纳为表层破坏与深层破坏两种基本形式。其中前者包括边坡冲蚀和溜坍；后者包括边坡坍滑与滑坡。通常情况下，冲蚀与溜坍是边坡整体稳定条件下所产生的局部破坏，处理措施应以坡面防护为主，辅以一定的边坡加固设备。坍滑与滑坡则影响边坡的整体稳定性，应以边坡的加固为主，采取必要的坡面防护处理措施。

膨胀土的胀缩性，使其对湿度特别敏感，同时因渗透性小，造成压实困难；另外，膨胀土还具有崩解性及风化性，易导致边坡的坍滑。针对膨胀土的特性，应采取如下养护方法：

第一，加强路基路面表面的排水处理。

第二，对破坏严重路段的路基土做换土处理或对路面之下一定厚度内的膨胀土做掺石灰处置。

第三，为避免路基内含水量变化过大，需完善路面内部的排水结构设计或者外部水温保持（植被或覆盖物）。

第四，路面面层和基层施工时，一定要按设计要求进行，并严格控制施工质量，注重施工工艺。

五、盐渍土地区路基的养护

当距离地表 1 m 内含有的容易溶解的盐类超过 0.3% 时即属盐渍土。由于盐渍土含盐类型（如氯化盐、硫酸盐、碳酸盐）和含盐量、含硝量以及其他因素的不同，对路基的破坏也不同。

因盐类有结胶和吸湿作用，故盐渍土在干旱季节和干旱地区，有利于路基稳定；一旦受到雨水、冰雪融化的淋溶，含水量急增，则会出现路基湿化坍塌、溶陷、路基发软，致使强度降低，丧失稳定，甚至失去承载力，导致路基容易出现下列病害：如道路泥泞、加重路基翻浆及冻胀病害；受水浸时，强度显著下降，发生沉陷；硫酸盐发生盐胀作用，使主体表面层结构破坏和疏松，以致路面被拱裂及路肩、边坡被侵蚀等。针对这些情况，主要采取以下措施：

第一，加密排水沟，沟底要保持 0.5% ~ 1% 的纵坡；路基填土低、排水困难的地段，应加宽、加深边沟或在边沟外增设横向排水沟，其间距不宜大于 500 m，沟底应有向外倾斜 2% ~ 3% 的横坡。

第二，对加深、加宽边沟的弃土，可堆筑在边沟外缘，形成护堤，以保护路基不被水淹。

第三，在盐湖地区用盐晶块修筑的路基表面，原来没有覆盖层或有失散的，应用砂土混合料进行覆盖和恢复；出现车辙、坑凹、泥泞，应清除浮土，洒泼盐水湿润，再填补碎盐扉块整平夯实，仍用砂土混合料覆盖压实。

第四，边坡经雨水或雪融后出现的沟槽、溶洞、松散等，可采用盐壳平铺或铺上黏土掺砂砾拍紧，防止疏松。

第五，为防止边坡水土流失，在坡脚处增设各侧宽 2 m 的护坡道，护坡道应高出常水位 20cm 以上。护坡道上可选植耐盐性的树木或草本植物（如红柳、红杨、甘草、白茨等）予以稳定。

六、填砂路基的养护

细砂是一种较好的填筑路基的材料。在我国江河众多、河砂资源丰富的南方地区，利用河砂填筑路基，既可疏通河道，又能少占耕地，就地取材，降低工程造价。在实际工程中，填砂路基施工技术的应用已在一些地区展开。但河砂作为路基填筑材料，存在失水后易滑坍，不易压实，干稳定性差的缺陷，因此填砂路基的施工、养护应采取一些措施。

第一，当土工布以下土层渗透性较弱时，会出现因细砂灌水不能及时下渗而引起对土砂经合部位的浸泡。在实际施工中，采用挖渗水井的方法可以解决这个问题，也可以在不透冰层顶面埋设花管通过包边灰土排出路基。

第二，当填砂路基在填筑与使用过程中外侧包边土塌陷，以及填砂路基因边缘压实不良导致浅层失稳破坏时，可以在路基边坡铺设混凝土预制空心块，间隔设沉降缝，用沥青麻絮填塞，空心部分用回填土，人工夯实整平，再铺上草皮。

第三，每层压实后的宽度不得小于设计宽度。路堤填筑时，从最低处起分层填筑，逐层压实。地面横坡陡于 1：2.5 时，应做特殊处理，防止路堤沿基底滑动。

第九章　桥梁工程施工质量管理

第一节　桥梁施工机械化与智能化控制

一、桥梁施工机械设备选型与配套设计

机械化施工控制，首先要确定好机械的选型，即根据施工内容、工程量大小、工期要求，合理选择施工机械。施工机械要具有适应性、先进性、经济性、安全性、通用性和专用性的特点。其次，确定机械的合理组合，即技术性能组合和类型数量组合。

结合本项目桥梁施工中采用的机械设备，以及以往施工经验，经过分析研究，得出了在类似桥梁施工中机械设备选型和配套设计的一些建议。

1.选型及配套设计的准备工作

舍弃守旧的观念，提高思想认识和管理理念，适应新时代社会、市场、施工生产发展的要求，不断学习和更新理论知识，学习先进施工生产管理经验。了解工程类型、工程量大小，工期要求、地质条件等因素。熟悉桥梁施工的各种机械设备类型、技术性能、使用功能、使用条件、机械台班费用、采购或租赁成本等。为合理选择机械设备做好准备。

2.选型和配套设计的原则

桥梁施工机械设备的选型要充分考虑各种因素，一般要考虑经济指标、技术性能、社会关系、人机关系以及配套性。通过对机械设备进行综合比较，最终确定最佳的选型方案。本项目根据项目特点、工程施工条件、地质条件、结构形式等客观条件，选择型号、性能满足要求、操作简单，维修方便的机械设备，并有机组合，最大限度发挥机械效率，提高桥梁施工管理成效。

工程主导机械按照上面六大原则进行选型和配置，配套机械的好坏也很关键，直接影响施工的正常进行。所以，配套机械的技术规格也应满足工程的技术标准；必须具有良好的工作性能和足够的可靠性；应尽量采用同厂家或同品牌的配套机械，以保证最佳匹配度和便于维修保养。对配套的所有机械必须定时定期的检修，不能因为一台机器的故障，而使整个施工生产停工出现。

3. 机械设备购买与租赁

对于使用广泛，操作简单、经济寿命长，重复利用价值高，对提升工程质量、工程效率及安全容易保障，经济性好，回收成本快的，对工程质量起着主导作用的机械设备，适宜购买。对于一个企业来说，现有设备的数量和规模也是企业实力的体现，在投标评估时占有一定优势。

对使用周期短、价格昂贵、专业性强无再利用价值的、不具备前瞻性发展，经济技术分析比较购置不经济的机械设备，可利用社会资源，采取租赁方式。租赁机械设备时，首先要对设备的完好性、工作性能进行检查测试；另外要结合市场调查研究情况，选取价格合理，性能良好的机械设备。特种设备租赁时，要选择经过地方技术部门鉴定、操作人员持有合法、有效的操作证件，并且证件在项目使用周期内处于鉴定有效期内的设备。

4. 机械化施工组织设计

施工方案的完成必须以配套的机械设备为基础，机械设备在型号、功率、容积、长度等方面要达到施工方案的要求，否则就会影响工程进度和工程质量，甚至损耗机械设备。目前在招投标阶段就对施工单位应配备的主要机械设备提出了相应的要求，作为合同履约的一个方面。施工企业在工程开工前要完成实施性施工组织设计，其中的内容就包括机械化施工组织设计。

机械化施工组织设计要根据施工内容及总体工期要求，制定机械设备配套计划，做好各时间段，各施工规划期所需机械设备类型及数量；根据施工计划制定机械设备进、退场和调配计划；制定机械设备的维修保养计划，操作规程及施工保证措施等。具体的机械化施工组织要在施工过程中不断的调整和完善，以适应现场实际需要。

二、桥梁机械化、智能化施工中四大员的管理

机械设备，是项目管理三要素"人、材、机"之一，机械设备的管理又是离不开人的管理和材料的管理，其中人的因素又是最为复杂和最为重要的。本节针对桥梁机械化施工管理中人的因素进行分析和总结。

在施工生产中与机械设备密切相关的人员和岗位有设备管理员、调度员、操作员和维修员。这四大员影响着桥梁施工设备从购买或租赁、调配、使用和维修保养的全过程。机械设备能否适应现场需要，是否与施工生产相配套，是否能发挥最大工效，是否规范施工与安全作业，四大员起着非常重要的作用。管理机械设备就是要对四大员进行管理。

1. 设备管理员

项目的设备管理员在项目设备的采购、租赁及日常管理中起着至关重要的作用。设备管理员必须了解市场和机械设备功能以及发展趋势，建立可供选择的设备供应网络和渠道。根据总体机械设备施工组织计划，市场情况、工程量大小、使用周期，制定设备购买、租赁计划；按照机械设备管理办法完成机械设备的申报、审批流程，组织机械设备招标；负责组织、指导新进设备的接运、安装、调试和验收；指导、监督、检查机械设备使用和维修保养情况，建立机械设备管理台账，随时掌握设备完好情况，使用率情况，及时进行补充、下线、维修保养等。

设备管理员必须选择品德良好，工作责任心强，对设备熟悉和了解，市场能力强的工作人员。设备管理员接受物资设备保障部直管，生产副经理考核，全员监督。

2. 操作员

机械操作员要熟知设备性能和安全操作规程，操作好、管理好、养修好机械设备，具备正确使用、良好养修、定期检查，能排除故障的能力。并有权制止他人私自动用自己操作的设备；对未采取防范措施或未经主管部门审批，超负荷使用设备，有权停止使用；对运转不正常，超期不检修，安全装置不符合规定的设备，有权停止使用。

机械设备操作员必须经过培训，达到合格标准方可上岗，并对其建立管理档案，记录是否遵守机械设备操作规程，操作技能是否满足工作要求。建立等级评定和奖惩机制，对技术过硬，工作责任心强的操作人员予以奖励和晋升，充分激发操作人员积极性和责任心，让操作员能坚守工作岗位，兢兢业业工作国。

3. 调度员

机械设备调度员对于桥梁施工生产，主要是协调安排好机械使用地点、部位、顺序，对机械设备有效使用进行掌控，现场调度员必须熟悉各种机械设备的类型、数量及配套组合，掌握设备的性能、用途、生产率等，这样才能对机械设备进行有效管理，发挥机械施工的最大效率，使机械设备更好的为施工生产服务。

机械设备调度员除了配合生产副经理对现场机械设备进行调度安排外，还要做好机械设备使用台账登记，掌握机械使用率、完好率，维修保养周期等，提供机械设备使用和评定的依据。

机械设备调度员是桥梁机械化施工正常有序作业的关键岗位，必须选用能吃苦，熟悉现场施工生产，工作经验丰富、责任心强的工作人员。调度员按照部门领导的薪酬待遇给发，受生产副经理直管，现场施工技术人员参与考核，项目施工管理组织机构综合评定。

4. 维修员

机械设备维修员需掌握各种设备构造，能在平常巡查中发现设备问题，能排除故障，对设备管理员或操作员告知的设备问题及时进行检查、维修。对机械设备定期进行保养，定时进行巡查，对无法排除和解决的故障及时进行报告，不耽误、不拖延。

机械设备维修员必须是有维修技术的专业人员。受物资设备部设备管理员直管，调度员、机械设备操作员参与考核，根据考核制度对机械维修人员的专业素养以及工作业绩作出评定，并严格进行奖惩。加强对机械设备维修人员的培训，使其提高思想认识，掌握相关维修检测技术。

5.重视人员教育与培训

项目机械设备管理组织机构，要制定机械设备管理、使用和维修人员的技术业务培训计划，定期开展对机械设备管理员、操作员、维修员及新上岗人员的轮训、新训，进行知识更新、提高岗位技能。

对新接触的新型设备，比如前面介绍的数控钢筋调直切断机、数控弯曲中心、数控弯箍机、钢筋笼滚焊机等，在使用前要对操作人员进行设备功能介绍、操作演练培训，正常工作鉴定等一系列指导和培训，在操作人员技能达标的前提下才能使用设备。重视教育与培训，进行知识更新、管理思路更新，不断吸收新东西，才能适应桥梁机械化施工的发展，才能使工作人员具备相应的业务技能。

三、重视和加强机械设备的维修与保养

机械在使用过程中不可避免的会存在磨损、故障等，想要提高机械运转效率，就必须经常维修和保养。通过维修保养，可使机械维持良好的状态，提高机械使用的经济效益，降低施工成本，保障安全，延长机械使用寿命周期。为确保桥梁施工机械化顺利开展，机械设备的维修保养分为预防维修保养、定期保养和日常保养。

1.机械故障预防

机械设备要做好故障预防，正确地分析各种故障原因，采取有效的、针对性强的防范措施，尽量减慢机械零部件的运转速度，可以有效地防止机械故障，保持机械设备的完好使用率。

机械作业产生大量的热，所以在夏天应考虑机械的散热和降温，如补加机油、常换冷却水、间隔施工、机械交替作业等，这些都会影响施工组织计划，必须在开工前对机械可能遇到的发热、危险情况做充分的准备。冬季气温降低，必须做好防冻措施，比如冬季加防冻液或夜间放掉冷却水，将油箱包裹起来，同时也要做好施工运转时的保温措施，如支撑遮风棚、热水加温等鱼

混凝土搅拌设备要经常检查维护，避免在混凝土浇筑过程中出现故障，中断现场施工，造成严重后果。搅拌站需配备功率足够的发电机，以备停电或用电线路故障时使用。

2.日常简易维修保养

设备维修员要严格日常巡查检查工作，对遇到的问题要及时进行处理，并做好日常维修保养记录。机械设备日常简易维修保养主要是在工程现场的保养与维修，除了对作业中可预料的故障进行修理外，还包括定期检查认为必须进行部分分解、修配或部件更换，可用简易设备来实施的保养与维修画。

机械设备日常维修保养要准备和及时提供必须的零部件、根据工程施工计划和作业时间安排，进行零部件更换，再将更换下来的零部件送至工厂进行专业维修，这样可以缩短维修时间，不影响工地现场正常施工画。

混凝土搅拌设备拌完料后，要及时清洗干净；混凝土运输车等待时间决不能超过混凝土初凝时间，否则会造成堵罐；三辗轴振动整平机在使用完成后必须清理干净滚

轴表面的水泥浆，避免遗留混凝土残渣造成下次使用困难，影响整平质量。

3.定期进行检修

桥梁机械化施工使机械设备作业时间增加，高强度、高效率的施工压力也加快了设备运转，造成超负荷或者超强磨损产生，导致机械设备维修保养不及时，最终影响现场施工。因此，在机械设备管理中要做好设备的维护及保养必须严格按照各种机械设备规定的保养周期和作业范围实行定期保养。不能因为施工周期短，工期紧就忽略甚至超期才进行设备保养维修，加剧设备磨损，降低机械设备使用寿命。

除日常简易维修保养外，本项目施工组织设计中针对每台机械设备每月都预留了两天的大修和专业维修保养时间。机械设备定期检修要对照工程计划先作出维修计划，再根据维修计划进行维修。对于新型专业的钢筋加工设备等除了日常的维护外，若发现不良运转，应立即联系设备厂家技术人员及维护人员到现场进行维修。另外，在购买设备时通常都会带有一定的必须配件，尤其是易磨损的消耗件，一定要保存好，方便更换。

四、桥梁机械化施工安全措施

本项目桥梁施工中安全风险主要有高空作业，起重吊装，支架施工，机械设备故障，临时用电等。针对这些安全风险，项目部建立健全安全管理体系，设安全部进行专职管理，并制定了相应的预防和应急措施。

1.起重吊装设备的安全措施

本项目施工中采用的起重吊装设备主要有龙门吊、汽车吊、架桥机等。

参加起重吊装的作业人员，包括司机、起重机、信号指挥、电焊工等均属特种作业人员，必须经过专业培训、持合格证上岗。

架桥机、龙门吊的安装由具有资质的单位和专业人员按照安装方案进行，安装完成后必须检查各种限制器、限位器等安全保护装置是否完好、齐全，灵敏可靠。确保所有装置和操作控制无误后，经当地质量监督部门验收合格后，方可使用。使用前要进行试吊，试吊正常后，才能正式进行吊装作业迎。

架梁作业时，桥头两端要设警戒人员，严格执行"安全操作规程"，指挥人员要与操作人员密切配合，执行规定的指挥信号。操作人员要按照指挥信号进行操作，若遇指挥信号错误或不清楚时，可拒绝作业。

汽车吊作业前要确保施工场地平整密实，并支垫平稳后，方可作业。汽车吊需要人工配合采用钢丝绳悬挂重物，起吊前要确保悬挂牢固后进行，准备起吊前要鸣笛，警示工作人员远离至吊车作业范围以外安全位置。汽吊提升和下降速度要平稳，均匀。严禁忽高忽低，旋转速度过快等违规作业。

起重吊装设备使用的钢丝绳必须是正规厂家制造的有质量证明文件和技术性能的钢丝绳。并要进行试验，合格后才能使用。作业前必须检查钢丝绳是否完好，不得使用扭结、变形及断丝根数超过三根的钢丝绳进行吊装作业。

2.高空作业的安全措施

对从事高处作业人员要坚持开展经常性安全宣传教育和安全技术培训，使其认识掌握高处坠落事故规律和事故危害，牢固树立安全思想，具有预防、控制事故能力，并要严格执行安全法规。

高空作业，必须搭设安全检查梯，脚手架，方便作业人员安全上下。通常采用支架搭设成字型检查梯，脚踏板要安全、牢固、防滑，方便行走。施工作业搭设的扶梯、工作台、脚手架、护身栏、安全网等，必须牢固可靠，并经验收合格后方可使用。

高空作业要关注天气预报并做好预防工作，遇六级强风或大雨、雪、雾天气时不得从事露天高处作业。

对高空作业人员要配备安全帽、安全带和有关劳动保护用品；严禁穿高跟鞋、拖鞋或赤脚作业；悬空高处作业要穿软底防滑鞋；严禁攀爬脚手架或乘运料架和吊篮上下。在没有可靠的防护设施时，高处作业必须系安全带，安全带的质量必须达到使用安全要求，并要做到高挂低用。

另外，安排专职安全员进行安全巡查，若发现安全隐患，要及时进行排除，确保满足安全要求，严防高处坠落事故的发生。

3. 支架搭设与拆除的安全措施

本项目支架搭设的控制重点是跨线桥现浇连续箱梁的支架搭设。为确保支架稳定性，首先要对地基进行处理，确保承载力、稳定性要满足要求。连续箱梁满堂支架采用力学性能好、拆装速度快的 WDJ 碗扣式脚手架进行搭设。根据箱梁底和地面的净空间选配立杆，上端安装可调 U 型顶托，调节细微高度。并按支架搭设规范设置剪刀撑、扫地杆等。

支架搭设前，根据现场地形情况确定支架高，根据桥型断面，绘制支架搭设施工图，并进行验算。

脚手架搭设人员必须是经过按现行国家标准《特种作业人员安全技术考核管理规则》考核合格的专业架子工，上岗人员应定期体检，合格者方可持证上岗。搭设支架时，必须穿戴安全防护用品，严格按照施工图进行搭设。

支架搭设过程中，安排专人对碗扣搭设质量进行逐个检查、复核。支架搭设完成后要进行自检、监理抽检、安全专项检查，均符合要求后，进行总荷载重量120%等级的支架预压试验，试验合格后方能进行后续施工。施工过程中安排专人随时检查支架情况，观测支架地基变化情况，发现异常立即采取措施进行处理。

支架拆除要经技术部门和安全员检查同意后方可拆除，拆除时要设置围栏和警示标志、并派专人看守，严禁非操作人员入内。并按自上而下，逐步下降进行；严禁将架杆、扣件、模板等向下抛掷。

4. 机械设备故障的安全措施

在施工生产中因为机械设备故障引起的安全事故也是非常多的，因此在桥梁机械化施工中要及时掌握设备良好状况的动态变化，及早发现故障或隐患，并进行预防和维修，减少机械设备故障的发生。

安排具有专业知识和辨识能力的设备维修员对机械设备进行检查、巡查。并认真记录机械设备运转情况，建立设备运转档案，及时掌握设备良好情况。对机械设备定期进行维修和保养，对受损的零部件及时进行更换，严禁机械设备"带病"作业，减少或杜绝机械设备故障发生。对机械设备的操作、维护管理等建立管理责任制、监督机制及奖惩机制，制定奖惩办法并严格兑现，降低人为因素造成的故障。

5.临时用电的安全措施

施工现场变压器必须报当地供电部门进行审批并安装。

输电线路采用三相五线制，配电箱按照"三级配电二级保护"的要求设置，总配电箱、分配电箱、开关箱安装在适当位置，并安装漏电保护器。配电箱和开关箱内设置隔离开关。

施工现场用电管理必须由经过专业培训并取得电工证的人员专门进行管理，严禁私拉乱接。安装、巡检、维修或拆除临时用电设备及线路都必须由电工进行。施工现场必须采用符合安全用电要求的配电箱，门锁完好，并由电工进行统一管理。

架设线路必须采用专用电杆，架设高度符合安全要求，并采用绝缘线固定牢固。施工中注意机械设备与架空电缆线之间的安全距离要符合要求。

6.制定安全应急预案

项目部成立安全应急领导小组，由项目经理担任小组组长，项目书记、安全总监、技术负责人、现场副经理担任副组长，安全部、协调部、施工技术部、设备管理部、财务部部长担任组员，对本项目桥梁施工的危险源进行辨识并制定预防措施及应急救援方案。各施工作业工点均成立应急救援小组，由现场负责人任组长，专职安全管理人员为副组长，人员由具有丰富施工及抢险经验的管理负责人员及具有2项以上特种操作技能的工人组成。

事故发生后，现场抢险小组负责事故现场的处置。根据事故发生的实际情况，分析事故原因，及时制定处理方案，采用加固、抢修或排除事故隐患等措施，有效的遏制事故的发生。将事故的损失降到最小，同时避免事故范围的扩。

桥梁施工主要针对基坑坍塌、高空坠落、物体打击、机械伤害等多发事故进行应急演练，深刻认识安全事故的伤害，应急救援的重要性，树立预防为主的思想，减少杜绝事故发生。

第二节 桥梁工程标准化施工管理

现场施工管理就是在工程的施工中，对整个建筑工程的施工情况以及完工后的考评等进行严格的管理，施工的管理能够分为3个阶段，即起始、执行和结束的阶段。工程起始的阶段主要为整个工程的资源进行准备，并制定出施工计划；执行的阶段主要是对工程中各种计划的实施进行指导与监督，促进工程目标的完成，结束的阶段主要是对工程进行总结以及评价等。现场施工管理是具有较强综合性的一项复杂的工作，现场施工管理直接影响着其桥梁工程的施工质量，并且影响着广大人民群众的生命财产安全，因此加强桥梁工程现场施工管理意义重大。

一、桥梁工程项目现场施工管理的作用及意义

1.进行周密的现场调查，制订项目策划

对项目进行有效预控在项目开工前，项目管理人员要对现场地形地貌，水文地质，风俗民情等进行详细调查，提前规划施工便道，预制场地，生产生活驻地，制订详细的策划书。进行有效的现场调查及策划对项目总体布局的优化，节省项目成本便于项目顺利实施具有重要意义。

2.合理编制项目进度计划，理清项目关键节点

在工程实施过程中，制订切实可行的进度计划并遵照执行，现场施工管理要紧密围绕进度计划进行，对成本控制具有重大意义。

3.需要合理的制定工程计划与方案，对施工的质量进行科学的评估

对现场施工进行科学管理，可以使相关人员能够有效对施工质量进行评估，尤其是桥梁工程的质量，与现场施工的管理和工程结束后的评价与验收工作密切相关，对于现场施工的管理以及对提高整个工程的质量有重要的意义。

4.可以合理的对施工的材料进行调整，对成本进行有效的控制

检验的人员对工程中使用各种材料进行严格管理和检查，根据科学的方案对施工材料进行购买，确定科学混凝土配比，这样可以全面提高工程质量和水平，保证整个工程安全施工。材料的购买人员能够购买价格优惠、性能良好的材料设备，进而实现对工程造价成本的控制，使企业获得更多的利润。

5.能够对施工工程进行有效的检测，切实提高建筑工程的质量

现场施工具有全面与多元的性质，相关人员可以通过有效的数据，对施工的风险与质量进行准确的评估，以便为后续施工的图纸调整或者工艺提高提供参考，使工程的设计人员进行更好的设计。所以现场施工管理能够对工程的方案进行评估，降低过程的施工风险，提高整个工程的质量与安全。

二、桥梁工程施工管理存在的问题

1.施工技术管理不到位

当下，建筑市场竞争激烈，工程规模不断扩大，造成个别单位重经营、轻技术，技术管理意识淡化，技术管理不到位，有章不循，技术管理体系运行不畅，技术效用发挥不够，一线技术管理人员经验欠缺，新手上路情况突出，现场技术管理流于形式。造成技术管理水平出现了滑坡，并且出现了因技术原因导致项目亏损和安全甚至安全生产责任事故。

2.施工过程中的安全问题

公路桥梁在建设当中有些问题是无法控制的，比如在青藏高原上建设公路桥梁的时候，原本在设计当中不存在的措施，在实际建造过程中就可能要考虑其他事宜而对计划进行变更，同时也需要将安全防护措施开展到位，比如给施工人员提供安全帽等防护设备。假如没有这些安全防护措施，就可能会引起严重的安全事故，这样不但不利于施工人员的安全保障，同时也会延长施工结束的时间，结合我国当前的情况而言，

我国一些桥梁工程的安全隐患是非常突出的，使得安全事故频发，这样会极大影响到施工人员的积极性，妨碍施工的顺利开展。

3.施工质量管理问题

在桥梁施工当中，对于常见的施工质量问题不够重视，质量管理人员配备不充足，桥梁工程的核心节点设置不够科学，在施工过程中认为达到基本规定即可，使得常见的施工质量控制点失去控制，在各个关键节点比如钻孔灌注在施工、接柱、盖梁施工、系梁、梁板制作以及安全施工等，忽视了对桥梁工程施工当中质的控制与管理。

三、加强桥梁工程项目现场施工管理的措施

1.施工质量管理

在桥梁工程施工前，需针对全体人员加强质量意识教育与培训，督促他们学习施工质量管理知识，正确树立质量第一的理念，并在施工过程的每一个环节、每一道工序、每一个岗位得到落实。①需要对工程的全过程实施动态的监控工作，不仅要对工程完成后的质量进行监控，还需要做好工程开始前以及工程进行时的监控，对现场施工的质量进行严格管理，及时解决施工中发现的各种问题。②要对施工人员进行监控。把工程的质量和施工人员自身的利益相联系，建立完善的奖惩制度，提高员工的责任感，同时要注意调动员工的工作热情，降低工程出现事故的概率。③要对工程中关键工序进行严格的验收，如果发现某道工序的质量不达标，必须进行及时的改正，要对工程中各种关键部位以及薄弱环节进行严格的监管，切实提高工程质量。

2.施工材料管理

在建筑工程建设中，工程中所需的各种材料在整工程中占有重要的地位，对其进行管理是工程正常进行的前提。工程中所需材料的性能度后续施工有着直接的影响，还与整个工程的质量与安全密切相关。建筑工程中需要的材料种类多样，类别不同，主要有以下几个方面：①砂石材料，例如各种天然的石料，冶金的矿渣，矿质的混合料等，在我国很多路面施工中，其中需要的各种碎石等材料就是砂石材料。②水泥的使用，这一材料根据性质的不同能够分成混合与高铝两种水泥。③混凝土的材料，主要有碾压、煤灰型混凝土以及普通水泥行混凝土。④沥青的材料，主要有乳化和石油两种沥青材料。

3.施工安全管理

施工的安全在现场施工管理中占有重要的地位，对工程进行安全管理是进行工程现场施工的前提，需要建立健全相关的安全施工管理制度，制定各项完整的规章制度，明确相关人员的职责，并确保各项规章制度能够切实得到贯彻执行。需要完善相关的责任制度，对每个岗位人员的具体责任进行明确。要在工程开始之前就做好安全的预防，对现场施工中可能出现的安全问题以及容易出现危险的部位进行严格的检查，列出可能出现危险的名单，并及时做好预防工作，并制定出详细的救援计划。而且，工程中关于安全管理的费用必须转款专用，确保有充足的资金，并配置完善的安全器具，是各项防护手段切实发挥作用，提高整个工程的安全管理。还要根据建筑工程的特点与规模，配备充足的经验丰富的对安全进行管理的人员，加强对其进行教育和培训工

作，做好相关的安全交底工作。要组织人员对工程施工的现场进行全面的检查，如果发现问题需要立即进行解决，充分的发挥对安全进行管理的作用。还需要在施工的现场设置完善的安全体系，挂设各种警示牌和标语，形成良好的安全氛围。

第三节　桥面及附属工程质量检验和质量标准

一、桥面防水层质量检验和质量标准

1.桥面防水层基本要求

（1）防水材料的规格和性能必须符合设计要求，防水层至少应有不低于桥面沥青混凝土铺装层使用年限的寿命，并能适应动荷载及混凝土桥面开裂时不损坏的特点。

（2）在喷涂防水涂料前，应清除混凝土表面的垃圾、杂物、油污与浮浆，并保持干净和干燥。

（3）喷涂应严格按规定的工艺施工。

（4）防水层的抗渗性应符合设计要求，必要时应现场做抗渗试验。

（5）预计涂料表面在干燥前会下雨，则不应施工。施工过程中，严禁踩踏未干的防水层。防水层干燥后，可行驶10t以下汽车，但不得在其上急转弯或急刹车。

2.桥面防水层外观鉴定

（1）防水涂料应喷涂整个混凝土表面，如有遗漏，必须进行处理，并减1～3分。

（2）防水层应表面平整，无空鼓、脱落、翘边等缺陷。不符合要求时必须进行处理，并减3～5分。

二、桥面铺装质量检验和质量标准

1.桥面铺装基本要求

（1）水泥混凝土桥面的基本要求同水泥混凝土路面，沥青混凝土桥面的基本要求同沥青混凝土路面。

（2）桥面泄水孔进水口的布置应有利于桥面和渗入水的排除，其数量不得少于设计要求。在出水口不得直接冲刷桥体。

3.桥面铺装外观鉴定

桥面排水良好。不符合要求时减3～5分。

三、钢桥面板上防水粘接层质量检验和质量标准

1.钢桥面板上防水粘接层基本要求

（1）防水粘接材料的质量要求和技术性能应符合设计和有关技术规范的要求。

（2）在钢箱梁架设完毕后，应对所有防护层表面进行清洗，去除灰尘、油污和其

他污物，对桥面锈蚀部分进行处理，对现场焊缝及其相邻部分进行防护，达到要求的清洁度后，方可进行防水粘接层施工。

（3）当桥面潮湿或环境温度低于露点时，严禁洒布粘接层。

（4）严格控制防水粘接层材料的加热温度和洒布温度。

2. 钢桥面板上防水粘接层外观鉴定

（1）防水粘接层的洒布应厚度均匀。不符合要求时减 1～5 分。

（2）防水粘接层应平整、密实，无破损、气孔和起皱现象，不得有油污和其他污染现象。不符合要求时减 1～3 分。

四、钢桥面板上沥青混凝土铺装质量检验和质量标准

1. 钢桥面板上沥青混凝土铺装基本要求

（1）沥青混合料的矿料质量及矿料级配应符合设计要求和施工规范的规定。

（2）沥青材料及混合料的各项指标应符合设计和施工规范的要求，对每日生产的沥青混合料应做抽检试验。

（3）严格控制各种矿料和沥青的用量及各种材料和沥青混合料的加热温度，碾压温度应符合要求。

（4）拌合后的沥青混合料应均匀一致，无花白、粗细料分离和结团成块现象。

（5）桥面泄水孔进水口的布置应有利于桥面和渗入水的排除，其数量不得少于设计要求，在出水口不得使水直接冲刷桥体。

2. 钢桥面板上沥青混凝土铺装外观鉴定

（1）表面应平整密实，不应有泛油、裂缝、粗细料集中等现象。有上述缺陷的面积（单条裂缝则按其长度乘以 0.2m 宽度，折算成面积）之和不得超过受检面积的 0.03%。不符合要求时，每超过 0.03% 减 2 分。

（2）表面无明显碾压轨迹。不符合要求时，每处减 1～3 分。

（3）搭接处应紧密、平顺。不符合要求时，累计每 10m 长减 1 分。

（4）面层与其他的构筑物应接顺，不得有积水现象。不符合要求时，每处减 1～2 分。

五、支座垫石和挡块质量检验和质量标准

1. 支座垫石和挡块基本要求

（1）混凝土所用的水泥、砂、石、水、外掺剂及混合材料的质量和规格，必须符合有关技术规范的要求，按规定的配合比施工。

（2）支座垫石不得出现露筋、空洞、蜂窝、麻面现象及任何裂缝。

2. 支座垫石和挡块外观鉴定

（1）混凝土表面平整、光洁，棱角线平直。不符合要求时减 1～3 分。

（2）挡块如出现蜂窝、麻面，必须进行修整，并减 1～4 分。

（3）挡块出现非受力裂缝时减 1～3 分，裂缝宽度超过设计规定或设计未规定时，

超过 0.15mm 必须处理。

六、支座安装质量检验和质量标准

1.支座安装基本要求

（1）支座的材料、规格和质量必须满足设计和有关规范的要求，经验收合格后方可安装。

（2）支座底板调平砂浆性能应符合设计要求，灌注密实，不得留有空洞。

（3）支座上下各部件纵轴线必须对正。当安装时温度与设计要求不同时，应通过计算设置支座顺桥向预偏量。

（4）支座不得发生偏歪、不均匀受力和脱空现象。滑动面上的四氟滑板和不锈钢板不得刮伤，安装前必须涂上硅脂油。

3.支座安装外观鉴定

支座表面应保持清洁，支座附近的杂物及灰尘应清除。不符合要求时必须进行处理，并减 1 ~ 3 分。

七、斜拉桥与悬索桥的支座安装质量检验和质量标准

1.斜拉桥与悬索桥的支座安装基本要求

（1）支座的材料、规格和质量必须满足设计和有关技术规范的要求，支座垫石应检验合格。

（2）支座成品必须有产品合格证。

（3）支座成品必须按设计和有关技术规范的规定进行试验和检测，其结果必须满足要求。

（4）支座底板调平砂浆性能应符合设计要求，灌注密实，不得留有空洞。

（5）当安装时温度与设计要求不同时，应通过计算来设置支座顺桥向预偏量。

（6）支座不得发生偏歪、不均匀受力现象。滑动面上的四氟滑板和不锈钢板不得刮伤，安装前必须涂上硅脂油。

2.斜拉桥与悬索桥的支座安装实测项目外观鉴定

（1）支座安装后应及时清理杂物，去除污物。不符合要求时减 3 ~ 5 分。

（2）做好防护，确保灰尘和有害物质不进入，防止污染。不符合要求时减 1 ~ 3 分。

（3）漆膜如有损伤，应进行处理，并减 1 ~ 3 分。

八、伸缩缝安装质量检验和质量标准

1.伸缩缝安装基本要求

（1）伸缩缝必须满足设计和有关技术规范的要求，须有合格证，并经验收合格后方可安装。

（2）伸缩缝必须锚固牢靠，伸缩性能必须有效。

（3）伸缩缝两侧混凝土的类型和强度，必须符合设计要求。

（4）大型伸缩缝与钢梁连接处的焊缝，应做超声检测，检测结果须合格。

（5）伸缩缝处不得积水。

2.伸缩缝安装实测项目外观鉴定

伸缩缝无阻塞、渗漏、变形、开裂现象。不符合要求时必须进行整修，并减1～3分。

九、混凝土小型构件预制质量检验和质量标准

1.混凝土小型构件预制基本要求

（1）所用的水泥、砂、石、水和外掺剂的质量和规格必须符合有关规范的要求，按规定的配合比施工。

（2）不得出现露筋和空洞现象。

2.混凝土小型构件预制外观鉴定

（1）构件外形轮廓清晰，线条直顺，不得有翘曲现象。不符合要求时减1～3分。

（2）混凝土表面平整，无蜂窝、色泽一致。不符合要求时减1～3分。

十、人行道铺设质量检验和质量标准

1.人行道铺设基本要求

（1）悬臂式人行道必须在横向与主梁牢固连接。

（2）人行道板必须在人行道梁锚固后方可铺设。

2.人行道铺设外观鉴定

人行道应牢固、直顺、平整。不符合要求时减1～3分。

十一、栏杆安装质量检验和质量标准

1.栏杆安装基本要求

（1）栏杆杆件不得有弯曲或断裂现象。

（2）栏杆必须在人行道板铺完后才能安装。

（3）栏杆安装必须牢固，其杆件连接处的填缝料必须饱满平整，强度应满足设计要求。

3.栏杆安装外观鉴定

（1）栏杆安装应直顺、美观。不符合要求时减1～3分。

（2）杆件接缝处应无开裂现象。不符合要求时减1～3分。

十二、混凝土防撞护栏质量检验和质量标准

1.混凝土防撞护栏基本要求

（1）所用的水泥、砂、石、水和外掺剂的质量和规格必须符合有关规范的要求，按规定的配合比施工。

（2）不得出现露筋和空洞现象。

（3）防撞护栏上的钢构件应焊接牢固，焊缝应满足设计和有关规范的要求，并按设计要求进行防护。

2.混凝土防撞护栏外观鉴定

（1）防撞栏线形应直顺、美观。不符合要求时减 1 ~ 3 分。

（2）混凝土表面应平整，不应出现蜂窝、麻面。如出现必须修整完好，并减 1 ~ 4 分。

（3）防撞栏浇筑节段间应平滑顺接。不符合要求时减 1 ~ 3 分。

十三、桥头搭板质量检验和质量标准

1.桥头搭板基本要求

（1）所用的水泥、砂、石、水和外掺剂的质量和规格必须符合有关规范的要求，按规定的配比施工。

（2）桥头搭板下的地基及垫层或路面基层的强度和压实度必须满足设计要求。

（3）不得出现露筋和空洞现象。

2.桥头搭板外观鉴定

（1）板的表面应平整。不符合要求时减 1 ~ 3 分。

（2）板的边缘应顺直。不符合要求时减 1 ~ 2 分。

参考文献

[1] 黄延，夏俊吾，刘海涛．道路桥梁工程与维修养护 [M].汕头：汕头大学出版社，2021.

[2] 刘志浩．土木工程与道路桥梁水利建设 [M].北京：中国石化出版社，2021.

[3] 杨寿君，刘建强，张建新．城市道路桥梁建设与工程项目管理 [M].长春：吉林科学技术出版社，2021.

[4] 王海良，张春瑜，贾磊．桥梁工程施工临时结构设计及案例分析 [M].北京：中国铁道出版社，2021.

[5] 王红．道路路线设计 [M].武汉：武汉理工大学出版社，2021.

[6] 冉茂平，周兴林，肖神清．道路路面测试技术 [M].北京：清华大学出版社，2021.

[7] 王国福，赵永刚，武晋峰．道路与桥梁工程 [M].长春：吉林科学技术出版社，2020.

[8] 王修山．道路与桥梁工程概论 [M].北京：机械工业出版社，2020.

[9] 江斗，刘成，熊文斌．道路桥梁和工程建设 [M].北京：中国石化出版社，2020.

[10] 于洪江，李明樾．道路工程施工技术 [M].重庆：重庆大学出版社，2020.

[11] 吴留星．公路桥梁与维修养护 [M].北京：中国纺织出版社，2020.

[12] 马国峰，刘玉娟．桥梁上部结构施工技术 [M].北京：北京理工大学出版社，2020.

[13] 李艳．山地城市桥梁生态美学探究 [M].重庆：重庆大学出版社，2020.

[14] 马涛，黄晓明．路基路面工程 [M].南京：东南大学出版社，2020.

[15] 郭健．公路桥梁工程概预算 [M].北京：人民交通出版社，2020.

[16] 张庆勋．桥梁工程与施工管理 [M].长春：吉林科学技术出版社，2020.

[17] 王立军.道路工程检测 [M].西安：西北工业大学出版社，2020.

[18] 陈敏，任红伟.桥梁加固施工及质量控制 [M].北京：人民交通出版社，2020.

[19] 王福军，关国英，李静瑶.道路建筑材料 [M].北京：化学工业出版社，2020.

[20] 郑元勋.道路交叉设计 [M].北京：人民交通出版社，2020.

[21] 张忠.道路与桥梁工程施工技术 [M].北京：中国建材工业出版社，2019.

[22] 安关峰.市政道路桥梁工程质量通病防治指南 [M].北京：中国建筑工业出版社，2019.

[23] 麻文燕，肖念婷，陈永峰.桥梁工程 [M].天津：天津科学技术出版社，2019.

[24] 覃辉，马超，朱茂栋.南方 MSMT 道路桥梁隧道施工测量 [M].上海：同济大学出版社，2019.

[25] 丁雪英，陈强，白炳发.公路桥梁建设与工程项目管理 [M].长春：吉林科学技术出版社，2019.

[26] 曹红雷.道路交通应急抢险高级装备实用技术指南 [M].南京：东南大学出版社，2019.

[27] 姚立阳，高文英，张永存.公路工程试验检测技术 [M].北京：中国建材工业出版社，2019.

[28] 于洪江.道路桥梁检测技术 [M].郑州：黄河水利出版社，2019.

[29] 肖光斌，冯丽霞.道路桥梁与隧道施工技术 [M].西安出版社，2019.

[30] 李冬松.桥梁工程技术 [M].北京：人民交通出版社，2019.

[31] 谭荣伟.道路与桥梁 CAD 绘图快速入门 [M].北京：化学工业出版社，2019.

[32] 潘中望，牛利珍.市政道路工程施工与养护 [M].上海：上海交通大学出版社，2019.

[33] 王建平，余文明.渡河桥梁设计概论 [M].北京：人民交通出版社，2019.